MEREDITH DER AFRIKANISCHE ELEFANT

Martin Meredith

Der Afrikanische Elefant

Eine Biografie

Aus dem Englischen
von Anni Pott

Diederichs

Die Originalausgabe erschien 2001 unter dem Titel
Africa's Elephant
bei Hodder and Stoughton, London.

Für Tilly, Daisy, Ellie und Susie

Bibliografische Information Der Deutschen Bibliothek
Die Deutsche Bibliothek verzeichnet diese Publikation in der Deutschen
Nationalbibliografie; detaillierte bibliografische Daten sind im Internet über
http://dnb.ddb.de abrufbar

Umschlaggestaltung: Zembsch' Werkstatt, München
unter Verwendung einer Abbildung von Tony Heald /
Nature Picture Library, Bristol
Redaktion: Monika Böck, Mauern
Produktion: Maximiliane Seidl
Satz: EDV-Fotosatz Huber/Verlagservice G. Pfeifer, Germering
Druck: GGP Media, Pößneck
Printed in Germany
ISBN 3-7205-2392-6

Inhalt

Manyara

Am Fuße eines Wasserfalls, der kaskadenartig den Steilabbruch des Großen Grabens, des Great Rift Valley, in den Ndala-Fluss hinabstürzt, gibt es ein Wasserloch, von seichten, sandigen Flächen gesäumt, auf denen sich gerne Elefanten versammeln. Am Rande des Wasserloches erhebt sich ein hoher Wall, von dem man den Blick weit über die schirmförmigen, flachen Kronen der Akazien bis hin zu dem einige Kilometer entfernten Manyara-See schweifen lassen kann. Genau hier entschloss sich 1966 der junge schottische Biologe Iain Douglas-Hamilton, sein Lager für eine Studie über afrikanische Elefanten aufzuschlagen, die sich am Ende als eine bahnbrechende Pionierleistung erweisen sollte.

Douglas-Hamilton war eigentlich ursprünglich mit der Aufgabe hierher gekommen, Baumschäden zu untersuchen, die von den Elefanten in Manyara, einem kleinen Nationalpark im Norden Tansanias, zwischen dem Steilhang des Großen Grabens und dem Manyara-See gelegen, verursacht wurden. Der Nationalpark wies eine der größten Populationsdichten jemals verzeichneter Elefantenbestände auf: Schätzungen zufolge lebten fast 500 Elefanten in einem nicht mehr als 90 Quadratkilometer großen Gebiet. Seit einiger Zeit hatten sie nun begonnen, die Rinde von Dornakazien zu entfernen, was dazu führte, dass ganze Waldstriche vernichtet wurden. Niemand hatte eine Ahnung, was so Besonderes an der Rinde war, dass die Elefanten ganze Bestände entrindeten, und ebenso wenig, was der Schaden, den sie an dem Akazienwald anrichteten, für

Folgen nach sich ziehen würde. Des Weiteren wollten die für den Park zuständigen Behörden gerne mehr über eine bestimmte Wanderung der Elefanten erfahren, die in der Trockenzeit zu beobachten war, wenn große Elefantenherden den Park verließen und in einem riesigen Nebelwald verschwanden, der oben auf den Hängen des Großen Grabens lag.

Douglas-Hamilton merkte schon bald nach seiner Ankunft, dass es einer gründlicheren, längeren Untersuchung bedurfte, um ermessen zu können, welche Auswirkungen die Elefanten auf ihre Umwelt in Manyara hatten. Er begriff, dass er ein klareres Bild vom Ausmaß des Problems nur gewinnen konnte, wenn er ihre Geburten- und Todesraten sowie ihre Wanderungen innerhalb des Parks und aus dem Park heraus verfolgte. Und dies bedeutete wiederum, dass er lernen musste, sehr viele Elefanten nach ihrem Aussehen einzeln wieder zu erkennen. Noch niemand hatte bisher eine Studie über einzelne Elefanten in der Wildnis durchgeführt.

Tag für Tag folgte er den Elefanten, fotografierte sie, um sie identifizieren zu können. Dazu pirschte er sich manchmal zu Fuß an sie heran oder machte auf Bäumen kauernd oder aus einem alten, zerbeulten Landrover heraus seine Aufnahmen. Er merkte bald, dass die beste Methode, um die Elefanten voneinander zu unterscheiden und identifizieren zu können, die war, sich die Form ihrer Ohren einzuprägen, die in der Regel Einkerbungen, Einschnitte oder Löcher hatten. Ein anderes Unterscheidungsmerkmal war das Muster der Adern an ihren Ohren: Es ist bei der Indentifikation genauso zuverlässig wie beim Menschen der Fingerabdruck.

Die Arbeit war gefährlich. Jeder Elefant musste von vorne und mit aufgestellten Ohren fotografiert werden. Aber genau das war eine Position, die ein Elefant für gewöhnlich nur einnahm, wenn er alarmiert und im Begriff war, anzugreifen. Douglas-Hamilton wurde zahllose Male attackiert und konnte oft nur knapp entkommen. Als er einmal einer Elefantenspur den Steilabbruch hinauf folgte, wurde er von einem Nashorn überrannt und schwer verletzt.

Mit der Zeit gewöhnten sich die Elefanten jedoch an seine Anwesenheit, akzeptierten ihn als harmlos, sodass er ihr Leben stundenlang ungestört aus nächster Nähe beobachten konnte. Er wurde mit ihren unterschiedlichen Charaktereigenschaften vertraut und gab vielen Elefanten Namen von Freunden oder von literarischen oder historischen Persönlichkeiten, statt sie einfach wissenschaftlich zu nummerieren.

Hier einige besonders eindrucksvolle Persönlichkeiten aus Douglas-Hamiltons Elefantengruppe: Boadicea, ein Leittier, eine Matriarchin, die mit wildem Drohgehabe anzugreifen pflegte, ihre Angriffe aber nie ausführte; die wutschnaubenden Torone-Schwestern, die lautlos und ohne Vorwarnung angriffen; und Virgo, eine gutmütige und ungeheuer neugierige Elefantenkuh, die auf Douglas-Hamilton zuging, nur einige wenige Meter vor ihm stehen blieb und schließlich so zutraulich war, dass sie ihm erlaubte, die Lippe ihres ausgestreckten Rüssels zu berühren. Nach vier Jahren in Manyara hatte Douglas-Hamilton fast allen Elefanten im Park Namen oder Nummern gegeben.

Indem er sie so eingehend und aus nächster Nähe beobachtete, gewann er neue Erkenntnisse über ihr bemerkenswertes Sozialleben und entdeckte viele Ähnlichkeiten zu menschlichen Verhaltensweisen. Die Einheit der Familie, der so genannte Familienverband, war die Grundlage der Elefantengesellschaft. Dieser Familienverband wurde von einer Matriarchin angeführt und bestand aus Schwestern und Cousinen mit ihren verschiedenen Abkömmlingen. Bezeichnend für die Mitglieder der Familie war eine ausgeprägte Loyalität, durch die sie miteinander verbunden waren und die ein Leben lang Bestand hatte. Die Elefantenkühe widmeten sich hingebungsvoll dem Wohlergehen und dem Schutz ihrer Jungen und umsorgten ihre Kälber bis weit in die frühen Jugendjahre mit mütterlicher Fürsorge. In Not- und Gefahrensituationen hielten die Familien fest zusammen und formierten sich schnell, um sich geschlossen zur Wehr zu setzen, wenn sie sich bedroht fühlten. Diese Familienverbände waren wiederum in größere

Sippenverbände eingebunden, bei denen es sich in der Regel um Verwandte handelte und mit denen sie oft zusammen waren. Insgesamt entdeckte Douglas-Hamilton in Manyara etwa 48 Familienverbände, die sich aus Kühen und Kälbern zusammensetzten. Die meisten dieser Familienverbände gehörten größeren Sippenverbänden an.

Um mehr über die Wanderungen der Elefanten zu erfahren und sie verfolgen zu können, entwickelte er eine spezielle Methode: Mithilfe eines Betäubungsmittels wurden einzelne Elefanten kurzzeitig außer Gefecht gesetzt, um ein Halsband mit einem Radiosender an ihrem Hals zu befestigen. Die ersten Experimente waren erfolgreich. 20 Tage und Nächte lang konnte er der Spur eines jungen Elefantenbullen folgen, wie er den Steilhang hinaufwanderte, durch dicht bewaldete, enge Schluchten und wieder hinunter an den See. Er notierte die Fress- und Trinkgewohnheiten des Bullen und auch, in wessen Gesellschaft er sich aufhielt. Als Nächstes schaffte sich Douglas-Hamilton ein kleines Flugzeug an, das es ihm ermöglichte, die Funksignale in der Luft bis zu einer Entfernung von rund 50 Kilometern zu orten. Dies gab ihm einen größeren Spielraum, um die Wanderungen der Elefanten aufzuzeichnen.

Als er 1969 nach Nairobi flog, um sein Flugzeug warten zu lassen, lernte er eine junge Frau mit langem dunklem Haar und lebhaftem Temperament kennen, zu der er sich sofort hingezogen fühlte: Oria Rocco. Sie war die Tochter eines italienischen Fliegers und einer französischen Bildhauerin und auf der Farm der Familie am Naivasha-See in Kenia aufgewachsen. Sie folgte Douglas-Hamilton in sein Camp am Ndala-Fluss und tauchte in die Welt der Elefanten ein. Im darauf folgenden Jahr wurde ihre gemeinsame Tochter Saba geboren.

Kurz bevor die Douglas-Hamiltons 1970 Manyara verließen, stellten sie der Elefantenkuh Virgo ihre drei Monate alte Tochter vor. Virgo war in Begleitung ihrer nächsten Verwandten, sie stand vor Oria, streckte den Rüssel aus und beschrieb mit seiner Spitze in der Luft eine Acht über Saba, um sie zu beschnuppern. »Wir standen uns eine ganze Weile still gegenüber«, erinnerte sich Oria an den Augenblick, »und hatten beide unsere Kinder neben uns.«

Douglas-Hamiltons Arbeit in Manyara wurde jedoch von einer Katastrophe überholt. In den 70er und 80er Jahren des 20. Jahrhunderts, als die Elfenbeinpreise auf dem Weltmarkt in die Höhe schnellten, wurden viele Elefantenpopulationen Afrikas von Wilderern dezimiert, die mit automatischen Waffen ausgerüstet waren. Zwischen 1979 und 1989 wurde die gesamte Elefantenpopulation halbiert.

Die Elefanten in Manyara blieben von den Massakern, die in den 70er Jahren angerichtet wurden, noch verschont, von der nächsten Vernichtungswelle in den 80er Jahren jedoch nicht mehr. 1987 kehrte Douglas-Hamilton nach Manyara zurück, um sich vor Ort anzuschauen, wie es um die Herden bestellt war. Aus der Luft schienen die alten Lieblingsplätze der Elefanten verwaist und verlassen. Überall lagen tote Elefanten. Am letzten Tag kletterte er am Ndala-Fluss auf einen Baum, um eine Gruppe näher kommender Elefanten zu beobachten. Unter ihnen befand sich Virgo, in Begleitung einiger versprengter und verwaister Tiere. Als sie auf etwa 50 Meter an ihn herangekommen war, witterte sie die menschliche Nähe, hob sogleich den Kopf, wirbelte herum und floh in Panik den Hang hinab. »Inzwischen war mir klar«, sagte Douglas-Hamilton, »dass die Elefantengesellschaft von Manyara ein Pogrom durchlitten hatte.«

Elefanten haben die Menschheit seit den Anfängen der Zivilisation fasziniert und dienten als Symbole von Weisheit und Kraft. Sie haben in Mythen und Religionen als Verkörperung der Besonnenheit, Beständigkeit und vieler anderer Tugenden eine tragende Rolle gespielt. Sie sind auf Münzen, in der Architektur, Bildhauerei und Malerei, in der Folklore, in Sagen und Kindermärchen dargestellt worden. Schriftsteller der Antike haben ihre Intelligenz, ihre Lernfähigkeit, ihren freundlichen Charakter und auch die außergewöhnliche Art gelobt, mit der sie auf den Tod reagieren. Moderne Biologen stellten fest, dass sie über eine gesellschaftliche Organisation verfügen, die in der Welt der Säugetiere zu den am höchsten entwickelten und harmonischsten zählt.

Aber trotz all ihrer Talente und ihrer liebenswerten Art gehören die afrikanischen Elefanten zu den am meisten verfolgten Tieren auf der Welt. Ihr Elfenbein wird seit der Antike wegen seiner einzigartigen Schönheit und besonderen Qualitäten, nicht zuletzt, weil es sich so angenehm anfühlt, sehr geschätzt. Die Nachfrage war so groß, dass viele Herden in Afrika in den Untergang getrieben und ausgerottet wurden. Nach Jahrzehnten des Abschlachtens im 19. Jahrhundert sind Regierungen in Afrika dann dazu übergegangen, riesige Gebiete in Nationalparks und Wildreservate umzuwandeln, um das Überleben gefährdeter Tierarten wie der Elefanten zu sichern. Aber selbst dort waren sie nicht sicher. Im späten 20. Jahrhundert, gerade nachdem Wissenschaftler angefangen hatten, die Komplexität der Elefantengesellschaft zu verstehen, begann eine neue Vernichtungswelle. Unter den Opfern waren viele Manyara-Elefanten – die Ersten, die je von Wissenschaftlern in der Wildnis studiert worden waren. Das Abschlachten erfolgte so systematisch, dass Biologen sich zu der eindringlichen Warnung veranlasst sahen, wenn es so weiterginge, seien die afrikanischen Elefanten zum völligen Aussterben verurteilt. Aber Jahr um Jahr verging, ohne dass ihren Warnungen Beachtung geschenkt wurde.

Das Land Punt

Elefanten wanderten einst durch ganz Afrika, von der Küste des Mittelmeeres im Norden bis zu den Hängen des Tafelberges im Süden. Selbst in den riesigen Weiten der Sahara lebten Elefanten, wie alte Felsenmalereien dort bezeugen. Aber aufgrund der Klimaveränderung und des allmählichen Austrocknens der großen Flüsse und Seen der Sahara flohen die Elefanten, genau wie der Mensch, im 3. Jahrtausend v. Chr. vor der vorrückenden Wüste. Einige Tiere zogen nach Norden Richtung Mittelmeer, andere in den *Sahel*, das »Randgebiet« der Sahara, Hunderte von Kilometern weiter südlich. So wurden die Elefantenbestände im Norden Afrikas zweigeteilt. Bis zum Jahr 2000 v. Chr. war die Wüste fast leer geworden, eine Landschaft mit nacktem Fels und wandernden Sandbergen nahm nun fast ein Drittel des Kontinents ein. In der Zentralsahara sind nur die Felsenmalereien geblieben. Eine Zeit lang überlebten die Elefanten in Ägypten. Die ersten Pharaonen gingen gerne auf Elefantenjagd und hatten eine Vorliebe für Elfenbein. Einige Elefanten wurden gefangen und gezähmt. Bereits 3000 v. Chr. hatten die Ägypter verschiedene Hieroglyphen entwickelt, um zwischen wilden und abgerichteten Elefanten zu unterscheiden. Aber mit dem zunehmend trockener werdenden Klima verschwand der Elefant schließlich auch in Ägypten, zusammen mit dem Nashorn und der Giraffe.

Somit richteten die Pharaonen ihre Aufmerksamkeit nun auf andere Gegenden: im Osten nach Syrien, wo noch Herden asiatischer Elefanten zu finden waren, den Nil aufwärts nach

Nubien und darüber hinaus auf eine Region, die als das Land Punt bekannt und für ihre reichen Schätze an Elfenbein, Weihrauch, Edelholz, Gold und Erzen berühmt war. Große Expeditionen wurden den Nil hinaufgeschickt, um die »wunderlichen Erzeugnisse« des Landes Punt zu holen. Die erste in den Schriften festgehaltene Expedition wurde 2500 v. Chr. während der Herrschaft von Pharao Sahurê entsandt. 2300 v. Chr. führte ein ägyptischer Adeliger namens Harchuf, Gouverneur von Elephantine (Asuan), vier Expeditionen nach Punt durch. Weitere Expeditionen nach Punt führten die Kaufleute auf dem Schiffsweg entlang der Küste des Roten Meeres. Im Jahr 1500 v. Chr. ordnete Königin Hatschepsut den Bau einer Flotte von fünf Schiffen auf dem Nil an, die dann samt dem ganzen Proviant und der Ausrüstung, die für die Reise in den Süden benötigt wurden, von Theben quer durch die Wüste bis an die Küste des Roten Meeres gebracht wurden. Unter den »wunderlichen« Kostbarkeiten, die die Expedition mit zurückbrachte, waren auch 700 Stoßzähne von Elefanten.

Die Nachfrage nach Elfenbein war groß, sowohl in Ägypten als auch in anderen Ländern rund um das östliche Mittelmeer. Seit dem 5. Jahrtausend v. Chr. wurde es als Statussymbol und als ein Symbol von Wohlstand gesehen und geschätzt. Der subtile Glanz des Elfenbeins und seine so schön anzufassende Oberfläche hatten es den Schnitzern und der reichen Elite gleichermaßen angetan. Die Ägypter benutzten es zunächst, um daraus Luxusartikel wie Kämme, Arm- und Fußreife sowie Anhänger herzustellen; dann gingen sie dazu über, es für kunstvollere Produkte wie Statuetten, Ornamente, Truhen und Spielbretter zu nutzen. Die Gräber der Pharaonen waren voll von geschnitzten Elfenbeingegenständen und Möbeln mit Intarsien aus Elfenbein, die sie auf ihrem Weg ins Jenseits begleiten sollten. Tutanchamun hatte man eine kostbare elfenbeinerne Kopfstütze mit ins Grab gegeben.

Die Kunst des Elfenbeinschnitzens breitete sich im ganzen östlichen Mittelmeerraum aus und wurde von umherziehenden phönizischen Kunsthandwerkern ausgeübt. Kunsthandwerkliche Elfenbein-Werkstätten florierten auf Kreta, Zypern und in der griechischen Stadt Mykene.

Felszeichnung aus Oued Djaert in der Wüste Sahara, wo Elefanten bis zum 3. Jahrtausend v. Chr. reichlich vorkamen und ein gedeihliches Leben führten.

Elfenbein wurde bald in verschwenderischem Ausmaß benutzt. Das Alte Testament erzählt, wie König Salomo etwa 1000 v. Chr. »einen großen Thron aus Elfenbein anfertigen und mit bestem Gold überziehen« ließ. »Desgleichen«, heißt es im Buch der Könige, »ist noch für kein Königreich geschaffen worden.« Auch für Salomos Tempel in Jerusalem wurden riesige Mengen von Elfenbein verwendet. König Ahab baute später einen Palast, der so reich mit Elfenbein verziert war, dass er das »Elfenbeinhaus« genannt wurde. Im hebräischen Königreich wurde Elfenbein in der Tat zum Synonym für Luxus und Dekadenz, sodass sich Amos, der Prophet des Alten Testamentes, zu der Warnung veranlasst sah: »Die Elfenbeinhäuser werden verschwinden.«

Die Griechen entwickelten im 5. Jahrhundert v. Chr. eine ähnliche Leidenschaft für Elfenbein. Sie hatten eine besondere Vorliebe für eine Richtung in der Bildhauerei, die als die chryselephantine Gestaltung bekannt ist, bei für die Darstellung der Körperteile einer Figur Elfenbein und für die Kleidung und das Haar Gold verwendet wurden. Aus Elfenbein und Gold fertigte auch der griechische Bildhauer Phidias die fast zwölf Meter hohe Statue der Athene und die über zwölf Meter hohe Statue des Zeus an.

In den Zivilisationen des Altertums war die Nachfrage nach Elfenbein so groß, dass die syrischen Elefantenherden bis zum Jahre 500 v. Chr. ausgestorben waren.

Das Land Punt gewann somit für den Elfenbeinhandel zunehmend an Bedeutung. Schon bald nachdem die Ptolemäer, eine griechische Dynastie, im Jahr 323 v. Chr. in Ägypten die Macht übernommen hatten, organisierten sie neue Expeditionen, um die Reichtümer des Südens auszuschöpfen – in einer Gegend, die sie Äthiopien, »das Land der Schwarzen«, nannten. Etwa 270 v. Chr. schickte der zweite Ptolemäer, Ptolemaios II. Philadelphos, eine Gesandtschaft auf den Weg, um »die Jagd auf Elefanten« zu erkunden und um am Roten Meer, etwa 160 Kilometer südlich von Suez, eine neue Siedlung zu gründen, die er Philotera nannte. An der Küste entlang nach Süden wurde eine Reihe von Jagdstationen errichtet, die sich schließlich bis nach Bab el Mandeb, gegenüber von Aden, erstreckte. Viele Stationen trugen die Namen von Expeditionsführern: die Insel Stratons, der Wachtposten von Demetrios, die Altäre von Conon, die Häfen von Antiphilus.

Es gab Elfenbeinvorräte und Elefantenherden im Überfluss. Der griechische Historiker Polybios berichtete im 2. Jahrhundert v. Chr., dass Elefantenzähne »auch am Ende von Afrika, dort, wo es an Äthiopien grenzt, in den Häusern als Türfosten verwendet« werden, und er fügte hinzu: »Und beim Bau von Zäunen um die Häuser und Ställe braucht man sie als Pfähle.«

Relief aus Meroe im nördlichen Sudan, das einen auf einem Elefanten reiten-
den König aus der Antike zeigt.

Mit Hilfe der einheimischen äthiopischen Elefantenjäger wurden Jagden organisiert. Typisch für diese Elefantenjäger war, dass sie den Tieren die Kniesehnen durchschlugen, um sie zu erlegen. Agatharchides von Knidos, ein Geograf aus Alexandria, der im 2. Jahrhundert v. Chr. schrieb, hinterließ einen anschaulichen Bericht, wie die Elefantenjäger zu Werke gingen.

Der Jäger versteckte sich auf einem Baum und wartete, bis ein Elefant darunter vorbeikam:

Geht nun das Tier an dem Baum vorbei, auf welchem sich der lauernde Jäger verborgen hält, ergreift er, während es seinen Standort passiert, mit den Händen den Schwanz und stemmt sich mit den Füßen gegen die linke Seite. Darauf nimmt er das um die Schulter geschnallte Beil in die rechte Hand – es ist außerordentlich scharf und leicht mit einer Hand zum Schlag zu schwingen – und schneidet nach vielen Schlägen die Sehnen der rechten Kniekehle durch, während er mit der linken Hand den eigenen Körper in Balance hält. Es gilt aber das Werk mit einer unglaublichen Schnelligkeit auszuführen, weil das eigene Leben eines jeden auf dem Spiele steht. Denn es bleibt ihnen keine andere Möglichkeit, als zu siegen oder selbst zu sterben, einen anderen Ausgang erlauben die Umstände nicht. Manchmal kommt es auch vor, dass der Elefant, dessen Sehnen durchtrennt sind, sich infolge seiner Bewegungsunfähigkeit nicht drehen kann, er sich der verwundeten Stelle zuneigt, niederstürzt und den Äthiopier mit in den Tod nimmt; manchmal drückt er ihn aber auch gegen einen Felsen oder Baum und quetscht ihn mit seiner Masse zu Tode. Einigen Elefanten bereiten die Wunden solche heftigen Schmerzen, dass sie sich an ihren Peinigern zu rächen vergessen und die Flucht weit hinaus in die Ebene ergreifen, bis der ständig mit dem Beil auf dieselbe Stelle einschlagende Eingeborene die Sehne durchschneidet und das Tier bewegungsunfähig macht. Wenn es zu Boden sinkt, kommen die Jagdgefährten hordenweise zu dem gefällten Elefanten und schneiden aus dem hinteren Teil des noch lebenden Tieres Fleischstücke heraus und halten ein fröhliches Mahl.

Eine weitere Methode, derer sich die einheimischen Jäger bedienten, waren Pfeil und Bogen, wie Agatharchides schrieb:

Drei Mann mit einem Bogen und mehreren mit Schlangengift bestrichenen Pfeilen stellen sich im Wald an den Wechselpfaden der Tiere auf. Wenn das Tier aus dem Wald heraustritt, hält einer mit dem Fuß den Bogen, zwei spannen die Sehne mit aller Kraft und schießen das Geschoss, das sein Ziel allein mitten in der Seite findet, ab, so dass es durch die äußere Haut in das Innere des Körpers dringt und den Leib aufschneidet und verletzt, darauf ermattet das von großen Schmerzen gepeinigte und hin und her getriebene Tier und stürzt nieder.

Auch wenn die Elfenbeinlieferungen hoch geschätzt wurden, waren die Ptolemäer nicht nur wegen des Elfenbeins an den äthiopischen Elefanten interessiert. Angesichts der Herausforderungen, mit denen sie sich durch rivalisierende Dynastien im östlichen Mittelmeerraum konfrontiert sahen, wollten sie die Elefanten auch für Kriegszwecke haben. So wurde der Befehl gegeben, Elefanten lebend zu fangen.

Waffen und der Elefant

Als Alexander der Große 331 v. Chr. sein makedonisches Heer in die letzte Schlacht zur Eroberung des Persischen Reiches führte, irritierte ihn die Feststellung, dass zum Heer von König Darius auch ein Kontingent von 15 in voller Rüstung herausgeputzten und zum Kampf bereiten Elefanten gehörte. Alexander war noch nie zuvor Elefanten begegnet. Dieses Mal stellten sie für ihn keine Bedrohung dar. Das sollte sich vier Jahre später nach der Invasion Nordindiens ändern. Am Ostufer des Flusses Hydaspes war ein riesiges indisches Heer gegen ihn in Stellung gegangen, das in vorderster Linie durch eine Schlachtreihe von 200 schwer bewaffneten Elefanten geschützt wurde. Einige trugen Türme auf dem Rücken, in denen sich Soldaten mit langen Lanzen verschanzt hatten. Der bloße Anblick und Geruch der Elefanten genügte, um die Pferde von Alexanders Kavallerie scheu zu machen und seine Männer zu verängstigen. In der Schlacht richteten die Elefanten entsetzliche Zerstörungen an, sie spießten die Männer auf ihren Stoßzähnen auf, ergriffen sie mit ihren Rüsseln und schmetterten sie zu Boden. Am Ende trug Alexander aber dennoch einen glorreichen Sieg davon.

Die kämpferischen Fähigkeiten der indischen Elefanten hatten ihn unterdessen so beeindruckt, dass er sie in sein eigenes Heer aufnahm. Unter seinen Soldaten und Pferden, die noch nie zuvor Elefanten gesehen hatten, lösten sie Panik und Chaos aus. Die Elefanten waren Vorläufer des modernen Kampfpanzers. Sie wurden dazu abgerichtet, die Infanterie einzuschüchtern, Angriffe gegen die Kavallerie anzuführen und Befestigungsanlagen niederzureißen. Man benutzte sie auch, um Gefangene hinzurichten.

Nach dem Tod Alexanders des Großen im Jahr 323 v. Chr. wurden sein Reich und sein Elefantenkorps unter seinen Generälen aufgeteilt. Im östlichen Mittelmeerraum kristallisierten sich zwei rivalisierende Dynastien heraus: die Ptolemäer, die Ägypten und Palästina von ihrer Metropole in Alexandria bis zur Nilmündung beherrschten, und die Seleukiden, die Nordsyrien, Mesopotamien und Persien unter ihrer Kontrolle hatten. Bei einer langen Reihe von Kriegen im 3. Jahrhundert v. Chr. um die Vorherrschaft über Südsyrien setzten beide Seiten Kriegselefanten ein. Während die Seleukiden sich für getötete Elefanten Ersatz aus Indien beschaffen konnten, war für die Ptolemäer der Zugang nach Indien jedoch blockiert. Ihr Elefantenkorps wurde zusehends dezimiert. Auf der Suche nach einer anderen Nachschubquelle richteten sie ihr Augenmerk auf Afrika.

Rund 80 Kilometer südlich von Port Sudan wurde in der Nähe des Baraka-Flusses am Roten Meer eine neue Basis für den Fang von Elefanten errichtet. Ptolemaios Theron oder Ptolemaios der Jagd, wie sie genannt wurde, wuchs einer zeitgenössischen Inschrift zufolge zu einer »großen Stadt« heran, die sich mit Getreideanbau und Viehhaltung selbst versorgen konnte.

Die einheimischen äthiopischen Jäger erwiesen sich als unwillig, Elefanten lebend zu fangen, wie Agatharchides feststellte: »Der ägyptische König Ptolemaios ermahnte die Jäger, von der Tötung der Elefanten Abstand zu nehmen, damit er sie zu seinem eigenen Nutzen lebend vorfände ... Indessen überredete er sie nicht nur nicht, sondern empfing sogar die Antwort, sie würden nicht einmal die ganze Königsherrschaft zum Tausch für ihre gegenwärtige Lebensweise nehmen.«

Dennoch hatte die Unternehmung in Ptolemaios Theron am Ende Erfolg. Ptolemaios, »der die Elefantenjagd eifrig betrieb und denjenigen Jägern, die mit ganz unglaublichen Jagdmethoden die stärksten Tiere fanden, wertvolle Geschenke zukommen ließ, wandte sehr viel Geld für diese Liebhaberei auf. Dadurch verschaffte er sich sowohl viele Kriegselefanten und erreichte auch noch, dass die Griechen nie gesehene seltene Tiergattungen kennen lernten.«

Die Reise nach Ägypten auf eigens gebauten Transportschiffen war gefährlich. Die Mannschaften hatten mit tückischen Gegenwinden, versteckten Korallenriffen und der permanenten Gefahr, Schiffbruch zu erleiden, zu kämpfen. Der griechische Schriftsteller Diodorus schrieb dazu:

Den Schiffern aber, welche Elefanten führen, drohen hier die schrecklichsten Gefahren, da ihre Fahrzeuge schon durch ihr Gewicht tief einsinken, und noch dazu so schwer belastet sind. Wenn sie mit vollen Segeln fahren, so werden sie manchmal des Nachts durch einen heftigen Windstoß entweder an Klippen geworfen, wo sie scheitern, oder auf eine sumpfige Erdzunge getrieben. Sie können nicht aus dem Schiff springen, weil die See tiefer als Mannshöhe ist; nun suchen sie mit den Stangen dem Fahrzeug nachzuhelfen; wenn das vergeblich ist, so werfen sie alles über Bord, die Lebensmittel ausgenommen.

Zuerst wurden die Elefanten den ganzen Weg von rund 1600 Kilometern mit dem Schiff bis zum obersten Ende des Golfes von Suez und von dort über einen Kanal nach Memphis gebracht. Der lange Seeweg war jedoch so gefährlich, dass etwa auf halber Strecke an der Küste in Berenice Trogodytica ein neuer Hafen gebaut wurde. Von Berenice aus wurden die Elefanten dann zu Fuß über Land, auf einer eigens mit Lagern und Wasserstellen ausgestatteten Karawanenstraße, durch die östliche Wüste an den Nil gebracht. Ziel und Endstation waren die großen Elefantenställe in Memphis. Einige Elefanten wurden auch nach Alexandria gebracht, um sie in einem Zoo zur Schau zu stellen, den Philadelphos dort eingerichtet hatte.

Afrikanische Elefanten wurden zum ersten Mal in den 40er Jahren des 3. Jahrhunderts v. Chr. während des 3. Syrischen Krieges im Kampf gegen die Seleukiden eingesetzt, bei einem Feldzug, den die Ptolemäer mit Leichtigkeit gewannen. Im 4. Syrischen Krieg erging es ihnen jedoch weniger gut. 217 v. Chr. trafen in der Schlacht von Raphia in Palästina afrikanische und asiatische Elefanten in einer entscheidenden Begegnung aufeinander. Beide Seiten setzten Türme ein, die mit Soldaten bemannt waren. Ptolemaios' afrikanische Elefanten waren jedoch kleiner als ihre Gegenspieler; sie entstammten der Gruppe der »cyclotis«-Elefanten oder Waldelefanten, die damals im Nordosten Afrikas beheimatet waren und nicht mehr als eine Schulterhöhe von 2,40 Meter erreichten. Aber auch zahlenmäßig war ihnen die Gegenseite stark überlegen. Ptolemaios bot 73 Elefanten auf, sein Feind Antiochos 102.

Antiochos eröffnete die Schlacht, indem er den Befehl zum Angriff für seine 60 auf dem rechten Flügel aufgestellten Elefanten gegen die Formation von 40 Elefanten gab, die Ptolemaios auf dem linken Flügel aufgeboten hatte. Der griechische Historiker Polybios schilderte den anschließenden Zusammenstoß: »Aber nur wenige Tiere auf ägyptischer Seite stellten sich den gegnerischen zum Kampf. Auf ihrem Rücken lieferte die Besatzung der Türme einen tapferen Kampf, indem sie die Lanzen einlegten und sie zum Stoß aus der Nähe gebrauchten. Noch mutiger aber zeigten sich die Tiere, die mit aller Gewalt Stirn gegen Stirn aufeinander losgingen.«

Er beschrieb ihren Kampfstil: »Die Zähne ineinander geschoben, drücken sie mit aller Gewalt vorwärts und versuchen sich gegenseitig vom Platz zu drängen, bis der Stärkere die Oberhand gewinnt und den Rüssel des anderen zur Seite stößt. Wenn der eine erst einmal nachgibt und seine Flanke bietet, dann verwundet ihn der andere mit den Zähnen.«

Einige von Ptolemaios' Elefanten, meinte er, hätten sich in den Zweikämpfen mutig geschlagen. Die meisten hätten den Kampf jedoch gescheut, behauptete er. »Sie können den Geruch und die Trompetentöne der indischen nicht aushalten, haben wohl auch Angst vor ihrer Größe und Kraft und ergreifen vor ihnen schon aus der Entfernung sogleich die Flucht.«

Ptolemaios' linker Flügel wurde in Aufregung versetzt und zurückgedrängt. Unterdessen weigerte sich sein Elefantenkontingent auf dem rechten Flügel, sich den feindlichen Elefanten, denen sie zahlenmäßig unterlegen waren, überhaupt zu stellen. Auch wenn Ptolemaios in dieser Schlacht siegte, hatte sich sein afrikanisches Elefantenkorps als untauglich für den Kampf erwiesen. Und damit verloren die Ptolemäer jede Motivation, Elefanten noch einmal in einer Schlacht einzusetzen.

In anderen Teilen Afrikas wurden die Kriegselefanten jedoch nach wie vor sehr geschätzt. Während des langen Kampfes zwischen Karthago und Rom um die Vormachtstellung im westlichen Mittelmeerraum zogen die Karthager immer wieder mit ihren Elefanten in die Schlacht. Die Kriegselefanten des karthagischen Feldherrn Hannibal gingen in die Geschichte ein. Aber nicht nur bei seinen siegreichen Feldzügen, sondern auch bei seiner Niederlage und seinem Untergang spielten sie eine herausragende Rolle.

Von ihrer Basis in Karthago, am Golf von Tunis, aus hatten die Karthager ungehinderten Zugang zu großen Elefantenherden, die die Ebenen an der Küste von Tunesien bis nach Marokko sowie die Wälder am Fuße des Atlas-Gebirges bevölkerten. Eine der ersten schriftlichen Aufzeichnungen über afrikanische Elefanten stammt von einem karthagischen Forscher namens Hanno, der Anfang des 5. Jahrhunderts v. Chr. auf seiner Erkundungsreise die Säulen des Herkules – die Straße von Gibraltar – hinter sich ließ, um an der Westküste Afrikas punische Siedlungen zu errichten. Nachdem er das Kap Soloeis (das heutige Kap Cantin) passiert hatte, stieß er am Fuße des Atlas-Gebirges auf Sumpfland, das, wie er sagte, von Elefanten und einer Vielzahl anderer Tiere zum Grasen aufgesucht wurde.

Die Karthager hatten im 3. Jahrhundert v. Chr. schnell gelernt, die Elefanten so abzurichten, dass sie im Krieg eingesetzt werden konnten. Innerhalb der Stadtmauern von Karthago wurden, wie es hieß, Ställe für 300 Elefanten gebaut. Das Elefantenkorps kam bald zum Einsatz. Im Jahr 262 v. Chr. schickten die Karthager ein Kontingent von 50 Elefanten über das Mittelmeer nach Sizilien, um sie im Ersten Punischen Krieg gegen die Römer einzusetzen. Ihre Taktik, die Kavallerie und Elefanten zu kombinieren, erwies sich als höchst effektiv. Aber der junge Feldherr Hannibal, 247 v. Chr. geboren, war derjenige, der die wagemutigste Großtat überhaupt unternahm. Von seinem Stützpunkt in Spanien aus entwickelte er Pläne, die Römer durch einen Überraschungsangriff zu schlagen, indem er mit seinem Heer rund 2 500 Kilometer über Land marschierte, quer über die Pyrenäen, durch die unbekannten Gebiete Galliens, über die hohen Pässe der Alpen und durch Norditalien, um Rom selbst anzugreifen. Ein wichtiger Bestandteil seines Heeres war ein Elefantenkorps von 37 Elefanten. Hannibal ging davon aus, dass die römischen Streitkräfte auf einen Angriff durch Elefanten nicht gefasst, in Panik fliehen würden.

Im Sommer 218 v. Chr., später als geplant, brach Hannibals Heer auf und stieß zunächst einmal auf den unerwarteten Widerstand der in Katalonien beheimateten Völker, wodurch sein Vormarsch aufgehalten wurde. Es dauerte etwa vier Monate, bis das fast ausschließlich aus kleineren nordafrikanischen »Waldelefanten« bestehende Elefantenkorps die Pyrenäen erklommen und sich seinen Weg durch die Sumpfgebiete im Süden Galliens und schließlich bis zur Rhône gebahnt hatte.

Das Überqueren der Rhône war besonders gefährlich. Der Ort, den Hannibal dafür wählte, lag zwischen Fourques und Arles, an einer Stelle, ehe der Strom sich in zahlreiche Nebenarme teilte und rund 280 Meter breit war. Für ein Heer von 38 000 Fußsoldaten, 8 000 Kavalleristen und 37 Elefanten war schon allein die Flußüberquerung eine Herausforderung. Aber darüber hinaus waren Hannibals Truppen auch noch den Angriffen der Gallier vom gegenüberliegenden Ufer aus ausge-

Hannibal überquert die Rhône, nach einem Gemälde von Henri Motte, 1878.

setzt; und sie wussten, dass ein römisches Heer im Anmarsch war und schnell vorrückte.

Es bedurfte aufwändiger Vorbereitungen, um die Elefanten über den Fluss zu bringen. Hannibals Leute bauten riesige Stege, die in den Fluß ragten; an den Seiten der Stege machten sie Floße fest und bedeckten sie mit einer gleichmäßig aufgeschütteten Schicht Erde. Damit sollten die Elefanten ermutigt werden, auf das Floß zu gehen. Sobald zwei Elefantenkühe von ihren Führern auf das Floß gebracht worden waren, folgten die anderen Tiere gehorsam nach.

Als die Seile, mit denen das Floß befestigt war, gelöst wurden, um von einigen Ruderbooten zum anderen Ufer hinübergezogen zu werden, gerieten die Tiere in große Unruhe. Polybios zufolge drehten sie sich wild hin und her und suchten nach allen Seiten einen Ausweg, um wieder an Land zu kommen. Die meisten beruhigten sich jedoch wieder. Einige stürzten sich allerdings in den Fluss. Während es den Elefanten gelang, sicher ans andere Ufer zu waten, ertranken ihre Führer indes alle.

Mit dem Elefantenkorps, das die Nachhut bildete, marschierte Hannibals Heer zunächst zehn Tage lang das Rhône-Tal hinauf, dann zog er in östlicher Richtung weiter, um mit der Überquerung der Alpen zu beginnen und sich den Weg durch unbekannte, enge Schluchten und über tiefe, reißende Flüsse zu bahnen. Feindliche gallische Völker machten den langen Kolonnen während des Aufstiegs zu schaffen, sie wagten es jedoch nie, sich den Elefanten zu nähern, weil sie sich vor ihrem fremdartigen Aussehen fürchteten.

Nach neun Tagen erreichte Hannibal den höchsten Pass, unterhalb des Monte Viso, fast 3000 Meter über dem Meeresspiegel. In der Ferne konnte er die Ebenen des Po sehen. Aber der Abstieg dorthin sollte sich als noch gefährlicher erweisen.

Nachdem sein müdes, erschöpftes, frierendes und hungriges Heer auf dem kahlen Gebirgskamm eine Rast eingelegt hatte, begann es zu schneien. Der Weg nach unten war rutschig und tückisch. Männer, Pferde und Lasttiere rutschten über dem Abgrund aus und kamen zu Hunderten ums Leben, sei es, weil sie in die Tiefe stürzten oder weil sie vor Erschöpfung starben. Überall verstreut am Weg lagen Leichen. Unweit des Gipfels war der Weg fast völlig durch einen Erdrutsch versperrt worden, er war so eng, dass die Elefanten und Lasttiere nicht mehr passieren konnten. Drei Tage lang mühten sich Hannibals Soldaten ab, um den Weg zu verbreitern, sie machten riesige Feuer, um das Gestein zu sprengen, während ihre Elefanten vom Hunger zermürbt warteten.

Nach einer 15-tägigen Alpenüberquerung erreichte Hannibal schließlich die Ebene. Er hatte fast die Hälfte seines Heeres verloren – etwa 20 000 Fußsoldaten und Reiter. Aber alle 37 Elefanten hatten überlebt.

Das plötzliche Auftauchen von Hannibals Heer in Norditalien traf die Römer wie ein Donnerschlag. Eilig stellten sie Truppen zusammen, um ihm entgegenzutreten. Aber sie wurden in einer Schlacht nach der anderen geschlagen. Im Winter 218 v. Chr. lösten Hannibals Elefanten bei einem Kampf an der Trebia, der inmitten von Graupel- und Schneeschauern ausgetragen wurde, unter der römischen Kavallerie ein ungeheures Chaos aus. Die Nachricht von der Niederlage der Römer an der Trebia versetzte die Stadt Rom in Angst und Schrecken.

Aber Hannibal verlor immer mehr seiner Elefanten. Bei der Überquerung des Apennins geriet sein Heer in ein so schreckliches Unwetter, dass sieben Elefanten dabei umkamen. Andere fanden in den Sümpfen des Arno den Tod, der in diesen Tagen stärker als gewöhnlich über die Ufer getreten war. Hannibal selbst, der an einer Augeninfektion litt, ritt auf dem einzigen Elefanten, der übrig geblieben war, um auf seinem Rücken höher über dem wirbelnden Wasser zu sein. Er sollte aber am Ende auf einem Auge erblinden.

15 Jahre zog Hannibals Heer kreuz und quer durch Italien. Es gelang ihm, bis zu den Toren Roms vorzudringen, aber nicht, die Stadt einzunehmen. Aus Spanien und aus Karthago wurden Elefanten zur Verstärkung geschickt. Die Römer hatten inzwischen jedoch gelernt, mit den feindlichen Elefanten umzugehen. Bei militärischen Übungen wurde den Soldaten beigebracht, die Rüssel der Elefanten anzugreifen, um ihnen großen Schmerz zuzufügen. In der Schlacht trugen die Soldaten mit Eisenspitzen versehene Rüstungen, schleuderten Wurfspieße auf die Elefanten, schlugen ihnen mit Beilen die Sehnen durch, griffen sie mit Feuer und brennenden Pfeilen an und erschreckten sie mit Trompetenlärm. Die Elefanten machten oft panisch kehrt und richteten in den eigenen Reihen großes Chaos und Unheil an.

Neun Jahre, nachdem Hannibal die Alpen überquert hatte, brach sein Bruder Hasdrubal von Spanien aus auf, um ihm mit einem neuen Heer und einem neuen Korps von afrikanischen Elefanten zu Hilfe zu eilen. Dabei wählte er die gleiche gefährliche Strecke über die Berge. Dieses Mal erwarteten ihn jedoch bereits die römischen Heere. Und bei der Schlacht von Metaurus im Jahre 207 v. Chr. wurde Hasdrubal von seinen Elefanten im Stich gelassen.

»Als dann der Kampf und das Gebrüll anschwoll«, schrieb der römische Historiker Livius, »wurde ihre Lenkung immer schwieriger und sie drehten sich zwischen den Schlachtreihen hin und her, gleichsam als wüssten sie nicht, wohin sie gehörten, herumtreibenden Schiffen ohne Steuerruder ganz ähnlich.«

Um weiteres Chaos zu verhindern, wurden die Elefanten von ihren eigenen Führern getötet.

»Die Elefanten wurden in größerer Zahl von den Lenkern selbst als von den Feinden getötet«, schrieb Livius. »Sie hatten einen Zimmermannsmeißel mit einem Schlegel; ihn setzte der Lenker, sobald die Tiere zu wüten und gegen die eigenen Leute loszugehen begannen, zwischen die Ohren genau an dem Halsgelenk an, das den Kopf mit dem Nacken verbindet, und trieb ihn mit möglichst wuchtigem Hieb hinein. Das hatte man als schnellste Todesart bei einem Tier von solcher Masse gefunden, sobald sie die Aussicht, sich lenken zu lassen, mit Gewalt zunichte machten.«

Die Schlacht von Metaurus besiegelte das Schicksal des karthagischen Versuches, die Römer in Italien zu schlagen. An jenem Tag wurde das Gleichgewicht der Mächte im Mittelmeerraum unwiderruflich verschoben.

Als die Römer im Jahr 204 v. Chr. Truppen nach Nordafrika schickten, um Karthago einzunehmen, war Hannibal gezwungen, sich aus Italien zurückzuziehen, um sein afrikanisches Heimatland zu verteidigen.

Die entscheidende Schlacht fand im Jahr 202 v. Chr. bei Zama statt. Wiederum verließ sich Hannibal vor allem auf sein Elefantenkorps und eröffnete den Kampf, indem er 80 Elefanten zum Angriff auf die römischen Schlachtreihen schickte. Aber durch den Lärm der Trompeten und Hörner, die die Römer erschallen ließen, in Angst und Schrecken versetzt, wandten sich einige wiederum gegen die eigenen Reihen und andere stürmten in die Lücken, die die Römer in ihren Reihen gemacht hatten, um nicht zertreten zu werden, und wurden erstochen.

Hannibal gestand seine Niederlage ein. Zu den von den Römern diktierten Friedensbedingungen gehörte, dass die Karthager alle ihre Elefanten auszuliefern hatten und keine weiteren mehr für militärische Zwecke zähmen durften.

Nun sahen sich die afrikanischen Elefanten mit einer anderen Bedrohung konfrontiert, die dieses Mal von Rom ausging.

Römische Spiele

Ganz Nordafrika einschließlich der Verbreitungsgebiete der Elefanten fiel letztlich unter römische Herrschaft. 146 v. Chr. annektierten die Römer das Herrschaftsgebiet von Karthago und gaben ihm den Namen Afrika. 46 v. Chr. nahmen sie das Königreich Numidien, weiter westlich an der Küste ein und nannten es Africa Nova. 100 Jahre später eroberten sie das Gebiet westlich von Numidien, das damals als Mauretanien bekannt war und sich bis zur Atlantikküste erstreckte.

Die Römer setzten die Elefanten weniger für militärische Zwecke ein als vielmehr bei öffentlichen Veranstaltungen und zur Unterhaltung des Volkes. Afrikanische Elefanten tauchten erstmals im 3. Jahrhundert v. Chr. bei Triumphzügen in Rom auf, die von Feldherrn nach militärischen Erfolgen veranstaltet wurden. Im 2. Jahrhundert v. Chr. wurden die Elefanten gerne zusammen mit anderen exotischen Tieren bei den römischen Spielen zur Schau gestellt. Später wurden sie als Kampftiere abgerichtet, um bei den Tierhetzen gegeneinander und gegen andere Tiere wie Stiere und Nashörner zu kämpfen. Dann wurden sie als Gegner von Gladiatoren, die mit Lanzen und brennenden Holzscheiten bewaffnet waren, in den Kampf geschickt.

Diese Spiele wurden immer extravaganter und blutrünstiger. Allein in den ersten Tagen der von dem römischen Feldherrn Pompeius im Jahr 55 v. Chr. veranstalteten Spiele wurden 600 Löwen massakriert. Am letzten Tag waren die Elefanten an der Reihe. Eine Gruppe von etwa 27 Elefanten wurde in den Zirkus geführt, um gegen mit Wurfspießen bewaffnete Gätuler aus

Afrika zu kämpfen. Der römische Historiker Plinius beschrieb, wie ein Elefant zur hellen Begeisterung der Masse einen heroischen Kampf darbot. Nachdem ihm die Füße durchbohrt worden waren, kroch er auf den Knien zu den Gätulern, entriss ihnen die Schilde und warf sie in die Höhe. Ein anderer Elefant wurde durch einen einzigen Wurf von einem Speer getötet, der ihn ins Auge getroffen hatte. Daraufhin wollten die übrigen Elefanten die Flucht ergreifen und das eiserne Gitter durchbrechen, das rundum zum Schutz der Zuschauer errichtet worden war. Nachdem ihr Versuch gescheitert war, standen sie in der Arena, wedelten verzweifelt mit ihren Rüsseln und trompeteten Mitleid erregend. Plinius zufolge war das Volk von diesem Anblick derart bewegt, dass es sich von den Plätzen erhob und Pompeius wegen seiner Grausamkeit verwünschte.

»Ja es regte sich sogar ein gewisses Mitleid«, meinte Cicero, der dieses Schauspiel miterlebte, »und eine Meinung dieser Art, jenes Tier habe eine gewisse Gemeinschaft mit dem menschlichen Geschlecht.« Und er fragte: »Welche Unterhaltung kann es für einen gebildeten Menschen sein, wenn entweder ein schwacher Mensch von einem sehr starken wilden Tier zerfleischt oder ein herrliches Tier von einem Jagdspieß durchbohrt wird?«

Die Spiele blieben jedoch beliebt. Bei den Spielen, die Cäsar 46 v. Chr. veranstaltete, trat bei einem Wettkampf eine Gruppe von 20 Elefanten gegen 500 Fußsoldaten an; darauf folgte ein zweiter Wettstreit, bei dem ebenfalls 20 Elefanten mit Türmen auf dem Rücken, in denen sich jeweils drei bewaffnete Männer befanden, und eine 500 Mann starke Truppe aus Fußsoldaten und Reitern gegeneinander antraten. Unter den Kaisern Claudius und Nero avancierte der ohne fremde Hilfe ausgetragene Kampf zwischen Elefanten und Menschen zur krönenden Leistung einer Gladiatorenkarriere. Darüber hinaus wurden Elefanten auch zur Exekution von Gefangenen benutzt, wenn Männer und Frauen *ad bestios* verurteilt worden waren und in der Morgendämmerung in die Arena geschleppt wurden, um hingerichtet zu werden.

Trotz der Brutalität der Spiele wurden Elefanten von römischen Feldherrn sehr geschätzt, die ihre Siege auch weiterhin mit Elefantenparaden feierten. Bei seiner triumphalen Rückkehr aus Afrika im Jahr 80 v. Chr. beschloss Pompeius, in einem von vier Elefanten gezogenen Triumphwagen in Rom einzuziehen, und er wurde davon nur dadurch abgehalten, dass das Stadttor zu schmal war. 46 v. Chr. feierte Cäsar seinen Sieg in Afrika, indem er einen Festzug nach Hause organisierte, den er von 40 Elefanten begleiten ließ, die Fackeln in ihren Rüsseln trugen. Eine im Jahr 18 n. Chr. anlässlich des Todes von Kaiser Augustus herausgegebene Medaille zeigte ihn als Statue, wie er gottähnlich auf einem von vier afrikanischen Elefanten gezogenen Triumphwagen steht, die ihm zujubelnd die Rüssel schwenken.

Sehr bewundert wurden Elefanten wegen ihrer Fähigkeit, Kunststücke zu lernen, und ihrer Geschicklichkeit, sie vorzuführen. In der Arena brachte man ihnen bei, vor der kaiserli-

In römischen Zeiten wurden Elefanten dazu abgerichtet, in Arenen gegen andere Tiere und Gladiatoren zum Kampf anzutreten.

chen Loge niederzuknien und mit dem Rüssel lateinische Worte in den Sand zu schreiben. Einmal sollen sie sich vor dem Kaiser verbeugt und gebetet haben, bevor sie mit dem Rüssel das Kreuzeichen machten.

Ihnen wurde beigebracht, bei gesellschaftlichen und musikalischen Veranstaltungen aufzutreten, anmutig zu tanzen und mit den Füßen den Rhythmus zu stampfen. Der Historiker Aelianus beschrieb, wie etwa im Jahr 12 n. Chr. eine Gruppe von zwölf Elefanten bei einem öffentlichen, von dem römischen Feldherrn Germanicus veranstalteten Schauspiel mit Blumengewinden und Tanzkleidern von Tänzerinnen geschmückt in den Zirkus geführt wurde, sich in einer Reihe aufstellte und im Kreis drehte, sich im Tanzschritt rhythmisch bewegte und galant Blumen auf den Boden warf. Im Anschluss daran wurden sie zu einem aufwändigen, auf Tischen aus Zitrusholz und Elfenbein angerichteten Festessen geleitet; sie ließen sich auf Ruhebetten mit Polstern nieder und machten sich zur hellen Begeisterung der Zuschauer dann daran, mit ausgestrecktem Rüssel gesittet zuzugreifen und zu fressen und zu trinken.

Sie lernten auch, über Seile zu gehen. Bei einem Fest, das Kaiser Nero im Jahr 59 n. Chr. zu Ehren seiner Mutter veranstaltete, wurde ein Elefant auf die höchste Empore eines Theaters geleitet, um dann mit einem Führer auf dem Rücken geschickt über Seile wieder zu ebener Erde hinunterzusteigen. Plinius erzählt, wie ein Elefant, der sich bei der Dressur etwas ungelehriger zeigte und deshalb öfters Schläge erhalten hatte, in der Nacht dabei entdeckt wurde, wie er bei Mondschein freiwillig zusätzliche Übungen machte.

Roms Vorliebe für Elefanten bedeutete, dass die nordafrikanischen Herden ständig bejagt wurden. Aber noch bedrohlicher war die unersättliche Nachfrage der Römer nach Elfenbein. Elfenbein wurde zur Ausschmückung von Tempeln und Palästen benutzt, in Triumphzügen zur Schau gestellt und zur Herstellung einer Vielzahl von Luxusartikeln verwendet: Throne, Truhen, Statuen, Stühle, Betten, Bucheinbände, Tabletts, Schatullen, Vogelkäfige, Kämme und Spangen. Cäsar fuhr in einem Elfenbeinwagen durch die Stadt; Seneca besaß 500 dreibeinige Tische mit Beinen aus Elfenbein; Caligula brachte sein Pferd in einem Elfenbeinstall unter. Die Konsuln und Magistratsmitglieder verwendeten Elfenbein für ihre Amtsinsignien, ihre Zepter und Curulischen Stühle und sie schickten elfenbeinerne Diptychons mit Inschriften ihrer Ernennungen an Würdenträger und Freunde.

Elfenbeinschnitzer waren bestrebt, ihre Kunst ständig zu verbessern. Der römische Dichter Ovid erzählt von einem Bildhauer, der sich in eine seiner Schöpfungen verliebte – das perfekte Abbild einer in Elfenbein geschnitzten Frau. Die Idee wurde im 20. Jahrhundert von dem irischen Dramaturgen George Bernard Shaw in seinem Stück *Pygmalion* neu aufgegriffen, das zur Grundlage für das beliebte Musical *My Fair Lady* wurde.

Ein Teil des römischen Elfenbeins kam aus Indien, ein anderer Teil aus Äthiopien und von der Küste des Roten Meeres. Ein wichtiger Handelspartner wurde das Königreich Aksum im äthiopischen Hochland, das seine Elfenbeinlieferungen über den Hafen von Adulis verschiffte. In Äthiopien gab es noch riesige Elefantenherden. Ein römischer Gesandter, der Mitte des 6. Jahrhunderts nach Aksum reiste, berichtete, auf dem Weg von Adulis eine Herde mit rund 5000 Tieren gesehen zu haben.

Der unerschöpfliche Bedarf der Römer hinterließ jedoch seine Spuren in Nordafrika. Erste Anzeichen der misslichen Situation der Elefanten wurden schon bald sichtbar. Plinius beklagte im Jahr 77 n. Chr. die Knappheit an afrikanischem Elfenbein: »Große Zähne findet man nämlich außer bei solchen, die aus Indien stammen, nur noch selten; die übrigen sind in unserem Erdteil dem Luxus zum Opfer gefallen.«

Das Römische Reich bestand in Nordafrika bis zum 5. Jahrhundert. Aber bis dahin waren die nordafrikanischen Herden bereits auf dem besten Weg, auszusterben.

Schützlinge der Götter

In der ganzen antiken Welt wurde Elefanten, welchem Zweck sie auch dienten, ein hoher Status zuerkannt. Sie spielten bei religiösen Zeremonien und bei Siegesparaden eine tragende Rolle. Sie wurden auf Münzen, in der Bildhauerei und Malerei dargestellt, als ein Symbol für Weisheit, Kraft und Stärke. Man sagte ihnen nach, sie seien fromm und gottesfürchtig. Sie wurden als Schützlinge der Götter, als Zugtiere ihrer Triumphwagen, abgebildet. Der römische Historiker Plinius erklärte in einer Abhandlung über Landtiere:

Das größte unter ihnen und dem Menschen an Verstand zunächst stehend ist der Elefant, denn er versteht die Sprache seines Landes, gehorcht den Befehlen, behält die erlernten Verrichtungen, zeigt Freude an Liebe und Ruhm und hat sogar, was selbst bei dem Menschen selten ist, Rechtschaffenheit, Klugheit, Billigkeit, auch Ehrerbietung für die Gestirne und Verehrung für Sonne und Mond. Nach den Berichten von Gewährsmännern kommen Herden von Elefanten in den bewaldeten Gebirgen Mauretaniens beim Schimmer des Neumonds zu einem Fluss herab, dessen Name Amilus ist, reinigen sich dort, indem sie sich feierlich ringsum mit Wasser besprengen, und kehren dann, wenn sie das Gestirn auf diese Weise begrüßt haben, in ihre Wälder zurück, wobei sie ihre ermüdeten Jungen vor sich her tragen.

Plinius der Ältere war so fasziniert von Elefanten, dass er ihnen in seinem literarischen Hauptwerk *Historia Naturalis*, das 77 n. Chr. erschien, 13 Kapitel widmete. Er schrieb über ihren freundlichen Charakter:»Wenn man sie nicht reizt, richten sie keinen Schaden an und sind, da sie stets in Herden umherziehen, am wenigsten von allen Tieren Einzelgänger.« Er war beeindruckt von ihrem Zusammenhalt in der Gruppe: »In Afrika fängt man sie in Gruben; verirrt sich ein Elefant in eine solche, so schleppen die übrigen sofort Äste zusammen, wälzen Steine hinab, bauen Dämme und versuchen ihn mit aller Gewalt herauszuziehen.«

Frühe Schriftsteller wie Plinius stützten sich beim Zusammentragen ihrer Informationen in starkem Maße auf das Werk von Aristoteles, dem Vater der Elefantenkunde, der im 4. Jahrhundert v. Chr. in Griechenland die erste lange Abhandlung über ihre Biologie und Naturgeschichte verfasst hatte. In seinem Werk ging Aristoteles auf die Frage der Anatomie, Fortpflanzung, Ernährung und das Verhalten ein. Er verwies auf die hohe Intelligenz des Elefanten und meinte, dieses Tier übertreffe alle anderen an Verstand und Geist. Er hob seine friedliche Natur hervor. Und er sprach mit wohl gesetzten Worten über seinen Rüssel:»Bei den Elefanten wird die Nase lang und

Eine Münze aus der Römerzeit zeigt, wie Elefanten nachgesagt wurde, den Sternen und dem Mond ihre Ehrerbietung zu erweisen.

kräftig und er gebraucht sie als Hand. Mit dem Rüssel nämlich ergreift er die Nahrung und führt sie zum Munde, sowohl flüssige wie feste, er als einziges Tier.«

Was Aristoteles in seinem Werk beschrieben hatte, war zum Großteil bemerkenswert korrekt. Aber einige seiner Beobachtungen wurden zu dauerhaften Mythen. Zu ihren Paarungsgewohnheiten hielt er fest:»Die Elefanten begatten sich in der Einsamkeit, besonders an den Flüssen, an denen sie sich aufzuhalten pflegen.« Plinius wiederholte diese Vorstellung:»Aus Schamhaftigkeit begatten sie sich nur im Verborgenen.«

Viel Raum in seinem Werk räumte im 3. Jahrhundert n. Chr. der römische Schriftsteller Aelianus den Elefanten ein, um, genau wie seine Vorgänger, ihre tugendhaften Qualitäten zu betonen. Sie ließen nie die Schwachen oder Jungen im Stich, selbst wenn sie gejagt wurden, schrieb er; und sie halfen den Alten aus Fallgruben. Er schilderte Erzählungen der »Äthiopier«, wonach Elefanten nicht an einem toten Elefanten vorbeigingen, ohne einen Ast auf den Toten zu legen oder mit dem Rüssel Erde aufzunehmen und auf ihn zu streuen.

Er berichtete über ihre unheimliche und erstaunliche Geschicklichkeit und ihre Fähigkeit zu lernen und Kunststücke vorzuführen:

Jetzt möchte ich etwas über ihre musischen Leistungen berichten, über ihre Folgsamkeit und ihre Lernwilligkeit – Fertigkeiten, die selbst der Mensch nur mit Mühe erwirbt und die bei einem Tier umso erstaunlicher sind, das so riesig ist und bei jeder Begegnung vorher so ungebärdig erschien.
Zu tanzen und rhythmisch im Reigen zu schreiten, gern auf die Flöte zu hören, die Unterschiede der Töne zu erkennen, den Schritt zu hemmen, wenn sie langsamer, zu beschleunigen, wenn sie schneller werden – all das lernt und behält der Elefant gewissenhaft und ohne sich zu irren. Denn wie die Natur ihn riesengroß geschaffen hat, so macht ihn Bildung sanft und lenkbar.

41

Aber ebenso, wie sie von Kunststücken gezähmter Elefanten berichteten, beschrieben die Schriftsteller der Antike die allgegenwärtige Furcht wilder Elefanten vor dem Menschen. »Der Elefant ist, wie man berichtet«, schrieb Plinius, »gegen einen Menschen, der ihm zufällig in der Einöde begegnet und einfach den Weg nicht findet, freundlich und zutraulich und weist ihm sogar den Weg; bemerkt er aber die Spur eines Menschen früher als diesen selbst, so soll er aus Furcht vor Nachstellungen zittern, stillstehen, bei der Witterung umherspähen, vor Wut trompeten, nicht auf die Menschenspur treten, sondern die Erde aufwühlen und dem nächst hinter ihm stehenden weitergeben; dieser reiche sie dem folgenden, und auf ähnliche Weise gelange die Nachricht bis zum letzten; darauf wende sich der ganze Haufe und stelle sich zum Kampfe auf.«

Aelianus liefert eine anschauliche Beschreibung, wie Elefanten Jäger angreifen: »Wenn die Tiere angreifen, richten sie in ihrem Zorn die Ohren wie Segel auf, so wie es die Strauße tun, die mit gespreizten Schwingen fliehen oder angreifen. Sie rollen den Rüssel ein und stecken ihn unter die Stoßzähne. Wie ein Kampfschiff mit seinem Rammsporn unter brausendem Ruderschlag dahinstürmt, so jagen Elefanten Menschenmassen in die Flucht, mit hellem, durchdringendem Gebrüll wie Trompetengeschmetter.«

Ebenso wie frühere Autoren glaubte Aelianus, dass Elefanten von den Göttern geliebt wurden. In Mauretanien, schrieb er, würde man sich erzählen, dass alte Elefanten sich in ein tief im Wald am Fuße des Atlas-Gebirges gelegenes und von den Göttern geschütztes Schutzgebiet zurückzogen, an einen Ort, dem Jäger sich nicht zu nähern wagten. Als ein König 300 sorgfältig ausgewählte Männer losschickte, um die schweren Stoßzähne von alten Elefanten herbeizuschaffen, sollen alle bis auf einen von der Pest dahingerafft worden sein. Aelianus beschrieb auch, wie Elefanten, wenn sie an Wunden verenden, den Staub zu ihren Füßen aufnehmen, zum Himmel hochwerfen und dabei klagende Laute ausstoßen, als riefen sie die Götter als Zeugen des Unrechts an, das ihnen mit ihrem Schicksal widerfahren ist.

Der Mensch war jedoch nicht ihr einziger Feind. Eine weit verbreitete Geschichte, die in der antiken Welt erzählt wurde, handelte vom Kampf zwischen Elefanten und Schlangen. In Äthiopien, sagte Aelianus, gab es einige Schlangenarten, die als »Todfeinde« von Elefanten bekannt waren und fast 55 Meter lang wurden. Plinius behauptete, Schlangen würden das Blut von Elefanten trinken, sie aussaugen und auf diese Weise austrocknen. Der römische Dichter Lukan, der von afrikanischen Schlangen fasziniert war, war der Überzeugung, dass sie Elefanten erdrücken konnten. Ein Mosaik in Karthago stellte einen Elefanten im Würgegriff einer Pythonschlange dar.

Diese Geschichte spiegelt den uralten Kampf zwischen Gut und Böse wider. Der Elefant symbolisierte das Licht und das Leben und den Sieg gegenüber der Dunkelheit und dem Tod. Dieses Thema wurde auch im mittelalterlichen Europa aufgegriffen, wo man Elefanten noch nie zu Gesicht bekommen hatte.

Die Elefantenfriedhöfe

Auf den Landkarten, die frühe Geografen von Afrika erstellt hatten, wurden die Gebiete jenseits des Nils und Äthiopiens einfach als *Terra incognita* bezeichnet. Als der griechische Geschichtsschreiber Herodot etwa 430 v. Chr. Ägypten besuchte und bis zum ersten Katarakt bei Elephantine (Asuan) den Nil hinauffuhr, konnte er niemanden finden, der etwas über die Quelle des Flusses wusste. Ein Schreiber vom heiligen Schatz der Athene in der Stadt Sais hatte ihm erklärt, die Quellen des Nils seien »unergründlich und strömten aus der Mitte« zwischen zwei Bergen im Innern Afrikas hervor, mehr konnte er ihm jedoch auch nicht sagen.

Der einzige flüchtige Einblick in dieses riesige Hinterland war jahrhundertelang ein Bericht, der von einem griechischen Kaufmann namens Diogenes stammte. Er behauptete, dass er bei seiner Heimreise nach einem Besuch in Indien Mitte des 1. Jahrhunderts n. Chr. an einem Ort namens Rhapta – irgendwo an der Küste des heutigen Tansania gelegen – auf dem afrikanischen Festland gelandet und dann 25 Tage lang weiter ins Landesinnere gereist sei. Dabei sei er in der Nähe von zwei großen Seen angekommen und des schneebedeckten Gebirgszugs, aus dem die beiden Quellen des Nils entspringen. Diese Information nahm der alexandrinische Geograf Claudius Ptolemäus ein Jahrhundert später in seine Weltkarte auf, wobei er die Quelle des Nils als Lunae Montes, die Berge des Mondes, bezeichnete. 1700 Jahre lang blieb Ptolemäus' Karte der einzige Wegweiser zu dem Geheimnis der Nilquellen.

Wesentlich mehr war über die Ostküste Afrikas in jener Zeit nicht bekannt. Etwa 60 n. Chr. veröffentlichte ein griechischer Kaufmann in Alexandria eine Seekarte über die nördlichen Regionen des Indischen Ozeans. Die Karte mit dem Titel *Periplus Maris Erythraei* – Umschiffung des Eritreischen Meeres bzw. Roten Meeres – war jedoch nicht auf das Gebiet des Roten Meeres beschränkt, sondern schloss auch den Golf von Aden, das Arabische Meer und den Indischen Ozean von der Westküste Indiens bis zur Ostküste Afrikas mit ein.

Der *Periplus* konzentriere sich vor allem auf die Handelsrouten nach Asien. Afrika wurde wenig Beachtung geschenkt: Eine Reihe von Orientierungspunkten wurden vermerkt und ein paar Häfen eingetragen. Nur ein Handelshafen wurde namentlich benannt: Rhapta. Er wurde als »die allerletzte Marktstadt des Kontinents von Azania« beschrieben – Azania war der damalige Name für Ostafrika. »Dort gibt es Elfenbein in großer Menge«, war im *Periplus* vermerkt.

Arabische und persische Händler errichteten schließlich eine Reihe von Siedlungen entlang der Ostküste Afrikas, die sie das Land der Zanj, das Land der Schwarzen, nannten. Sie wählten vor der Küste gelegene Inseln aus, auf denen sie Siedlungen gründeten, und unternahmen keinen Versuch, ins Landesinnere vorzudringen. Die Insel Sansibar, deren Name sich von der Bezeichnung *Zanj* ableitet, wurde ein regelmäßig angesteuertes Ziel. Arabische Daus setzten während des Nordost-Monsuns von November bis März die Segel, um zur afrikanischen Küste zu gelangen, und kehrten während des Südwest-Monsuns von April bis September nach Hause zurück.

Ihr Hauptinteresse galt afrikanischen Sklaven. Sklaven aus dem Land der Zanj und aus Abessinien – der arabische Name für Äthiopien – erzielten in der arabischen Welt und am Persischen Golf einen guten Preis. Sie waren es gewohnt, Städte zu bauen, sich um Plantagen zu kümmern, Kanäle zu graben und in Minen zu arbeiten. Tausende afrikanischer Sklaven wurden jedes Jahr dorthin gebracht.

Eine weitere geschätzte Handelsware war jedoch Elfenbein. Die Nachfrage nach afrikanischem Elfenbein kam nicht nur aus der arabischen Welt, sondern zunehmend auch aus Indien und China. In Indien wurde Elfenbein zur Herstellung von Hochzeitsschmuck verwendet, der beim Tod eines der beiden Ehepartner vernichtet werden musste. Ab dem 6. Jahrhundert reichten die Elfenbeinvorkommen in Indien nicht mehr, um den eigenen Bedarf zu decken. Lieferungen aus Afrika waren notwendig, um die Nachfrage zu befriedigen. Darüber hinaus zogen indische Schnitzer afrikanisches Elfenbein dem indischen vor, weil es als weicher und damit leichter zu bearbeiten galt.

Die Küstensiedlungen im Land der Zanj erfreuten sich schon nach wenigen Generationen eines wachsenden Wohlstandes und zunehmender Sicherheit. Muslimische Kaufleute entwickelten dort blühende Hafenstädte mit Moscheen, Palästen und grandiosen Residenzen, die aus Korallensteinen errichtet wurden. Es entfaltete sich eine spezielle Kultur, die als Suaheli bezeichnet wurde, was im Arabischen so viel wie Küstenbewohner bedeutet.

Arabische Seekapitäne wagten sich bald weiter nach Süden vor und ereichten schließlich Sofala, einen Landungspunkt an der Küste von Mosambik, nur einige Hundert Kilometer von den Goldfeldern auf der Hochebene von Simbabwe entfernt. Es dauerte nicht lange, bis sich ein florierender Goldhandel mit Simbabwe entwickelte, der den Städten der Zanj, die ihn kontrollierten, zunehmenden Wohlstand brachte.

Ein Geograf aus Bagdad, Abu'l Hasan 'Ali al-Mas'ûdî besuchte im 10. Jahrhundert zweimal das Land der Zanj und hinterließ den frühesten bekannten Bericht darüber:

Das Land der Zandsch [Zanj] ist äußerst reich an Elefanten, die aber alle wild und nicht gezähmt sind. Die Zandsch verwenden sie weder zu militärischen noch zu anderen Zwecken, sondern töten sie nur. Dabei gehen sie folgendermaßen vor: Sie werfen für die Tiere die Blätter, die Rinde und die Zweige einer einheimischen Baumart in Wasser und verstecken sich, bis die Elefanten kommen, um zu trinken. Sobald sie dann von dem Wasser getrunken haben, brennt sie das Wasser und macht sie betrunken. Sie fallen zu Boden und können sich nicht mehr erheben, da ihre Beine weder Gelenke noch Knie haben. Die Zandsch stürzen sich dann mit sehr langen Lanzen auf sie und töten sie, um ihnen ihre Stoßzähne zu nehmen. Aus diesem Land kommen Stoßzähne, die 50 Pfund und mehr wiegen.

Das meiste Elfenbein wurde, wie er sagte, nach Oman und von dort weiter nach Indien und China gebracht.»Obwohl die Zandsch, wie erwähnt, die Elefanten in großen Mengen jagen und das Elfenbein sammeln, nutzen sie nichts davon zur Herstellung ihrer Geräte.«

Al-Mas'ûdî beschrieb auch die Gefahren, die eine Seereise quer über den Indischen Ozean zum Land der Zanj mit sich brachte. Er sei über viele Meere gereist, schrieb er, er kenne jedoch keines, welches gefährlicher sei als das der Zanj. Er nannte auch die Kapitäne, mit denen er gereist war und von denen alle, wie er sagte, ertrunken seien.

Aus Seemannsgeschichten von den Handelsreisen entlang der Ostküste Afrikas ist auch eine der beständigsten Legenden über afrikanische Elefanten hervorgegangen. In *Tausendundeine Nacht*, einer aus dem 9. Jahrhundert stammenden Sammlung von persischen Geschichten, erzählt Sindbad der Seefahrer seine Abenteuer, die er auf seinen Reisen von Hafen zu Hafen und von Insel zu Insel im Meer der Zanj erlebte. Auf seiner siebten und letzten Reise, sagte er, stieß er auf einen Elefantenfriedhof.

Sindbad zufolge ereignete sich das Ganze, nachdem er von Seeräubern gefangen genommen und an einen reichen Kaufmann verkauft worden war. Dieser gab ihm Pfeil und Bogen und befahl ihm, sich auf Bäumen zu verstecken und auf Elefanten zu schießen, um ihre Stoßzähne zu bekommen. Zwei

Monate lang gelang es ihm, jeden Tag einen Elefanten zu töten. Dann fand er sich eines Morgens, als er in seinem Versteck auf einem Baum saß, unten von einer Herde wütender Elefanten umringt. Sie rissen seinen Baum um und eines der Tiere hob ihn mit dem Rüssel auf seinen Rücken und trug ihn, allen anderen voran, in einem langen Marsch auf einen Hügel, der ganz mit Elefantenknochen und Elefantenzähnen bedeckt war, wo sie ihn absetzten und allein zurückließen. Er zweifelte nicht, sagte er, dass dies ein Elefantenfriedhof war und dass sie ihn dorthin gebracht hatten, um ihm zu zeigen, dass es keinen Grund gab, Elefanten zu töten, wenn man sich, um an ihre Stoßzähne zu kommen, nur die Mühe machen musste, sie aufzuheben.

Als *Tausendundeine Nacht* im 18. Jahrhundert in Europa übersetzt wurde, wurden Sindbad der Seefahrer und seine Abenteuer ein fester Bestandteil der im Westen erzählten Märchen.

49

Meisterwerk der Natur

Im Jahre 1254 traf an der Küste Englands ein afrikanischer Elefant ein. Es handelte sich dabei um ein Geschenk, das Ludwig IX., König von Frankreich, dem englischen König Heinrich VIII. von einem Kreuzzug in Palästina mitgebracht haben soll. König Heinrich ordnete aufwändige Vorkehrungen für seine Unterbringung in der königlichen Menagerie im Tower von London an. »Wir befehlen Ihnen«, schrieb er an den Sheriff von London, »unverzüglich zu veranlassen, dass in unserem Tower von London ein 40 Fuß langes und 20 Fuß tiefes Gebäude für unseren Elefanten gebaut wird.«

Ein Benediktiner-Mönch, Matthew Paris, wurde beauftragt, eine Zeichnung des Tieres anzufertigen. Diese zeigt den Elefanten, wie er mit einem Fuß in Höhe der Fessel an einen Pflock angebunden dasteht und von seinem Wärter gefüttert wird.

Der Elefant von König Heinrich wurde sofort eine der Sehenswürdigkeiten Londons. Er starb jedoch nach nur zwei Jahren im Tower, möglicherweise hatte man ihm zu viel Rotwein zu trinken gegeben.

Dass Elefanten tatsächlich zu sehen waren, war im mittelalterlichen Europa allerdings eine Seltenheit. Sie blieben weiterhin ein Mysterium und Gegenstand von Geschichten und Spekulationen. Es gab nur wenige, die wussten, wie Elefanten aussahen. Abbildungen von Elefanten, die in mittelalterlichen Schriften und Schnitzereien zu finden waren, hatten oft wenig Ähnlichkeit mit dem tatsächlichen Aussehen des Tieres. Das Wissen über Elefanten war sehr gering; vieles wurde einfach von den Schriftstellern der Antike übernommen und damit wurden die Legenden wiederholt, die sie gehört hatten. Genau wie im Altertum wurde der Elefant sehr geschätzt. Ihm wurden große Tugendhaftigkeit nachgesagt und er wurde als Symbol des Guten gegen das Böse benutzt. Überall in Europa schmückten Elefantenschnitzereien Kirchen und Kathedralen, die oft den Kampf zwischen einem Elefanten und einer Schlange darstellten. Tierbücher, die im Mittelalter verfasst wurden, vermittelten die gleiche Botschaft vom edlen Charakter des Elefanten. Diese Tradition wurde im 16. und 17. Jahrhundert von den Schriftstellern fortgesetzt. Conrad Gesner, ein Schweizer Naturalist, der im 16. Jahrhundert seine Schriften in lateinischer Sprache verfasste, zählte die zahlreichen moralischen Eigenschaften auf, die dem Elefanten zugesprochen wurden. Im 17. Jahrhundert schrieb ein französischer Autor, S. de Priezac, eine Abhandlung mit dem Titel *Histoire Des Éléphants*. Er lobte den Elefanten als »ein Subjekt, bei dem moralische Tugenden deutlich hervortreten, das Gemeinwesen im Vordergrund steht, Integrität siegreich ist und Qualen und Strafe die einzige Belohnung für Laster sind«. Jedes Kapitel bezog sich auf eine bestimmte Tugend: Mäßigung, Frömmigkeit, Klugheit, Stolz, Feingefühl, Zuneigung zu den Jungen, Respekt gegenüber den Älteren, Anstand, Nächstenliebe, Barmherzigkeit, Geistesgegenwart, Intelligenz, Treue und Gerechtigkeit.

Ein englischer Pfarrer und Naturalist, Edward Topsell, beschäftigt sich in seinem Werk *Historie of the Foure-Footed Beasts*, 1607 in London veröffentlicht, auf insgesamt 20 Seiten mit den Elefanten. Er begann seine Ausführungen mit der Feststellung:»Unter all den Tieren auf der Welt gibt es keine Kreatur, welche so großartig und stattlich die Macht und Weisheit des allmächtigen Gottes demonstriert wie der Elefant.«

Im Weiteren ging er auf seine fromme Wesensart ein, wobei er in weiten Teilen auf die Vorlagen klassischer Schriftsteller wie Aristoteles, Plinius und Aelianus zurückgriff:

Der Elefant, wie er in Edward Topsells Tierkunde dargestellt wurde, 1607 in London veröffentlicht.

Sie haben eine Art Religion, da sie Ehrerbietung und Ehrfurcht erweisen und den Verlauf der Sonne, des Mondes und der Sterne verfolgen; denn wenn der Mond scheint, gehen sie zum Wasser, worin er zu sehen ist, und wenn die Sonne aufgeht, begrüßen sie diese und erweisen ihrem Antlitz ihre Ehrerbietung und in Äthiopien wird beobachtet, dass, wenn der Mond sich bis zum Vollmond verändert und aufgeht, diese Tiere auf einen geheimen Wink der Natur hin Äste von den Bäumen nehmen, von denen sie sich ernähren, und diese als Erstes zum Himmel hochheben und dann zum Mond hochschauen, was sie viele Male zusammen tun, als sei es ein demütiges Flehen an ihn. In gleicher Weise bezeugen sie der aufgehenden Sonne ihre Ehrerbietung, indem sie ihren Rüssel oder ihre Hand als Gratulation zu ihrem Aufgehen zum Himmel hochhalten.

Topsell war auch von ihren anderen Eigenschaften beeindruckt: »Es gibt keine Kreatur, die so verständig ist wie ein Elefant. Er hat eine Begabung zu lernen, sich zu erinnern, zu meditieren und Dinge zu begreifen, wie ein Mensch es kaum vollbringen kann.« Zu ihrem Paarungsverhalten wiederholte er die Beobachtungen, die Aristoteles und Plinius gemacht hatte:»Sie sind zurückhaltend und schamhaft bei der Paarung, denn dazu suchen sie Wälder und verborgene Orte auf.«

Korrekter war, was er zu der Art und Weise, wie sie auf den Tod reagierten, festhielt:»Ich kann nicht über ihre Fürsorge hinweggehen, die toten Kadaver ihrer Gefährten oder anderer ihrer Art zu begraben und zu bedecken; denn wenn sie einen Toten finden, gehen sie nicht vorbei, ehe sie nicht ihr gemeinsames Leid beklagt haben, indem sie Staub und Erde auf sie werfen und auch grüne Äste, als Zeichen des Opfers, und es wäre für sie verwerflich, es nicht zu tun.« Topsell betonte auch ihre freundliche Art, wonach sie nie kämpfen oder einen Menschen oder ein Tier angreifen würden, ohne provoziert worden zu sein.

Andere Autoren jener Zeit äußerten sich in ähnlicher Weise. In seinem Gedicht »The Progress of the Soul«, veröffentlicht 1601, schrieb John Donne:

Das große Meisterwerk der Natur, ein Elefant,
Das einzige harmlose große Wesen ...

Ebenso erlebte das mittelalterliche Europa eine Wiederbelebung des Elfenbeinkultes. Im 13. und 14. Jahrhundert stellten europäische Bildhauer eine Reihe von Meisterwerken gotischer Elfenbeinschnitzerei her, hauptsächlich mit religiösen Motiven. Unter den ausgestellten Gegenständen in der Sainte-Chapelle in Paris, die 1248 von Ludwig IX. eingeweiht wurde, um die Reliquien der Passion aufzunehmen, die er aus Konstantinopel erworben hatte, gehörte eine gerade in Auftrag gegebene Statue der glücklich lächelnden Jungfrau mit Kind. Ihre Kunstfertigkeit wurde sofort gelobt und sie ist eine der bedeutendsten Elfenbeinschnitzereien. In Dieppe, Paris und Soissons florierten Werkstätten, die wegen ihrer eleganten Statuetten, Kruzifixe, Reliquienschreine und Diptychons berühmt wurden. Zu den Meisterwerken, die dort entstanden, gehören einige für Privatleute angefertigte Miniatur-Altarbilder wie das Diptychon aus Soissons, das sich jetzt im Victoria-and-Albert-Museum in London befindet.

Darüber hinaus stieg auch die Nachfrage nach Elfenbeinartikeln für den häuslichen Gebrauch wie beispielsweise Kämme, Spiegeletuis und Schatullen. In Paris hatten die Elfenbeinschnitzer im 13. Jahrhundert so viel zu tun, dass sie sich zu einzelnen spezialisierten Gruppen zusammenschlossen, von denen sich einige auf die Herstellung von Kruzifixen und Messergriffen, andere auf Laternen, Schreibtafeln oder Würfel konzentrierten.

Schatullen waren ein beliebter Gegenstand. In den Kleiderkammerverzeichnissen von König Eduard I. von England (1299–1300) war ein Elfenbeinkoffer aufgeführt, mit persönlichen Gegenständen, »zur privaten Freude des Königs«, wie Ringe, Siegel, kostbare Steine und Börsen. Viele Schatullen waren mit Illustrationen aus mittelalterlichen Erzählungen verziert.

Elfenbein war allerdings oft knapp. Die europäischen Handelsverbindungen mit Afrika und Asien wurden durch die Ausweitung der muslimischen Herrschaft in Nordafrika und im Nahen Osten behindert.

Aber bald sollte eine neue Ära der europäischen Forschung beginnen, die den Verlauf der afrikanischen Geschichte veränderte und mit ihr das Schicksal der afrikanischen Elefantenpopulationen.

Stellungen an der Küste

1415 durchquerte eine portugiesische Armada, mit dem größten
je von einem portugiesischen König zusammengestellten Heer
an Bord, auf einem neuen Kreuzzug gegen den Islam das Mittelmeer, um die Festungsstadt Ceuta an der marokkanischen Küste
einzunehmen. Mit an Bord war Prinz Heinrich, der ehrgeizige
21-jährige Sohn von König Johann I., der entschlossen war, sich
als Kreuzfahrer einen Namen zu machen, und hoffte, die Eroberung von Ceuta werde sich nur als der Beginn der portugiesischen militärischen Expansion in Nordafrika erweisen.

Ceuta war eine wertvolle Eroberung. Es war eine der stärksten Festungen im Mittelmeerraum, die dessen westlichen
Zugang bewachte; ein großer Handelshafen und eine nördli-
che Endstation der Karawanenhandelsrouten quer durch die
Sahara, über die aus den muslimischen Königreichen des
Sahel Gold und Elfenbein durch die Wüste transportiert wurden. Als Ceuta im August 1415 innerhalb eines einzigen Tages
an die Portugiesen fiel, wurde die Eroberung als großer Tri-
umph gefeiert. Portugiesische Gesandte verkündeten in Europa, die Stadt sei das »Tor und der Schlüssel zu ganz Afrika«.
Von wohlhabenden Händlern, die in Ceuta gefangen genommen worden waren, erfuhren die Portugiesen, woher die Gold-
ladungen kamen, die durch die Sahara herangeschafft wurden.
Einige Händler sprachen von einem »Fluss aus Gold« weit im
Süden, der in den Atlantik mündete.

Ceuta blieb eine isolierte Enklave an der nordafrikanischen
Küste, die von muslimischen Feinden umzingelt und bezüglich

ihrer Versorgung von Portugal abhängig war. Der Goldhandel lag außerhalb ihrer Reichweite. Heinrich wandte sich unterdessen anderen wagemutigen Unternehmungen im Atlantik zu, er entdeckte Madeira, die Kanarischen Inseln und die Azoren. Nachdem Portugals Seemacht immer größer wurde, entschloss er sich, einen Seeweg zu den Goldfeldern Afrikas zu suchen.

Bisher hatten Seefahrer sich an der afrikanischen Atlantikküste nicht weiter südlich als bis zum Kap Bojador vorgewagt, einer öden, zerklüfteten Landspitze, 100 Seemeilen südlich der Kanarischen Inseln, die wegen ihres dichten Nebels und ihrer starken Brandung berüchtigt und gefürchtet war. Die dortigen Windverhältnisse und die von Norden kommende Strömung machten die Rückreise zu einem gefährlichen Unterfangen. Mehrere Schiffe, die sich weiter nach Süden gewagt hatten, waren nie zurückgekehrt. Jenseits des Kaps lag die so genannte »Heiße Zone«, wie sie von mittelalterlichen Geografen genannt wurde – eine tückische See und ein unwirtlicher Küstenstrich, der sich Hunderte von Kilometern ins Unbekannte erstreckte. Im Arabischen war das Kap Bojador als Bon Khatar, »Vater der Gefahr«, bekannt.

Unter Heinrichs Führung erbrachte Portugal Pionierleistungen im Schiffsbau und in der Seefahrt. Die portugiesische Flotte wurde mit neu entworfenen Karavellen ausgestattet, die äußerst manövrierfähig und für die Erkundung unbekannter Küsten ideal geeignet waren.

Jahr für Jahr schickte Heinrich Expeditionen an der afrikanischen Küste entlang nach Süden. Inzwischen strebte er nicht mehr nur danach, die Routen durch die Sahara zu umgehen und einen direkten Zugang zu den Goldfeldern zu finden, sondern er wollte auch das Land des Priesters Johannes suchen, eines legendären christlichen Königs, der im Landesinnern über ein Reich herrschen sollte, das durch die muslimischen Machthaber, die Nordafrika kontrollierten, vom Rest des Christentums abgeschnitten war.

Die Erkundung der westafrikanischen Küste verlief ebenso schnell wie dramatisch. 1434 umsegelte eine portugiesische

Mannschaft das Kap Bojador und kehrte sicher, gegen den Wind segelnd, zurück. 1436 erreichten portugiesische Seefahrer 250 Meilen südlich vom Kap Bojador die Mündung eines Flusses, dem sie den Namen Rio do Ouro gaben, in der irrtümlichen Annahme, sie hätten den Fluss des Goldes gefunden. 1444 waren sie über die südliche Grenze der Sahara hinausgekommen und hatten das Kap Verde, »das grüne Kap«, an der Grenze »des Landes der Schwarzen« erreicht. Die Einheimischen dort nannten sie »Guineas«, nach dem marokkanischen Berber-Wort für »Schwarze«.

Sie begannen auch, Berichte über Elefanten aufzuzeichnen. 1450 segelte der portugiesische Kapitän Azurara bis zur Mündung des Flusses Senegal und vermerkte, dass Afrikaner gerne Elefantenfleisch aßen, aber keine Verwendung für ihre Stoßzähne hatten. Der venezianische Forscher Cadamosto, der 1456 auf Heinrichs Schiffen zum Fluss Gambia reiste, war fasziniert von den Elefanten und beschrieb, wie sie gebratenes und geschmortes Elefantenfleisch gegessen hatten. »Um die Wahrheit zu sagen«, schrieb er, »Elefantenfleisch ist nicht sehr gut. Es erschien mir zäh und unappetitlich und hatte kaum Geschmack.« Cadamosto kehrte mit einem Elefantenfuß und einem Teil eines Rüssels, die er hatte einsalzen lassen, und einem Stoßzahn nach Portugal zurück und überreichte sie Heinrich als Geschenk.

Der Handel mit »Guinea«, wie die westafrikanische Küste genannt wurde, florierte bald. Er war zumindest lukrativ genug, um einen bekannten Kaufmann aus Lissabon, Fernao Gomes, anzulocken, der 1469 für den Zeitraum von fünf Jahren ein Monopol für den Handel jenseits der Kapverdischen Inseln erwarb. Im Gegenzug dafür musste er eine jährliche Pacht zahlen, sich verpflichten, mit seinen Schiffen jedes Jahr 400 Meilen neue Küstenlinie zu erforschen und der portugiesischen Krone das gesamte Elfenbein zu verkaufen, das er von den Afrikanern beschaffen konnte.

Gomes' Schiffe konnten schnell die große Auswölbung der Landmasse des afrikanischen Kontinents im Westen umrun-

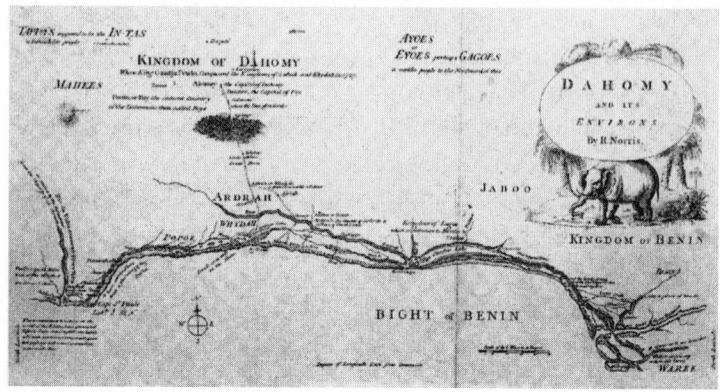

Im 17. Jahrhundert gab es in westafrikanischen Königreichen wie Dahomey und Benin unzählige Elefanten.

den. 1472 entdeckten seine Kapitäne, nachdem sie an der Mündung des Flusses Pra Anker geworfen hatten, schließlich die Goldfelder, die schon bei Heinrichs Expeditionen aufgespürt werden sollten, und zwar in einem Gebiet, das später als die Goldküste bezeichnet wurde. Nach einem Abkommen mit den einheimischen Herrschern bauten die Portugiesen an der Küste, an einem Ort, den sie El Mina, also »die Mine«, nannten, eine Burg. Innerhalb weniger Jahre stieg der Goldhandel auf ein Jahresvolumen von rund 20 000 Unzen an, was einen bedeutenden Anteil des weltweiten Aufkommens ausmachte.

Weiter östlich, in den dichten Regenwäldern südlich von Nigeria, stießen die Portugiesen auf das Königreich Benin, wo Elefanten und Elfenbein eine wesentliche Rolle im wirtschaftlichen, politischen und kulturellen Leben spielten. In Benin war Elfenbein ein königliches Monopol, das dem Oba gehörte, dem erblichen König des Edo-Volkes. Ein Stoßzahn von jedem Elefanten, der innerhalb des Königreiches getötet wurde, musste ihm geschenkt und der andere ihm zum Kauf angeboten werden. Der Oba war jedoch ein großzügiger Schutzherr der Gilde der Elfenbeinschnitzer, der Igbesanmwan. Die Elfenbeinschnitzerei war an seinem Hofe eine etablierte, mit großer

Fertigkeit ausgeführte Kunst. Neben den Insignien für den königlichen Hof fertigte die Igbesanmwan auch eine Vielzahl von Elfenbeinschnitzereien für die wohlhabende Elite an – Schüsseln, Kästchen, Kämme und Armspangen, die manchmal mit Kupfer- oder Goldeinlegearbeiten verziert waren.

Die Portugiesen waren beeindruckt von der Qualität der Produkte und den hervorragend ausgeführten Auftragsarbeiten, die sie mit zurück nach Europa nehmen konnten: Salzfässchen, Gabeln, Löffel und Jagdhörner. Die Salzfässchen waren für gewöhnlich mit dem Bildnis einer Gruppe stehender portugiesischer Granden geschmückt oder mit Reiterfiguren, die von einem nackten Engel begleitet wurden. Ähnliche Arbeiten wurden bei den Temne-Bollom-Schnitzern in Sierra Leone in Auftrag gegeben.

Gleichzeitig suchte man weiterhin nach dem Reich des Priesters Johannes. Im Jahre 1474 überquerten portugiesische Seeleute den Äquator. 1483 erreichten sie die Mündung des Flusses Kongo und umrundeten 1488 das Kap der Guten Hoffnung.

Im Jahre 1497 brach unter dem Kommando von Vasco da Gama von Lissabon aus eine Expedition auf, mit Briefen für verschiedene Potentaten an Bord, denen er zu begegnen hoffte, darunter auch der Priester Johannes. Nachdem sie die Ostküste Afrikas hinaufgesegelt waren, erreichten da Gamas Männer den Hafen einer Insel, die Mosambik genannt wurde, wo arabische Händler ihnen erzählten, der Priester Johannes besäße an der Küste entlang nach Norden viele Städte. Ein Offizier der Flotte notierte: »Dies und noch vieles andere erzählten sie uns, worüber wir so froh waren, dass wir vor Freude weinten und Gott baten, es möge ihm gefallen, uns Gesundheit zu geben, auf dass wir sähen, was wir alle so innig wünschten.«

Nachdem sie den Suaheli-Hafen von Malindi erreicht hatten, wurde da Gama allerdings von seinem ursprünglichen Vorhaben durch ein noch bedeutenderes Ziel abgelenkt. Er begegnete zufällig einem der bekanntesten arabischen Seefahrer jener Zeit, Ahmad Ibn Majid, und überredete diesen, den Portugiesen den Seeweg nach Indien zu zeigen. Damit begann eine Ära europäischer Seeherrschaft im Indischen Ozean. Ibn Majid bedauerte später die Hilfe, die er den Portugiesen gegeben hatte: »Oh! Hätte ich die Konsequenzen gekannt, die das haben würde!«, schrieb er.

Nach da Gamas Rückkehr nach Lissabon 1499 schickten die Portugiesen eine Reihe bewaffneter Expeditionen nach Ostafrika, um Kontrolle über die reichen Handelshäfen zu erreichen. Städte, die sich weigerten, sich den Forderungen der Portugiesen zu unterwerfen, wurden eingenommen und geplündert. Sansibar war die erste Stadt, die sich 1503 ergab; Mombasa wurde 1505 erobert; Kilwa, die Insel Mosambik und Sofala wurden ebenfalls unterworfen.

Der Wunsch, ins Land des Priesters Johannes zu gelangen, war nicht in Vergessenheit geraten. Portugiesischen Gesandten gelang es schließlich, Kontakt mit den christlichen Herrschern von Äthiopien in ihrem alten Königreich im Gebirge herzustellen. Die Hoffnungen der Portugiesen, eine militärische Allianz gegen ihre muslimischen Widersacher zu schmieden, wurden jedoch enttäuscht.

Auch Portugals Handelsimperium entwickelte sich anders als erhofft. 1506 berichtete ein portugiesischer Befehlshaber, Sofala, das Tor zu den Goldfeldern in Simbabwe, sei in der Lage, 4000 Tonnen Gold pro Jahr zu liefern. In Lissabon hatte man die Nachricht bejubelt, da man glaubte, damit eine weitere Goldküste gefunden zu haben. In Sofala baute man eine Festung und im Tal entlang des Flusses Sambesi wurden Handelsstationen eingerichtet. Was an Gold zu Tage gefördert wurde, war jedoch eine vergleichsweise sehr geringe Menge.

Elefanten gab es dort aber reichlich. Ein Dominikaner-Missionar, João dos Santos, der 1586 in Sofala ankam und später den Sambesi hinaufreiste, berichtete: »Die Anzahl der Elefanten in diesem Land ist erstaunlich, es sind in der Tat so viele, dass die Einwohner gezwungen sind, sie zu jagen, um zu verhindern, dass sie die Ländereien verwüsten, auf denen sie Reis und Hirse anbauen und auf denen diese Tiere im Allgemeinen ihre Verwüstungen anrichten.«

Die Einheimischen seien hauptsächlich, schrieb er, wegen des Fleisches an Elefanten interessiert, aber es gebe auch einen beträchtlichen Handel mit Elfenbein, das nach Indien ausgeführt wurde.

Er beschrieb die Gefahren der Elefantenjagd und berichtete über einen Vorfall, der sich zugetragen hatte, nachdem zwei Jäger Elefanten verfolgt und wieder aufgespürt hatten, die von ihnen zuvor verwundet worden waren: »Einer dieser Elefanten war in einen Fluss gegangen und sprühte mit seinem Rüssel Wasser über den anderen; dieser lag am Ufer, und der Jäger schloss daraus, dass er tot sei. Nachdem sie sich dem lebenden Elefanten im Wasser nun etwas näher als die Vorsicht geboten hätte, genähert hatten, ergriff dieser einen der beiden Jäger mit seinem Rüssel und warf ihn mit einer solchen Wucht auf den Körper des toten Elefanten, um ihm das Leben zu nehmen und damit den Tod seines Kameraden zu rächen.«

Den portugiesischen Händlern folgten bald zahllose andere Europäer nach Afrika: Holländer, Engländer, Franzosen, Dänen, Schweden und Deutsche, alle bestrebt, bei dem erbarmungslosen Rennen um Gold, Sklaven und Elfenbein ihren Gewinn zu machen. Sie bauten an der westafrikanischen Küste entlang befestigte Stationen, um ihren Handel vor europäischen Rivalen zu schützen. Sie wagten sich nur selten mehr als ein paar Kilometer ins Landesinnere hinein und verließen sich bei ihren Geschäften auf afrikanische Mittelsmänner.

Genau wie die Goldküste wurden auch andere Küstenstreifen mit bestimmten Handelsgütern in Verbindung gebracht. Die Gegend östlich der Goldküste, an der Bucht von Benin entlang, an der man hauptsächlich mit Sklaven handelte, nannten die Kaufleute die Sklavenküste. Im Gebiet westlich der Goldküste war die Brandung sehr stark. Dort lebten nur wenige Menschen und es gab keine guten Häfen. In dieser dicht bewaldeten Gegend wurde vor allem mit Elfenbein gehandelt – daher wurde dieser Küstenstreifen als Zahnküste oder Elfenbeinküste bezeichnet.

Es war keinem Europäer erlaubt, an der Elfenbeinküste Handelsstationen einzurichten oder ins Landesinnere vorzudringen. Die Einheimischen blieben misstrauisch. Die Geschäfte wurden meist in Form eines »Rauchhandels« abgewickelt. Europäische Schiffe, die vor der Küste festgemacht hatten, feuerten einen Kanonenschuss ab, um auf sich aufmerksam zu machen. Und wenn die Afrikaner Elfenbein oder irgendeine andere Ware zum Handel anzubieten hatten, ließen sie Rauchsignale aufsteigen und setzten mit einem Kanu durch die Brandung zu dem Schiff über.

Elefanten waren jedoch in der ganzen Küstenregion Westafrikas zu finden, selbst auf Inseln, die die Küste säumten; und Elfenbein war bei den Handelsstationen erhältlich. Die Portugiesen waren am Kap Verde die Ersten, die einen festen Elfenbeinhandel betrieben. Andere taten es ihnen zeitweise nach. Ein Seekapitän aus Plymouth, William Hawkins, war 1530 der Erste, der eine Reise unter britischer Flagge nach Westafrika unternahm und in Guinea eine Ladung »Elefantenzähne« an Bord nahm, ehe er nach Brasilien weitersegelte. Zehn Jahre später beförderte John Landye, ein Kapitän in Hawkins' Diensten, »ein Dutzend Elefantenzähne« auf seinem Schiff, die rund eine Tonne wogen. 1555 brachte Thomas Windham von einer Reise nach Guinea und Benin 250 Stoßzähne mit zurück.

Manchmal wurden Jagdgesellschaften organisiert. Im Januar 1557 hielt William Towerson in seinen Aufzeichnungen fest: »Wir nahmen heute 30 Männer mit und machten uns auf die Suche nach Elefanten. Unsere Männer waren alle gut bewaffnet und mit Arkebusen, Lanzen, langen Bogen, Armbrüsten, Partisanen, langen Schwertern und Schwertern und Rundschilden ausgerüstet. Wir fanden zwei Elefanten, die wir mehrere Male mit Arkebusen und langen Bogen trafen, aber sie suchten das Weite und verletzten einen unserer Männer.«

Ausschnitt aus einer Landkarte aus dem 7. Jahrhundert: An der Küste Guineas in Westafrika tragen Engel das kostbare Elfenbein.

Nachdem in Oberguinea Stationen an der Küste eingerichtet worden waren, beuteten die Engländer und Holländer die Elfenbeinvorräte im 17. Jahrhundert erbarmungslos aus. In manchen Gegenden wurden Berichten zufolge ganze Elefantenherden abgeschlachtet, um den Bedarf zu decken.

Ein portugiesischer Missionar, André de Faro, der 1663 die Insel Tarso besuchte, schilderte seine Verwunderung über die Menge von Elfenbein, die ein englisches Schiff geladen hatte:

Vor meinen Augen wurden 28 000 Zähne geladen, von denen viele vier *Arrobas* [58 kg oder 128 Pfund] wogen, und es gab zahlreiche kleinere. Jedes Jahr kommt ein Schiff, um eine ähnliche Ladung zu holen. Danach kann man beurteilen, wie viele Elefanten hier jedes Jahr getötet werden, weil jeder nur zwei Zähne hat, und somit müssen jährlich 14 000 Elefanten ermordet werden. Dabei ist das Elfenbein noch nicht berücksichtigt, das an den anderen Flüssen Guineas gekauft wird, wo es ähnliche Fabriken gibt, die andere Schiffe entsenden; und die Holländer sind auch Käufer in den Häfen an diesen Flüssen. Folglich gibt es in Guinea mehr Elefanten als es Vieh in ganz Europa gibt.

Die Rechnung des Missionars war natürlich nicht ganz richtig, aber seine generelle Beobachtung war durchaus präzise. Mitte des 17. Jahrhunderts waren die Elefantenbestände an der Küste Guineas sichtlich erschöpft.

Weiter im Landesinnern waren sie hingegen noch im Überfluss zu finden. »In den Ländern im Landesinnern von Benin ... Rio de Dalbary, Kamerun und verschiedenen anderen angrenzenden Ländern gibt es eine unglaubliche Zahl von diesen Tieren, dass man sich nur wundern kann, dass dort überhaupt Menschen leben«, schrieb Willem Bosman, der holländische Chefverwalter in El Mina an der Goldküste, 1705. Der junge schottische Forscher Mungo Park, einer der ersten Europäer, die sich ins Landesinnere Westafrikas vorwagten, berichtete während seiner Reise an den Fluss Niger in den Jahren 1795–1797 von großen Herden im Landesinnern.

Aber selbst tief im Landesinnern begann der Elfenbeinhandel schließlich seine Spuren zu hinterlassen. Im Königreich Loango, nördlich der Mündung des Kongo, verwendete das Volk der Vili Elfenbein für den persönlichen Gebrauch für Schmucksachen, für Musikinstrumente, Tischmesser und für religiöse Rituale. In den 70er Jahren des 16. Jahrhunderts begannen sie dann einen regelmäßigen Elfenbeinhandel mit europäischen Handelsstationen, die an der Küste eingerichtet worden waren. Im Jahr 1608 kauften allein die Holländer 23 Tonnen Elfenbein pro Jahr aus Loango. Als ihre üblichen Jagdgründe östlich der Küstenebene den Bedarf nicht mehr decken konnten, drangen die Vili ins Landesinnere vor und schickten Karawanen weit landeinwärts zu Märkten, sogar bis nach Malebo Pool am Fluss Kongo (oder Stanley Pool, wie der Ort später genannt wurde). In den 60er Jahren des 17. Jahrhunderts mussten die Vili-Händler auf der Suche nach neuen Elfenbeinquellen bereits bis nach Bukkameale reisen, einer Region, die als »Die Berge des Elfenbeins« bekannt war. Sie brauchten drei Monate für den Hin- und Rückweg. Und dennoch nahm der Bedarf immer weiter zu.

Die Nachfrage der Europäer nach Elfenbein verhalf den westafrikanischen Händlern im 17. Jahrhundert zu einem beachtlichen Wohlstand.

Afrikanischen Händlern war die Nachfrage der Europäer nach Elfenbein oft ein Rätsel, wie Mungo Park während seiner Reisen in Gambia feststellte:

Nichts erregt bei den Negern an der Küste soviel Verwunderung wie die große Nachfrage der europäischen Kaufleute nach Elefantenzähnen. Es ist sehr schwer, ihnen begreiflich zu machen, wozu sie gebraucht werden. Zeigt man ihnen auch Messer mit elfenbeinernen Heften, Kämme und andere Kleinigkeiten aus diesem Material und überzeugt sie, dass dies wirklich aus Elefantenzähnen gemacht ist, so sind sie damit doch nicht zufrieden. Sie glauben, dass man diese Ware in Europa zu weit wichtigeren Dingen so häufig braucht und ihnen dies absichtlich verhehle, damit der Preis des Elfenbeins nicht steige. Sie können nicht verstehen, dass man Schiffe baut und Reisen unternimmt, bloß um einen

Artikel zu holen, der zu nichts taugt als Messerstiele daraus zu machen, die man doch aus einem Stück Holz ebenso gut fertigen kann.

Bis zum Eintreffen der Europäer hatten die Afrikaner Elefanten hauptsächlich wegen des Fleisches gejagt. Die Elefantenjagd war eine gefährliche Unternehmung. Die einzigen Waffen, die dafür zur Verfügung standen, waren Speere, Pfeile, Beile oder ein Reihe unterschiedlichster Fallen. In Oberguinea schossen Sape-Jäger, die sich auf Bäumen versteckten, vergiftete Harpunen auf Elefanten ab, die unter ihrem Versteck vorbeigingen. Nalu-Jäger pflegten sie aus der Nähe mit Speeren anzugreifen. Die Mandingas verwendeten vergiftete Speere, die sie entweder aus dem Stand oder gelegentlich auch von einem Pferderücken aus auf sie abwarfen. Angesichts der Gefahr wurden erfolgreiche Jäger oft in Geschichten und Liedern gefeiert.

Elefanten waren ein wichtiger Bestandteil der afrikanischen Kultur. Die Mende in Sierra Leone glaubten, ihre Vorfahren seien Elefanten gewesen und dass Menschen, wenn sie starben, wieder zu Elefanten wurden. Nach ihrem Verständnis nahmen die Geister der Toten die körperliche Form von Elefanten an. Bilder von Elefanten wurden in weiten Teilen Afrikas bei Ritualen, Zeremonien und Maskeraden verwendet. Gesellschaftliche Ereignisse wie Hochzeiten, Begräbnisse und Initiationen wurden unter der Begleitmusik von Elfenbeintrompeten mit seitlichem Mundstück begangen, deren Töne manchmal dem tatsächlichen Trompeten der Elefanten ähnelten.

Afrikanische Stammesführer setzten Elefanten als Symbol der Macht und Stärke ein. Im Königreich Asante an der Goldküste war der Goldene Elefantenschwanz das Hauptsymbol des Reichtums in diesem Königreich; und mit Elefantenhaut wurde der Goldene Stuhl bezogen, der wichtigste Kultgegenstand überhaupt. Das Elfenbein der Elefanten war in der Regel den Stammeshäuptlingen vorbehalten, wie auch

Auf Bäumen versteckt, schossen afrikanische Jäger vergiftete Harpunen auf Elefanten ab, die unter ihnen her liefen.

in Benin, wo ein Zahn von jedem getöteten Elefanten an die einheimischen Herrscher abzuliefern war. Wenn ein örtlicher Herrscher bei öffentlichen Anlässen in vollem Staat dasaß, wurden oft als Symbol seiner Autorität große unbearbeitete Elefantenzähne seitlich von ihm auf- und zur Schau gestellt.

Elfenbein war auch für die Herstellung von Schmuck begehrt, etwa für Armbänder, Anhänger, Halsketten, Armreife und Beinreife. Es wurde auch zu Gebrauchsgegenständen und Werkzeugen weiterverarbeitet.

Aber die Jagd zu diesen Zwecken gefährdete nicht das Überleben der Elefantenherden. Elefanten wurden hauptsächlich für den Lebensunterhalt gejagt. Erst die wachsende Nachfrage europäischer Händler nach Elfenbein machte aus der Jagd ein ernsthaft betriebenes Geschäft.

Im Tausch gegen Elfenbein lieferten die Händler Kleidung, Eisen-, Metall- und Haushaltswaren, Glasperlen und Spirituosen. Ab Mitte des 17. Jahrhunderts bezahlten sie die Elfenbeinlieferungen dann zunehmend auch mit Waffen. Waffen waren sehr gefragt, sowohl für die Sklaven– als auch für die übrige Jagd. In den 90er Jahren des 17. Jahrhunderts waren Steinschlossmusketen weit verbreitet im Gebrauch. Sie waren unpräzise, mühsam zu laden und schwierig zu handhaben.

William Bosman beschrieb einen Vorfall, der sich eines Morgens im Dezember 1700 in El Mina ereignete, als ein am Strand entlangschlendernder Elefant in einen Garten kam und Bosman feststellte, wie schwer es war, mit Feuerwaffen zu töten:

Mehr als 100 Schüsse wurden auf ihn abgegeben, die dafür sorgten, dass er entsprechend blutete ... Bei alledem rührte er sich nicht, sondern stellte nur seine Ohren auf ...

Dieser Spaß wurde jedoch von einem tragischen Ereignis begleitet; denn ein Neger, der meinte, mit ihm fertig zu werden, ging leise hinter ihn, ergriff seinen Schwanz mit der Hand, um ein Stück davon abzuschneiden. Aber der Elefant, der daran gewöhnt war, einen Schwanz zu tragen, wollte nicht zulassen, dass er ihm zu Lebzeiten gekürzt wurde: Deshalb zog er den Mann zu sich hin, nachdem er ihm einen Schlag mit seinem Rüssel versetzt hatte, und trat zwei- oder dreimal auf ihn; und als sei dies noch nicht genug gewesen, bohrte er mit seinen Zähnen zwei Löcher in seinem Körper, die groß genug waren, dass ein Mann hätte eine doppelte Faust hineinstecken können. Dann ließ er ihn liegen, ohne einen weiteren Angriff auf ihn zu unternehmen; und er blieb auch ruhig stehen, während zwei Neger den toten Körper wegzogen, und er machte keine Anstalten, sich im Mindesten mit ihnen abzugeben ...

Etwa eine Stunde blieb der Elefant im Garten, ehe er sich trollte und auf den Weg zu einem Fluss machte. »Während der Elefant dort stand, begann das Schießen erneut, bis er schließlich hinfiel. Dann schnitten sie sofort seinen Rüssel ab, was so schwierig und mühsam war, dass die Neger 30 Hiebe brauchten, bis sie ihn abtrennen konnten, was sehr schmerzhaft für den Elefanten gewesen sein muss, da er ein lautes Brüllen von sich gab ... dieser Elefant musste über 300 Schüsse einstecken, die auf ihn abgegeben wurden, ohne dass er irgendein Zeichen von Wut oder Widerstand erkennen ließ ...«

Die Verbreitung der Feuerwaffen sollte sich, zusammen mit der Nachfrage der Europäer nach Elfenbein, für viele Elefantenpopulationen Afrikas als fatal erweisen. Allmählich wurden die Elefanten ausgerottet.

Das Kap des Todes

Als Jan van Riebeeck 1652 in die Tafelbucht segelte, um für die Holländische Ostindische Gesellschaft dort eine Versorgungsstation auf dem langen Weg zwischen Europa und Asien einzurichten, gehörten Elefanten zum gewohnten Bild auf der Kap-Halbinsel. Die Beschäftigten des Unternehmens hatten den Auftrag, einen möglichst großen Gewinn zu erwirtschaften. Sie hofften, durch den Verkauf von Elfenbein eine profitable Einkommensquelle zu erschließen. Als van Riebeeck zum ersten Mal Elfenbein in seinem Tagebuch erwähnte, hielt er fest, dass er bei einem Tauschhandel mit einheimischen Khoikhoi-Jägern gegen neun Unzen [rund 250 g] Tabak drei Stoßzähne erworben hatte.

Die Siedlung in Kapstadt und im Umfeld der Stadt dehnte sich stetig weiter aus und reichte 1679, als Stellenbosch gegründet wurde, bereits 65 Kilometer ins Landesinnere hinein. Jahr für Jahr verkleinerte sich das Gebiet der Elefanten. Im 18. Jahrhundert zogen von der Siedlung auf dem Kap die so genannten *Trekboers*, wie Nomaden umherziehende Viehfarmer und Jäger, ins Land hinaus, die mit ihren Familien in von Ochsen gezogenen Wagen lebten und immer unterwegs waren. Elfenbein war ein wichtiger Bestandteil ihres Einkommens. Einige Trekboers wurden professionelle Elfenbeinjäger.

Der erfolgreichste Elefantenjäger jener Zeit war Jacobus Botha, ein Trekboer, der in den 90er Jahren des 17. Jahrhunderts geboren und Vater von zwölf Söhnen war und sich schließlich mit einem Vermögen, das er mit Elfenbein gemacht hatte, auf einer Farm in Swellendam zur Ruhe setzte. Als er einem schwedischen Botaniker, Carl Thunberg, 1772 von seinen Erinnerungen an seine Großtaten erzählte, brüstete er sich damit, oft vier oder fünf am Tag, manchmal 12 oder 13 und bei zwei Gelegenheiten 22 Elefanten geschossen zu haben. Aufgrund seines hohen Alters mochte Botha seine Großleistungen als Jäger übertrieben haben. Aber sein Vermögen war real genug; und er erinnerte sich gerne an die Zeit in seiner Jugend, als in der Siedlung am Kap Elefanten so zahlreich waren, dass sie immer leicht zu finden waren.

Im Jahre 1760 waren südlich des Oliphants River, an der Westküste der Kap-Kolonie, keine Elefanten mehr zu finden; an der Ostküste lag das nächstgelegene Elefantengebiet 800 Kilometer von Kapstadt entfernt. In der östlichen Grenzregion blieben für kurze Zeit die reichen Bestände erhalten. Ein umherreisender schwedischer Wissenschaftler, Anders Sparrman, verwies 1775 auf die große Zahl der dort lebenden Tiere. Ein Regierungsbeamter berichtete 1797 von einer Herde, die 400 Tiere umfasste. Als die Elefantenjagd 1830 in der Kap-Kolonie verboten wurde, waren auf dem östlichen Kap jedoch nur noch zwei kleine Herden übrig geblieben, eine tief im Knysna-Wald versteckt und die andere im Addo-Buschland. Von einer einst auf 25 000 Tiere geschätzten Herde auf dem Kap hatten nur einige Hundert überlebt. Dies war die erste Massenvernichtung seit der Römerzeit.

Dennoch wuchs die Nachfrage nach Elfenbein noch weiter. Mit der Ära der industriellen Revolution, die in Europa und den Vereinigten Staaten Einzug hielt und zunehmenden Wohlstand brachte, nahm auch der Bedarf an Elfenbeinerzeugnissen zu. Bei der aufblühenden Mittelschicht waren Kämme, Besteckgriffe, Zierrat und Schmucksachen jeder Art, alle Dinge, an denen die wohlhabenden Eliten all die Jahrhunderte hinweg Gefallen gefunden hatten, beliebt. Es gab jedoch zwei neue Produkte, die zu einer immensen Steigerung des Elfenbeinverbrauchs führten: Klaviertasten und Billardkugeln.

England, ein großer Markt für Elfenbein, führte zwischen 1770 und 1800 im Durchschnitt 66 Tonnen pro Jahr ein; in den 20er Jahren des 19. Jahrhunderts wuchsen die Importe auf durchschnittlich 190 Tonnen im Jahr und in den 30er Jahren des gleichen Jahrhunderts war die Menge bereits auf 260 Tonnen pro Jahr gestiegen. Zwischen 1780 und 1830 war der Preis für Elfenbein um das Zehnfache gestiegen, was Folgen für ganz Afrika hatte.

Im südlichen Afrika zogen die Elfenbeinjäger weiter nach Norden, überquerten den Orange River und wagten sich in neue Landstriche vor, die als Betschuanaland und Transvaal bekannt werden sollten: »Ein jungfräuliches Buschland zum Ausplündern, und in dem es von wild lebenden Tieren nur so wimmelt«, wie es in einer Beschreibung heißt. Sie zogen mit ihren Frauen, Kindern, Dienstboten und ihrem Vieh dorthin, schlugen für die Saison Basislager auf und gingen in alle Richtungen auf die Jagd.

Die Waffen, die sie benutzten – lange, einläufige, Vorderlader, *Roers* genannt –, waren fortschrittlicher als die antiquierten Luntenschloss- und Radschlossmusketen, auf die sie sich zuvor gestützt hatten. Aber auch diese Waffen waren immer noch schwer und mühsam zu handhaben, sie wogen rund 14 Pfund und die damit abgefeuerten Kugeln waren über 100 Gramm schwer. Auf dem Rücken von Pferden sitzend, mussten die Jäger während des Rittes die Bleikugel in einen Leinenlappen wickeln, die Kanten runden, ein Pulverrohr in den Lauf einführen, die Kugel mit Hilfe eines Ladestocks nach unten auf das Schwarzpulver schieben, das Zündhütchen setzen und den Hahn spannen. Um einen Elefanten mit einem einzigen Schuss zu töten, mussten sie bis auf eine Distanz von 45 Metern an ihn herankommen. Die explosionsartige Zündung und der Rückstoß waren bei Vorderladern so stark, dass Männer aus dem Sattel geworfen wurden.

Den Trekboers schloss sich eine neue Sorte von Sportjägern aus England an, die Elfenbein als Mittel benutzten, um ihre Expeditionen zu finanzieren und davon zu profitieren.

Anfang des 19. Jahrhunderts fanden europäische Jäger, die nach Südafrika kamen, noch Landschaften voller Elefanten vor.

Ein britischer Armeeoffizier, Captain William Cornwallis Harris, war der Erste, der zu einer solchen neuartigen Jagdsafari aufbrach. Als er 1836 in Graaff-Reinet an der Grenze des Kaps – »dem letzten Außenposten der Zivilisation« – aufbrach, musste er warten, bis er die Magaliesberge, 800 Kilometer weiter im Landesinnern (in der Gegend des heutigen Pretoria), erreichte, bis er auf die ersten Elefanten traf.

Als er einer Fährte am Sand River folgte, gelangte er in ein felsiges Tal, wo sich vor ihm »ein großartiges und herrliches Panorama« eröffnete: »Die ganze Landschaft war förmlich mit wilden Elefanten bedeckt. Es konnten nicht weniger als 300 in meinem Blickfeld sein. Jede Anhöhe und jeder grüne Hügel waren mit Gruppen von ihnen übersät, während die Talsohle den Blick auf eine dichte und dunkle lebende Masse freigab ... ein gleichzeitig ebenso ergreifendes wie grandioses Bild.«

Harris verlor keine Zeit. Er schickte Männer los, die die Elefanten durch das Tal hinauf auf ihn zutreiben sollten. Er und seine Khoikhoi-Jäger eröffneten das Feuer auf die Elefanten, als diese herbeigestürmt kamen, und töteten und verwundeten viele. Als Harris am darauf folgenden Tag das Schlachtfeld inspizierte, stieß er auf ein Kalb, das überlebt hatte. Es hielt sich bei seiner toten Mutter auf, gab klägliche Laute von sich und versuchte, ihr mit dem Rüssel wieder auf die Beine zu helfen. Schließlich schlang es seinen Rüssel um Harris' Bein und folgte ihm zu den Wagen. Tief bewegt von diesem Vorfall ließ Harris das Kalb füttern und versorgen. Es starb dennoch kurze Zeit später.

Harris' Safaribericht, erstmals 1838 veröffentlicht, inspirierte andere, es ihm gleichzutun.

Gordon Cumming, ebenfalls ein ehemaliger Armeeoffizier, begann 1844 eine fünf Jahre dauernde Safari und wurde ebenso berühmt wie reich. Der Sohn eines schottischen Baronet, ein sehr großer Mann mit einem leuchtend roten Bart, pflegte mit einem grün und gelb gemusterten Gordon-Kilt bekleidet auf die Jagd zu gehen. Die Elefantenjagd war sein Lieblingssport. Er fand es »überwältigend aufregend«, Elefanten zu jagen, und ritt gerne nahe heran, lud seinen Vorderlader vom Sattel aus nach und feuerte manchmal aus einer Distanz von nur 14 Metern. Seine Jagden arteten oft in Hetzjagden aus, die sich mehrere Stunden hinzogen, bei denen er seine Beute kreuz und quer durch den Busch jagte und hetzte.

Cumming schrieb freimütig über seine Beutezüge. Er hielt eine Begebenheit fest, bei der sich ein großer Elefantenbulle, den er verwundet hatte, langsam zu einem in der Nähe stehenden Baum schleppte, dort stehen blieb und ihn »mit einem resignierten und nachdenklichen Ausdruck« beobachtete. »Ich beschloss, mir etwas Zeit zu nehmen, um diesen edlen Elefanten zu betrachten und über ihn nachzudenken, ehe ich ihn erlegte.« Cumming machte ein Feuer, brühte sich etwas Kaffee auf und trank ihn langsam Schluck für Schluck.

Nachdem ich mich erfrischt und mir zwischen den Schlückchen Notizen von meinen Beobachtungen gemacht hatte, wie der Elefant von Krämpfen geschüttelt wurde und sich krümmte, beschloss ich, an verwundbaren Punkten ein paar Experimente zu machen, und ging sehr nahe an ihn heran und feuerte mehrere Kugeln auf verschiedene Teile seines gewaltigen Schädels ab. Auf die Schüsse reagierte er nur mit einer salamartigen Bewegung seines Rüssels, mit dessen Spitze er sanft die Wunden berührte, eine verblüffende und seltsame Handlung.

Überrascht und schockiert wurde mir bewusst, dass ich das Leiden des edlen Tieres nur verlängerte, das seine Qualen mit solch würdevoller Fassung trug, und ich beschloss, dem Ganzen möglichst schnell ein Ende zu machen und eröffnete so von der linken Seite her das Feuer auf ihn. Auf die linke Schulter zielend, gab ich sechs Schüsse mit dem Gewehr ab, dessen Lauf über zwei Züge verfügte, was bereits tödlich gewesen sein muss, und danach feuerte ich noch sechs Schüsse mit dem holländischen Sechspfünder auf dieselbe Stelle ab.

Große Tränen kullerten jetzt aus seinen Augen, die er langsam schloss und öffnete; sein gewaltiger Körper bebte in krampfartigen Zuckungen. Er fiel auf die Seite und hauchte sein Leben aus.

Ebenso wie die Jagd genoss Cumming das bunte Treiben, das im Busch auf die Tötung eines Elefanten folgte. In seinen Memoiren beschreibt er lebhaft den Augenblick, wenn die Männer zusammenkamen, um den Kadaver aufzuschneiden, einzelne Schichten der Haut mit Assagais abzuziehen, Fleisch von den Rippen zu schneiden und vom Innern des ganz mit Blut bedeckten Kadavers her weiterzuarbeiten, um an die Fettschichten zu kommen, die sich um die Gedärme befinden. Es war »eine blutige, mit viel Lärm verbundene und chaotische Szene«, sagte er, »die jeder Beschreibung spottet.«

Einige der Schädelknochen des Elefanten wurden in Stücke zerhackt und roh gekaut. Ein Großteil des Fleisches wurde in bis zu sechs Meter lange Streifen geschnitten und für den späteren Verzehr als Trockenfleisch zum Trocknen aufgehängt. Cumming selbst hatte eine Vorliebe für gebratene Elefantenfüße, die sorgfältig in engen, gerade passenden Erdlöchern zubereitet wurden, und für aufgeschnittenen Rüssel.

In diesen neuen Landstrichen gab es zunächst viele Elefanten. William Cotton Oswell, ein englischer Jäger, der den Missionar und Forscher David Livingstone auf Expeditionen an den Ngami-See und den Sambesi-Fluss begleitete und ihm beibrachte, wie man im afrikanischen Busch überleben konnte, beschrieb, wie sie 1848, als sie den Zouga-Fluss in der Nähe des Ngami-Sees im Norden von Betschuanaland erreichten, ein wahres Elefantenparadies vorfanden: »Ich stieß, als ich den Busch hinter mir gelassen hatte, auf mindestens 400 Elefanten, die verschlafen im Schatten der vereinzelt gruppierten Akazien standen. Ein solcher Anblick hatte sich mir noch nie zuvor geboten, und ich bekam ihn auch nie wieder zu sehen. Soweit das Auge in der relativ offenen Landschaft reichte, es gab nichts als Elefanten.«

Livingstone fiel auf, dass die Einheimischen keine Verwendung für das Elfenbein hatten. »Wir sahen bei vielen Gelegenheiten Elfenbein in der Sonne verrotten«, schrieb er. »Diese Zähne wurden Knochen genannt, und an acht verschiedenen Orten sah ich mit eigenen Augen, dass man die Zähne samt den übrigen Knochen da verfaulen ließ, wo der Elefant gefallen war.«

Aber im Tross solcher Pionierreisen folgten jede Menge Jäger und Händler. Als Livingstone ein Jahr später an den Zouga zurückkehrte, musste er feststellen, dass in der Zeit nicht weniger als 900 Elefanten am Zouga-Fluss getötet worden waren.

Manche Jäger und Händler gaben den ortsansässigen Afrikanern Waffen und Munition, um alles zu töten, was ihnen unter die Augen kam. 1845 beschäftigte ein portugiesischer Händler, João de Albasini, im südafrikanischen Lowveld, Niederen Veld, das Gebiet des heutigen Krüger-Nationparks, 400 schwarze Jäger, um Elefanten und Nashörner zu töten.

Trotz seiner Liebe zur Jagd hatte auch Gordon Cumming nichts dagegen, die Gelegenheit zu nutzen, um Waffen gegen Elfenbein zu tauschen und damit sein Vermögen zu vermehren: »Auch wenn ich den Tauschhandel als äußerst langweilig empfand, lohnte es sich dennoch sehr, angesichts des enormen Gewinnes, den ich dabei herausschlagen sollte, etwas Zeit und einige Unannehmlichkeiten auf sich zu nehmen. Der Preis, den ich für die Musketen gezahlt hatte, waren £16 pro Kiste, die 20 Musketen enthielt; und der Gegenwert, den ich an Elfenbein für jede Muskete verlangte, lag bei £30 aufwärts, das machte etwa 3000 Prozent aus und das wird, wenn ich recht informiert bin, unter Kaufleuten als ein sehr ansehnlicher Gewinn angesehen.«

Die Spuren, die all dies bei den Elefantenherden hinterließ, wurden in den 60er Jahren des 19. Jahrhunderts noch größer, als ein neu entwickeltes Hinterladergewehr die alten Vorderlader ersetzte und den Jägern ermöglichte, schneller nachzuladen.

In den 70er Jahren des 19. Jahrhunderts waren Elefanten im Transvaal ausgestorben. Im Gebiet des späteren Südafrika war die auf rund 100 000 Tiere geschätzte Population völlig ausgelöscht worden.

Die Jäger zogen daraufhin wieder weiter nach Norden, überquerten den Limpopo und wagten sich bis ins Matabeleland und Mashonaland vor. Einer der Ersten, die dorthin reisten, war 1864 William Finaughty, ein englischer Jäger. Er sagte, dass die Elefanten im Matabeleland erst noch die Bedeutung von Gewehrfeuer verstehen lernen mussten. Bei einer Gelegenheit tötete er sechs Elefantenbullen, die in einem Flussbett standen, einen nach dem anderen, da keiner von ihnen sich beim Knall seiner Schüsse bewegt hatte.

1866 kamen zwei legendäre Buren-Jäger, Jan Viljoen und Petrus Jacobs, samt ihren Frauen, Kindern und ihrem Vieh im Matabeleland an. Im darauf folgenden Jahr gelang es ihnen, 210 Elefanten zu töten, ein Rekordergebnis für die Jagd in einer Saison. Henry Hartley, ein englischer Jäger, der zur glei-

Europäische Jäger wurden oft von der Fähigkeit der Elefanten, sich zu verstecken und sich völlig geräuschlos zu bewegen, überrascht.

chen Zeit ins Matabeleland kam, jagte vor allem nördlich des Limpopo und konnte am Ende 1200 erlegte Elefanten auf seinem Konto verbuchen.

Die Jagd im Matabeleland und Mashonaland brachte allerdings neue Gefahren mit sich. Weite Teile des Gebietes waren so genanntes »Fliegenland«, das Reich der Tsetsefliege, wo Pferde nicht mehr eingesetzt werden konnten. Statt zu Fuß auf Elefantenjagd zu gehen, setzten sich viele Jäger – so wie William Finaughty und Henry Hartley – jedoch einfach über die Gefahr hinweg. Nur die kräftigsten Tiere überlebten.

Für einen jungen Engländer, Frederick Selous, war dies genau die Art der Herausforderung, die er suchte. Nachdem er von der Küste aus 1600 Kilometer weit ins Landesinnere gereist war, kam Selous in Bulawajo, der Hauptstadt des Volkes der Ndebele, an, entschlossen, auf Elefantenjagd zu gehen.

Seine Abenteuer wurden von dem Romanschriftsteller Henry Rider Haggard aufgegriffen, als er die Figur des Allan Quatermain schuf, des großen weißen Jägers von *König Salomos Schatzkammer* und anderen Romanen, dessen waghalsige Unternehmungen Generationen englischer Schuljungen in den Bann schlugen.

Der gerade erst 20 Jahre alte Selous bemühte sich um eine Begegnung mit dem König der Ndebele, Lobengula, um von ihm die Erlaubnis zur Jagd zu erhalten. »Ich sagte, ich sei gekommen, um Elefanten zu jagen, worauf er in Lachen ausbrach und sagte: ›Waren es nicht Steinböcke, wegen denen du gekommen bist, um sie zu jagen? Na hör mal, du bist doch noch ein Junge!‹«

Nach weiteren abfälligen Bemerkungen über Selous' Jugend, ließ Lobengula ihn stehen und ging weg. Selous blieb jedoch hartnäckig und suchte eine weitere Begegnung. »Dieses Mal fragte er mich, ob ich überhaupt schon einmal einen Elefanten gesehen hätte, und auf mein Nein erwiderte er: ›Oh, sie werden dich schon bald aus dem Land vertreiben, aber du darfst gehen und sehen, was du tun kannst.‹«

Selous machte sich auf den Weg, voll jugendlichen Ehrgeizes, nur bewaffnet mit einem alten, einläufigen Vorderlader, um sich zu Fuß tief ins »Fliegenland« vorzuwagen. Sein engster Begleiter war ein Khoikhoi, ein Spurenleser namens Cigar. Er war ein ehemaliger Jockey der Kap-Kolonie, der von William Finaughty gelernt hatte, Elefanten vom Pferderücken aus zu jagen.

Selous tötete im Laufe der nächsten drei Jahre 78 Elefanten, abgesehen von einem alle zu Fuß. Nach seiner Rückkehr nach Bulawajo am Ende seiner ersten Saison berichtete er Lobengula von seinen Großtaten. »Na gut, du bist ein Mann!«, erwiderte Lobengula ihm daraufhin. »Wann wirst du dir eine Frau nehmen?«

Selous entwickelte großen Respekt vor der Intelligenz, dem Einfallsreichtum und dem Durchhaltevermögen der Elefanten und bewunderte ihre Fähigkeit, sich zu verstecken, heimlich fortzubewegen und steile Hänge hinaufzuklettern. Er beschrieb die steil abfallenden Berge und tiefen, engen Schluchten des Sambesi-Steilabbruchs und meinte: »Auf den ersten Blick sah es so aus, als seien viele dieser Felsen unbegehbar für jedes Tier, außer für einen Pavian; wir stellten jedoch fest, dass die Elefanten auf vielen regelrechte Pfade hinauf und hinunter angelegt hatten, die sich serpentinenartig im Zickzack den Berg hinaufschlängelten, wie eine Straße auf einem Schweizer Berg, und an einigen Stellen waren große Steinblöcke zur Seite geschafft worden, mit der ganzen Kraft, die diese massigen Kunststeiger aufzubieten hatten, um ihren Fuß sicherer aufsetzen zu können.«

Selous überlebte die Elefantenjagd oft nur knapp. Als er einmal den ganzen Tag nach Elefanten gesucht hatte, stieß er zwischen zwei Flüssen im Mashonaland schließlich auf eine Herde und beschloss, sie zu verfolgen, obwohl sein Pferd inzwischen erschöpft war. Nachdem er drei Elefanten getötet hatte, nahm er einen Vierten ins Visier. »Der Vierte, den ich angriff, kostete mich sechs Kugeln und es gab eine rasante Verfolgungsjagd, da mein Pferd nunmehr erschöpft war. Ich kam überhaupt nur um Haaresbreite davon, da ich, obwohl das wütende Tier, während es angriff, die ganze Zeit trompetete wie eine Lokomotive, mein ermüdetes Pferd nicht zum Galopp bewegen konnte, bis er dicht hinter mir war, und ich bin der festen Überzeugung, dass er mich erwischt hätte, wenn er nicht so schlimm verwundet gewesen wäre. Ich weiß noch, wie unangenehm nahe das schrille Schreien klang.«

Obwohl er nur mit Müh und Not davongekommen war, beschloss er, noch einen Elefanten anzugreifen. Er schoss ihm in die Schulter, galoppierte bis auf 25 Meter heran und feuerte einen zweiten Schuss ab. Gerade als er dabei war, neu zu laden, griff der Elefant an.

Ich grub meinem Pferd die Sporen in die Rippen, tat mein Bestes, um es von der Stelle wegzubekommen, aber es war inzwischen so absolut erschöpft, dass es, statt vorwärts zu springen, was in der Notlage erforderlich gewesen wäre, nur wie bei einem Spaziergang lostrabte und gerade in einen leichten Galopp wechselte, als der Elefant auch schon bei uns war. Ich hörte zwei kurze scharfe Schreie über meinem Kopf und hatte gerade noch Zeit zu denken, jetzt sei es mit mir vorbei, als ich samt dem Pferd auf den Boden geschmettert wurde. Von der Wucht des Aufpralls war ich einige Sekunden halb betäubt, und das Erste, was mir zu Bewusstsein kam, war der sehr starke Elefantengeruch.

Der Elefant lag auf den Knien, Kopf und Zähne auf dem Boden, und Selous war unter seiner Brust eingequetscht. »Ich zog mich unter ihm hervor, kam wieder auf die Beine und suchte hastig das Weite und hatte zunächst von Elefanten mehr als genug.«

In seinen ersten Jahren als Elefantenjäger verdiente Selous gut am Elfenbein. Aber selbst am Sambesi-Fluss verschwanden die Elefanten allmählich. Als er 1877 an seinen Vater schrieb, stellte er fest: »Auf dieser Seite des Flusses ist die Elefantenjagd zu Ende, die Elefanten sind alle entweder getötet oder vertrieben worden.« 1881 kehrte er nach England zurück, nachdem er in dem Geschäft keine Zukunft mehr sah. »Zehn Jahre meines Lebens hatte ich bereits damit verbracht, im Landesinnern Elefanten zu jagen, und jedes Jahr waren die Elefanten südlich des Sambesi knapper und wilder geworden, so dass es fast unmöglich geworden war, von der Jagd überhaupt noch zu leben.«

In anderen Teilen des südlichen Afrika sah es nicht anders aus. In den 80er Jahren des 19. Jahrhunderts war die Ära der Elefantenjagd dort praktisch vorbei. Die großen Herden waren verschwunden.

»Die Geschichte vom Elefanten in Südafrika [südlichen Afrika]«, schrieb H. A. Bryden 1903 im *Fortnightly Review*, »kann als eine einzige lange Tragödie der Ausrottung beschrie-

ben werden. Die Vernichtungsquote war so hoch, dass es den wilden Elefanten heute südlich des Cunene- und Sambesi-Flusses praktisch nicht mehr gibt.«

Weiter im Norden wurden die Elefanten ebenso abgeschlachtet.

Sansibars Macht

Im 19. Jahrhundert war die etwas über 30 Kilometer vom Festland entfernt liegende Insel Sansibar das größte Handelszentrum an der ostafrikanischen Küste, ein Treffpunkt für Sklavenhändler, Elfenbeinhändler und Gewürzhändler und eine Basis, von der aus sich europäische Forscher in die riesigen, unbekannten Gebiete des afrikanischen Landesinneren vorwagen konnten. Die Ankerplätze waren mit arabischen Daus und voll getakelten Handelsschiffen überfüllt, Amerikaner aus Salem, Spanier aus Kuba, französische Sklavenhändler von den Maskarenen, Ostindienfahrer aus Bombay. Der Sultan von Sansibar beanspruchte von seinem Palast auf der Insel aus die Kontrolle über die weit bis ins Landesinnere, bis zu den Seen Zentralafrikas reichenden Handelsrouten. »Wenn sie in Sansibar pfeifen«, hieß es, »tanzen die Leute an den Ufern der großen Seen.« Während des ganzen 19. Jahrhunderts kontrollierte Sansibar in zunehmendem Maße den Elfenbein- und Sklavenhandel.

Nachdem im 17. Jahrhundert auch die portugiesische Region an die Omaner gefallen war, hatten die Araber vom Persischen Golf Sansibar von einem einst kleinen kolonialen Vorposten in einen blühenden Umschlagplatz verwandelt, der den Handel an der Küste und mit anderen vorgelagerten Inseln beherrschte. Sansibar war im Vergleich zu den öden Küstenstreifen am Persischen Golf als Handelszentrum so attraktiv, dass Sultan Seyyid Said nach einem Besuch der Insel im Jahre 1828 beschloss, Muskat zu verlassen und seinen Regierungssitz auf die Insel zu verlegen.

Said hatte ehrgeizige Pläne für seine neue Hauptstadt und legte den Grundstein für einen florierenden neuen Staat. Mit Hilfe von Sklavenarbeit förderte er den Aufbau von Gewürznelkenplantagen, sodass Sansibar schließlich zu einem weltweit führenden Produzenten wurde. Er unterzeichnete Handelsverträge mit den Vereinigten Staaten, Großbritannien und Frankreich und er plante, im Landesinnern Afrikas ein neues Handelsimperium zu schaffen.

Bisher war der Handel mit dem Festland weitgehend auf einen schmalen Küstenstreifen beschränkt gewesen. Jenseits der Küste lag das *Nyika*-Hochplateau, eine Barriere mit kargem, dornenartigen Gebüsch, die dünn besiedelt war. Erst Anfang des 19. Jahrhunderts sollten afrikanische Händler neue Wege vom Njamwesiland in Zentraltansania bis zur Küste erschließen. Drei Monate brauchten sie für diese Reise und was sie mitbrachten, waren Elfenbein und Sklaven, da sie wussten, dass beides bei den arabischen Kaufleuten hoch im Kurs stand. 1811 berichtete ein britischer Seeoffizier, Captain Thomas Smee, aus Sansibar, das Njamwesiland sei voll von Elefanten.

Mit der steigenden Nachfrage sowohl nach Elfenbein als auch nach Sklaven zogen die arabischen Händler weiter landeinwärts, um den Handel zu kontrollieren und ihre eigenen florierenden Siedlungen tief im Landesinnern zu errichten. In den 30er Jahren des 19. Jahrhunderts waren sie bis zu den Ufern des Tanganjika-Sees vorgedrungen, etwa 1 000 Kilometer Luftlinie von der Ostküste entfernt. Sie berichteten, sie hätten ein Land mit fantastischen Reichtümern gefunden, wo Elfenbein zur Herstellung von Türpfosten und zum Einzäunen von Schweineställen benutzt wurde.

Eine arabische Siedlung in Tabora, nahe der Hauptstadt der Njamwesi in Unyanyembe, entwickelte sich zum Haupthandelszentrum im Landesinnern. Die arabische Gemeinde lebte dort in einem ansehnlichen Wohlstand. Ihre Häuser waren mit persischen Teppichen und luxuriösen Betten ausgestattet. Sie legten weitläufige Gartenanlagen mit Obstgärten und

Träger legten Hunderte von Kilometern zurück, um das Elfenbein zur Küste zu bringen.

Weiden für Vieh an. Feinkostartikel wurden importiert. Sklaven und Konkubinen kümmerten sich um die leiblichen Bedürfnisse.

Von Tabora aus brachen Jagdgesellschaften, mit Vorderladern und schweren Speeren bewaffnet, ins Njamwesiland auf, immer auf der Suche nach Elefanten und Sklaven. Die Njamwesi nahmen nicht nur als Jäger, sondern auch als Träger daran teil. Die Elfenbeinkarawanen, die zur Küste geschickt wurden, bestanden aus Hunderten, manchmal Tausenden von Trägern. Die meisten wurden für den Hin- und Rückweg angeworben, um von der Küste Waren ins Binnenland zurückzutransportieren, andere waren Sklaven, die verkauft wurden. 1848 schickten die Njamwsi eine 2000 Mann starke Karawane mit Geschenken für den Sultan an die Küste.

Hinter Tabora verliefen Karawanenrouten in alle Richtungen ins Landesinnere: nach Nordwesten um den Victoria-See nach Uganda, nach Südwesten um das südliche Ende des Tanganjika-Sees nach Katanga und direkt nach Westen zu dem See, wo eine weitere blühende arabische Siedlung in Ujiji errichtet wurde. Von dem kleinen Hafen in Ujiji überquerten Daus den Tanganjika-See und nahmen Händler ins sagenhafte Elefantenland von Manyema im Osten des Kongo mit.

»Die Elfenbeinstraße« nutzten 1857 auch zwei englische Forscher, Richard Burton und John Speke, bei ihrer Reise von Sansibar zu den großen Seen, in der Hoffnung, endlich das große Geheimnis der Nilquelle zu lösen. Burton beschrieb die Karawanen, denen er begegnete, die sich »wie eine monströse Landschlange« schlängelnd ihren Weg über die Ebenen bahnten.

Angeführt wurden sie, mit der wehenden einfarbig blutroten Fahne einer Sansibar-Expedition an der Spitze, von einem Führer, einem *Kiongozi*, der in einen leuchtend roten Umhang gekleidet war und einen Kopfschmuck aus dem Fell eines schwarz-weißen Colobus-Affen trug. Hinter dem Kiongozi kamen die Elfenbeinträger, »deren Schultern vom Gewicht oft aufgescheuert und roh« waren. Zwei Männer wurden benötigt, um die schwereren Zähne zu tragen, die an einen Pfahl gebunden waren. An den Enden dieses Pfahls waren jeweils Kuhglocken befestigt, die ertönten, wenn die Karawane weiterzog. Auf die Elfenbeinträger folgten die Kleiderträger. »Hinter den Kleiderträgern quält sich eine lange Reihe von Trägern und Sklaven ab, die mit leichteren Sachen, Nashornzähnen, Fellen und Häuten, Tabak, Messingdraht ... beladen sind. In separaten Gruppen marschieren die bewaffneten Sklaven ... die Frauen und auf wackligen Beinen die kleinen Kinder, denen es selten erspart bleibt, etwas zu tragen, und sei es nur ein Pfund Gewicht.«

Nach einem Marsch von 134 Tagen hatten Burton und Speke die Strecke von 960 Kilometern nach Tabora schließlich zurückgelegt. Um nach Ujiji zu gelangen, brauchten sie noch einmal weitere 60 Tage. Speke beklagte sich über die mangelnden Gelegenheiten zum Jagen. »Dies ist ein entsetzliches Land für den Sport. Es scheint hier absolut nichts außer Elefanten zu geben, und sie sind durch die ständige Jagd von den Transportwegen vertrieben worden.«

Burton schilderte in seinem Bericht, wie die Einheimischen Elefanten jagten. Es war eine feierliche und ernste Angelegenheit, sagte er. Bevor die Jäger aufbrachen, kamen sie zusammen, um gemeinsam zu tanzen, zu singen und zu trinken und sich mit traditionellen Getränken zu stärken. Sobald eine Herde entdeckt worden war, versuchten die Jäger, einen Elefanten von den anderen zu isolieren; dann bildeten sie einen Kreis um ihn herum und bewarfen ihn mit Speeren.

Das gehetzte Tier bricht selten ... durch den zerbrechlichen Kreis der Angreifer. Seine sprichwörtliche Hartnäckigkeit wird aufgestachelt. Es greift einen Mann an, der ihm entschlüpft, wenn ein anderer ihm mit einem Schrei einen langen scharfen Speer in sein Hinterteil rammt, so dass es seine Absicht ändert und sich wutentbrannt von dem Flüchtenden abwendet und dem neuen Angreifer zuwendet. Dies geht so weiter, bis der Elefant, weil ihm die Luft ausgeht und er nicht mehr kann, zu fliehen versucht. Dann verdoppeln seine Feinde ihre Anstrengungen, und schließlich beißt das riesige Opfer, überwältigt von den Schmerzen und dem Blutverlust, das ihm aus hunderten klaffenden Wunden tropft, ins Gras.

Andere Reisende benutzten später dieselbe Elfenbeinstraße. Als Henry Stanley, ein Journalist des *New York Herald*, von seinem Zeitungsverleger beauftragt wurde, David Livingstone zu suchen, der fünf Jahre zuvor bei einer Expedition auf der Suche nach der Quelle des Nils im Innern Afrikas verschwand, war sein Ausgangspunkt die Elfenbeinstraße nach Ujiji. Nachdem er von Sansibar zum Festland übergesetzt hatte, marschierte Stanley an der Spitze einer Karawane ins Landesinnere, zu der Träger, bewaffnete Wachen, Köche, ein Führer, ein Dolmetscher, zwei britische Seeleute und ein Hund namens Omar gehörten. Acht Monate später erreichte er Ujiji, wo zufällig nur eine Woche vorher auch Livingstone, aus Manyema kommend, eingetroffen war.

Afrikanische Jäger versuchten, zunächst einen Elefanten von der Herde zu isolieren, dann umzingelten sie ihn und bewarfen ihn mit Speeren.

Livingstone war 1866 von Sansibar aufgebrochen und quer durch Zentralafrika gewandert. Er suchte die Quelle eines Flusses dort, wo es sie nicht gab, und glaubte am Ende, sie gefunden zu haben. Er war entsetzt über die Verwüstungen, die der Sklavenhandel anrichtete, trotzdem verbrachte er den Großteil seiner Zeit in der Gesellschaft arabischer Händler. Diese profitierten davon, weil er auf sie angewiesen war, was Essen, Unterkunft und Medizin anging, und weil sie ihn während seiner Krankheit pflegten. 1869, nachdem er sich in Ujiji von einer schweren Lungenentzündung erholt hatte, entschloss er sich, einen arabischen Kaufmann zu begleiten, der eine Elfenbeinexpedition nach Manyema unternahm. Dieser rechnete damit, dass die Reise nicht länger als einige Monate dauern würde. Nach zwei Jahren war er jedoch immer noch nicht zurückgekehrt.

Als Livingstone nach Manyema kam, fand er dort überall Elefanten vor. Elfenbein zu sammeln sei dort wie »Goldgraben«, meinte er, so viel läge davon auf der Erde. In der Gegend wimmelte es von arabischen Händlern, die nach Lust und Laune plünderten. Sie setzten bewaffnete Banden ein, nicht nur um Elefanten zu jagen, sondern auch um der einheimischen Bevölkerung Elfenbein abzunehmen. Beim geringsten Anzeichen von Widerstand wurden die Dorfbewohner ermordet, ihre Häuser angezündet und abgebrannt. Livingstone war selbst Zeuge eines Massakers auf dem Markt von Njangwe, einer sansibarischen Siedlung am Lualaba-Fluss. Entsetzt von diesem Geschehen, gab er seine Pläne auf, weiter nach Westen zu gehen, kehrte krank, erschöpft und mittellos nach Ujiji zurück und war mehr als erfreut, als eine Woche später Stanley eintraf.

In den 70er Jahren des 19. Jahrhunderts entstand in Manyema durch den Handel mit Elfenbein und Sklaven ein neues Reich. Es wurde von einem mächtigen Händler aus Sansibar regiert, Hamed bin Muhammad el Murjebi, der auch Tippu Tip genannt wurde, weil er ständig nervös mit den Augenlidern zwinkerte. Zwar war Tippu Tip ein Untertan des Sultans von Sansibar, er gebärdete sich jedoch wie ein unabhängiger Herrscher, der weite Teile Ostkongos beherrschte.

Sowohl sein Großvater als auch sein Vater waren als Händler mit den Karawanen zum Tanganjika-See gewandert und Tippu Tips erste Reisen führten ihn mit den Njamwesi-Karawanen um das südliche Ende des Tanganjika-Sees herum nach Katanga. Er hatte in seiner Jugend auch an der Sklavenjagd teilgenommen, wie er sich in seinen Memoiren erinnerte: »Ich ging in jeden Teil des Zaramu-Landes und hatte innerhalb von fünf Tagen 800 Männer gefangen genommen. Sie nannten mich Kingugwa Chui [den Leoparden], weil der Leopard willkürlich, hier und dort, zuschlägt. Ich trieb den ganzen Haufen zusammen und ging mit ihnen nach Mkamba zurück.«

Auf seinen Reisen spielte Tippu Tip den Gastgeber für mehrere europäische Forscher. Als David Livingstone 1867 im Norden Sambias, geschwächt vor Fieber und Hunger, gelandet war, hatte Tippu Tip ihn mit Vorräten versorgt, ihm ein Empfehlungsschreiben für einen benachbarten afrikanischen

König gegeben und Führer zur Verfügung gestellt, die ihn auf seinem Weg begleiten sollten. Er hatte John Speke in den 60er Jahren des 19. Jahrhunderts bei seiner zweiten Expedition zur Entdeckung der Nilquelle geholfen. Er hatte auch Captain Cameron seine Gastfreundschaft angeboten, einem britischen Seeoffizier, der in den 70er Jahren des 19. Jahrhunderts als erster Europäer Afrika von der Ostküste bis zum Westen durchqueren sollte.

Das Reich, das Tippu Tip von 1870–1880 errichtete, umfasste ein Gebiet von knapp 650 000 Quadratkilometern. Von seiner Hauptstadt Kasongo am Lualaba-Fluss aus berief er Beamte, trieb Abgaben ein, baute Straßen, legte Plantagen an und kontrollierte den Handel mit Elfenbein und die Elefantenjagd. Seine Stoßtrupps waren in ganz Manyema gefürchtet.

Als Henry Stanley 1876 bei seiner zweiten Afrika-Expedition auf dem Weg von Ujiji zum Lualaba-Fluss durch Manyema reiste, fielen ihm die Verwüstungen der Sklavenhändler auf. Trotzdem freundete er sich bei seiner Ankunft in Kasongo mit Tippu Tip an und bat ihn um Hilfe. Er wollte Livingstones Theorie beweisen, dass der Lualaba nördlich in den Nil floss, indem er dem Flusslauf des Lualaba bis zur Einmündung folgte. Er hatte ein zwölf Meter langes Boot mitgebracht, das er zu Ehren einer 17-jährigen reichen amerikanischen Erbin, in die er sich verliebt hatte, auf den Namen *Lady Alice* getauft hatte. Die für Transportzwecke in fünf Sektionen zerlegbare *Lady Alice* hatte ihren Wert bei der Expedition schon bei der Erkundungsfahrt auf dem Victoria-See und dem Tanganjika-See bewiesen. Die Reise den Lualaba flussabwärts brachte jedoch neue Gefahren mit sich: Sie würde ihn tief in den Regenwald, in völlig unbekannte Gebiete führen, in denen angeblich Kannibalenstämme leben sollten, und Stanley fürchtete, seine Träger würden fliehen.

Nicht einmal Tippu Tip hatte sich in diese Gebiete vorgewagt. Und er sah auch keinen Grund dazu.

»Wenn ihr Wazungu [Weiße] Lust habt, euer Leben wegzuwerfen«, erklärte er Stanley, »dann ist dies kein Grund, warum wir Araber es euch gleich tun sollten. Wir reisen durch das Land, um Elfenbein und Sklaven zu bekommen, und machen das schon jahrelang – es sind jetzt neun Jahre, seit ich Sansibar verlassen habe – aber ihr Weißen sucht nur nach Flüssen und Seen und Bergen, und ihr vergeudet euer Leben grundlos und wegen nichts. Schauen Sie sich doch den alten Mann an, der in Bisa gestorben ist [David Livingstone]! Was hat er Jahr für Jahr gesucht, bis er schließlich so alt war, dass er nicht mehr reisen konnte? Er hatte kein Geld, denn er hat uns nie irgendwas gegeben; er kaufte weder Elfenbein noch Sklaven; dennoch ist er weiter als irgendeiner von uns gereist, und für was?«

Dennoch erkannte Tippu Tip, dass die Reise ihm eine Gelegenheit bieten würde, sein Sklaven- und Elfenbeinreich auszudehnen. Der Regenwald sollte, wie es hieß, große Elefantenherden beherbergen und die Menschen, die dort lebten, wussten nicht, was Elefantenzähne wert waren. Beeindruckt war er auch, als Stanley ihm seine fortschrittlichen Waffen demonstrierte – ein Repetiergewehr, mit dem 15 Schuss abgegeben werden konnten. Und als Stanley ihm anbot, ihm die Summe von 5000 Mariatheresientalern zu zahlen, war er bald einverstanden, ihn mit einem bewaffneten Trupp zu begleiten, allerdings nicht länger als 60 Tage.

Im November 1876 brachen sie auf, um in den gefürchteten schwarzen und bedrückenden Wald zu gehen und sich von der Sonne zu verabschieden, wie Stanley es ausdrückte. Tag für Tag kämpften sie sich weiter, drangen durch das Dämmerlicht, schlugen sich ihren Weg durch den Dschungel am Flussufer frei, setzten sich gegen feindliche Stämme zur Wehr und trotzten Malaria, Ruhr und Pocken.

Nachdem sie 400 Kilometer zusammen den Lualaba entlanggereist waren, trennten sich Stanleys und Tippu Tips Wege.

Stanley setzte seine gefährliche Reise flussabwärts noch weitere 2400 Kilometer weit fort, bis er schließlich sieben Monate später mit dem Rest seiner Mannschaft, die ihm hungernd, ausgezehrt und dem Ende nahe noch geblieben war, die Mündung des Kongoflusses an der Atlantikküste erreichte.

Tippu Tip nutzte die Reise, um ein Vermögen aus Elfenbein in den neuen Gebieten anzuhäufen. »Dieses Mal benutzten die Einheimischen Elfenbein nicht als Tauschmittel«, erinnerte er sich. »Sie jagten Elefanten und aßen das Fleisch, ihre Stoßzähne benutzten sie jedoch zu Hause für Einpfählungen. Aus anderen stellten sie Stößel und Reibschalen her, um ihre Bananen zuzubereiten.« Nach einem Monat kehrte er mit seiner Ausbeute nach Kasongo zurück, zufrieden, ein neues Gebiet entdeckt zu haben, das nun geplündert werden konnte.

Nachdem Tippu Tip zwölf Jahre im Landesinnern verbracht hatte, entschloss er sich 1882, Sansibar zu besuchen, und brach mit einer riesigen Elfenbeinkarawane von Manyema aus auf. Als die Karawane durch Mpwapwa, rund 300 Kilometer von der Küste entfernt, kam, wurde ihr Marsch von einem britischen Seemann, Alfred Swann, beobachtet.

Swann war von der Londoner Missionsgesellschaft angeheuert worden, um von der Küste ein Boot nach Ujiji zu transportieren, es dort wieder zusammenzubauen und es dann auf dem Tanganjika-See für Missionszwecke einzusetzen. Er war voll missionarischen Eifers nach Sansibar gekommen, um den Sklavenhandel zu beenden, musste dann jedoch schockiert feststellen, dass seine eigenen Träger Sklaven waren. Aber noch entsetzter war er über das, was er bei Tippu Tips Karawane sah.

Als sie an uns vorbeigingen, sahen wir, dass viele am Hals angekettet waren. Andere waren mit dem Hals an den Gabelungen von etwa 1,80 Meter langen Pfählen angebunden, deren Enden von den Männern mitgetragen wurden, die ihnen vorausgingen. Die Frauen, die ebenso zahlreich wie die Männer waren, trugen, zusätzlich zu einem Elfenbeinzahn oder anderen Lasten auf dem Kopf, noch Babys auf dem Rücken. Sie schauten uns mit Misstrauen und Furcht an, da man ihnen erzählt hatte, wie uns später versichert wurde, weiße Männer seien immer darauf aus, dass Sklaven freigelassen würden, um, wie die Kannibalen am Oberen Kongo, ihr Fleisch zu essen.

Es ist schwer, den furchtbaren Zustand ihrer Körper angemessen zu beschreiben; sie waren in vielen Fällen nicht nur von dem Einschnitt einer ›Chikote‹ [eines Peitschenhiebs] gezeichnet ... sondern ihre Füße und Schultern waren eine einzige Masse offener Wunden, die um so schmerzhafter durch die Fliegenschwärme waren, die dem Marsch folgten und von dem herabfließenden Blut lebten. Sie stellten ein bewegendes Bild bitteren Elends dar, und man konnte sich nur wundern, wie auch nur irgendwelche von ihnen den langen Fußmarsch vom Oberen Kongo, eine Strecke von mindestens 1600 Kilometern, überlebt hatten ...

Die verantwortlichen Aufseher waren äußerst höflich zu uns, als sie an unserem Lager vorbeikamen ... Ich sprach einen an und wies darauf hin, dass viele der Sklaven in zu schlechter Verfassung seien, um Lasten zu tragen.

Darauf erwiderte er lächelnd: »Sie haben keine Wahl! Sie müssen gehen oder sterben!«

»Haben Sie viele unterwegs verloren?«

»Ja! Sehr viele sind vor Hunger gestorben!«

»Irgendwelche weggelaufen?«

»Nein, sie werden zu gut bewacht. Nur die, die schließlich vom Teufel besessen sind, versuchen zu fliehen; sie könnten nirgends hinlaufen, selbst wenn sie es versuchen sollten.«

»Was machen Sie, wenn sie zu krank werden, um weiterzugehen?«

»Sie sofort mit dem Speer töten! ... Täten wir das nicht, würden andere nur so tun, als seien sie krank, um ihre

Lasten nicht schleppen zu müssen. Nein! Wir lassen sie unterwegs nie am Leben. Sie wissen alle, was bei uns üblich ist.«

»Ich sehe Frauen, die nicht nur ein Kind auf dem Rücken tragen, sondern auch noch einen Elfenbeinzahn oder eine andere Last auf ihrem Kopf. Was machen Sie in ihrem Fall, wenn sie zu schwach werden, um beides, das Kind und das Elfenbein, zu tragen? Wer trägt dann das Elfenbein?«

»Sie tut das! Wir können kein wertvolles Elfenbein unterwegs liegenlassen. Wir töten das Kind mit dem Speer und machen ihre Last dadurch leichter. Erst das Elfenbein, dann das Kind!«

Swann war außer sich: »Elfenbein! Immer nur Elfenbein! Was für ein Fluch ist der Elefant für die Afrikaner. Für den Sklaven allein hätte sich der Transport nicht ausgezahlt, aber zusätzlich mit dem Elfenbein war es ein lohnendes Spiel.«

Der Handel war in der Tat profitabel. Stanley errechnete, dass ein Pfund Elfenbein, das in Manyema einen Cent kostete, in Tabora 110 Cent und in Sansibar 200 Cent wert war. Durch seinen Handel mit Elfenbein, Sklaven und Gewürznelken wurde Sansibar der reichste Seehafen im tropischen Afrika. Der wichtigste Exportartikel war aber immer das Elfenbein. Der Elfenbeinhandel war weitaus lukrativer als der Handel mit Sklaven. 1890 kamen drei Viertel des Elfenbeins für den weltweiten Handel aus Sansibar.

Die Elefantenpopulationen Ostafrikas zahlten aufgrund dieser Entwicklungen einen sehr hohen Preis. Schätzungen zufolge, die auf der Grundlage von Handels- und Auktionsunterlagen erstellt wurden, wurden alljährlich rund 60 000 Elefanten getötet. Die großen Herden verschwanden.

Joseph Thomson berichtete, nachdem er in den Jahren 1879–1880 eine Königliche Geografische Expedition zu den großen Seen geleitet hatte:

Die Leute reden, als sei das Elfenbein Afrikas uner-
schöpflich. Es wird allgemein unterstellt, dass europäische Händler, wenn sie sich nur im Landesinnern etablieren könnten, ein Vermögen machen könnten. Nichts
könnte absurder sein. Ich möchte dazu nur eine Tatsache
erwähnen. Während meines Aufenthalts von 14 Monaten, in denen ich in einem riesigen Gebiet in der
Gegend der Großen Seen herumgekommen bin, habe
ich nie auch nur ein einziges Mal einen einzigen Elefanten gesehen. Vor 20 Jahren zogen sie unbehelligt überall
in diesen Ländern herum, und jetzt sind sie fast völlig
ausgerottet worden. Vor nicht einmal zehn Jahren
erzählte Livingstone von dem enormen Elefantenreich-
tum, den es am südlichen Ende des Tanganjika-Sees gab
– wie sie in sein Lager kamen oder ohne Gefahr in die
Dörfer gehen konnten. Jetzt ist kein einziger mehr zu finden. Das gnadenlose Werk der Vernichtung ist mit
erschreckender Schnelligkeit fortgeschritten.

Andere ostafrikanische Regionen waren von der gleichen
Gefahr bedroht.

Der Wettlauf nach Khartoum

Unter dem Kommando eines türkischen Seekapitäns brach 1839 in Khartoum eine Expedition von zehn Booten auf, um im Auftrag des ägyptischen Herrschers Muhammad Ali die oberen Flussabschnitte des Weißen Nils zu erkunden. Muhammad Ali hoffte, in den weiten unerforschten Gebieten des südlichen Sudan Gold und andere Schätze zu finden. Der Sudd, ein riesiges Sumpfgebiet mit Papyrusstauden und einer treibenden verrottenden Pflanzenmasse, behinderte ihr Vordringen. Noch nie zuvor war es Fremden gelungen, in dieses Gebiet einzudringen. Die Expedition schaffte es nach zwei Versuchen, den Sudd zu durchqueren, und erreichte Gondokoro, einen Ort 1600 Kilometer südlich von Khartoum. Gold fanden sie dort jedoch nicht. Stattdessen hatten sie den Weg in ein Land gefunden, das einen der größten Elefantenbestände Afrikas aufwies und sich Hunderttausende von Quadratkilometern weit am Weißen Nil und seinen Nebenflüssen entlang erstreckte.

Die Nachricht von dieser neuen Route ins Landesinnere zog eine stetig wachsende Zahl von Kaufleuten, Missionaren, Elfenbeinhändlern und Abenteurern nach Khartoum, der von Fliegen geplagten Garnisonstadt, die Muhammad Ali in den 20er Jahren des 19. Jahrhunderts am Zusammenfluss von Weißem Nil und Blauem Nil gegründet hatte, um die Grenzen seines Reiches weiter auszudehnen. Unter den Zureisenden waren auch Europäer – Griechen, Italiener, Österreicher, Franzosen und Engländer; es entstand eine kosmopolitische

Gemeinschaft mit eigenen, komfortablen Häusern, Geschäften und Kirchen. Durch eine monatliche Kamelpost blieben sie in Verbindung mit der Außenwelt und Luxusartikel wie Wein, Bass's Ale, französische Biskuits, Seifen und Parfums wurden durch die Wüste im Norden importiert.

Einer der ersten Reisenden, der die Region im Süden erforschte, war John Petherwick, ein Bergbauingenieur aus Wales. In Muhammad Alis Auftrag hatte er erfolglos Kohlevorkommen im westlichen Sudan gesucht. Nachdem er 1850 zum britischen Vizekonsul ernannt worden war, unternahm er mehrere Expeditionen zum Bahr el Ghazal, einem der Hauptnebenflüsse des Weißen Nils, und kam mit einer enormen Menge an Elfenbein zurück. Der dort lebende Stamm der Zande benutzte das Elfenbein, wie er berichtete, um daraus Schmuck wie Armreifen und Halsketten herzustellen. Und Elfenbein konnte problemlos gegen Glasperlen, Muschelgeld oder Kupferarmbänder eingetauscht werden.

Es dauerte nicht lange, bis ein regelrechter Elfenbein-«Rausch» ausbrach. Jedes Jahr im November, wenn in Khartoum die Nordwinde einsetzten, brach eine Flotte von Handelsbooten den Weißen Nil hinauf zu einer Expedition auf, um Elfenbein zu beschaffen. 1851 waren es ein Dutzend Boote; am Ende der Saison hatten sie etwa 18 000 Kilo Elfenbein für etwa 1000 Francs in Glasperlen eingetauscht. In Kairo konnte es für 100 000 Francs verkauft werden. 1856 machten sich über 40 Boote auf den Weg und kehrten mit 63 000 Kilo zurück. »Ich glaube, die Importe werden steigen«, berichtete Petherwick, »nachdem man den Handel jetzt besser versteht und ihn rigoroser als je zuvor betreibt.«

Tatsächlich wurden die Händler immer habgieriger. Nachdem die Elefanten- und Elfenbeinbestände in der Nähe des Nils erschöpft waren, organisierten sie Expeditionen ins Landesinnere. Sie bezahlten bewaffnete arabische Banden, um befestigte Lager, *Zeribas*, als Ausgangspunkt für ihre Raubzüge zu errichten. Neben dem Elfenbein handelten sie auch mit Sklaven. Dabei machten sie sich örtliche Stammesrivalitäten zu Nutze, stachelten Dorfbewohner dazu an, ihre Nachbarn anzugreifen, Frauen und Kinder zu entführen und ihre Vieh- und Schafherden zu vertreiben, die dann benutzt wurden, um mehr Elfenbein zu erpressen. Ein riesiges Gebiet im südlichen Sudan wurde als Zeriba-Land bekannt.

Einer der Pioniere des Zeriba-Handels war André de Balzac, ein Franzose, der als König des Weißen Nils berühmt wurde. Nachdem er 1854 das Dinka-Gebiet erkundet hatte, errichtete er dort tief im Landesinneren eine Zeriba, die nur nach einem achttägigen Marsch zu erreichen war. Missionaren zufolge schmückte er die Einpfählung seines Lagers mit den Köpfen seiner Opfer und verbreitete so viel Angst und Schrecken, dass ganze Stämme aus der Nachbarschaft flohen. Seine Unterneh- mung war so erfolgreich, dass er nach der ersten Saison 500 Träger brauchte, um sein Elfenbein zu den Ufern des Nils zu transportieren.

Im Jahr 1862 war die Zahl der Boote, die aus Khartoum zu der jährlichen Expedition aufbrachen, auf rund 120 angestiegen. Sie hatten Truppen von bis zu 300 bewaffneten arabischen Wachposten an Bord, viele davon ehemalige Kriminelle, ange- heuert von den Händlern, um bei Streifzügen und Plünderun- gen im Süden als deren Privatarmeen teilzunehmen. »Auf dem Weißen Nil gibt es keine Kaufleute mehr, nur noch Räuber und Sklavenhäscher«, berichtete ein österreichischer Konsul aus Khartoum.

Die Gewinne aus diesen Expeditionen waren beträchtlich. Samuel Baker, ein englischer Reisender, der 1862 Khartoum besuchte, errechnete, dass ein Händler in einer guten Saison, wenn er eine Truppe von 150 Männern einsetzte, rund 9000 Kilo Elfenbein beschaffen konnte, das in Khartoum einen Wert von etwa £ 4 000 hatte. Die Männer bekamen als Lohn Sklaven und Baumwolle. Dabei blieb dem Händler immer noch ein Überschuss von 400 oder 500 Sklaven, die er für £ 5 oder £ 6 pro Kopf verkaufen konnte.

Baker, ein wohlhabender Großwildjäger, der in England als ein erstklassiger Schütze angesehen wurde, traf in Khartoum

Elefanten zu Pferde zu jagen war eine äußerst gefährliche Unternehmung.

ein, nachdem er zuvor ein Jahr lang in Begleitung seiner ungarischen Geliebten, Florence Ninian von Sass, die er auf einem türkischen Sklavenmarkt für £ 7 gekauft hatte, im östlichen Sudan herumgewandert war. Beide waren unzertrennliche Gefährten geworden. Wenn sie mit Pferden auf Elefantenjagd waren, hielt Florence sein Pferd an den Zügeln, wenn Baker abstieg, um seine Beute zu Fuß zu verfolgen. Sobald sie einen Schuss hörte, galoppierte sie zu ihm hin, damit er aufsteigen konnte, um den Elefanten notfalls zu verfolgen.

Bei der Erkundung der Nebenflüsse des Weißen Nils im Osten des Sudan war Baker zum ersten Mal den Baqqara-Arabern begegnet, Viehzucht betreibenden Nomaden mit einer langen Tradition im Zweikampf mit Elefanten. Sie gingen mit

Pferden auf Elefantenjagd, in der Regel paarweise, nur mit scharfen Lanzen bewaffnet. Ein Reiter galoppierte vor dem Elefanten her, um seine Aufmerksamkeit auf sich zu lenken, während der andere von hinten nahe an ihn heranritt, im vollen Galopp absprang und dem Elefanten die Lanze ins Hinterteil stieß. Der Elefant wandte sich dann für gewöhnlich dem Angreifer zu. Während dieser entweder auf dem Pferd oder zu Fuß zu fliehen versuchte, eilte der andere Reiter herbei, sprang ab und attackierte den Elefanten in ähnlicher Weise. »Bei diesem gefährlichen Zweikampf«, erklärte Baker, »ist der Jäger oft das Opfer.«

Ein früherer Reisender, James Bruce, der 1772 dem Lauf des Blauen Nils gefolgt war, war bei der Elefantenjagd der Baqqara dabei. In dem Fall hatten sich der Reiter und der rittlings hinter ihm sitzende Lanzenwerfer jedoch ein Pferd geteilt. »Sobald man einen Elefanten auf der Weide antrifft, reiten sie ihm so nahe vor die Augen wie nur möglich. Wenn das Tier flieht, reiten sie in allen Richtungen quer vor ihm her und rufen ihm zu: ›Ich heiße so und so; dies ist mein Pferd, welches so heißt; ich tötete Euren Vater dort und Euren Großvater an jenem Ort; und jetzt bin ich gekommen, um Euch zu töten; Ihr seid im Vergleich zu Euren Vorfahren nur ein Esel.‹ Sie bilden sich ein, dass der Elefant dieses abgeschmackte Gewäsch versteht.«

Statt sich in Sicherheit zu bringen und wegzulaufen, jagte der Elefant nun das Pferd. »Wenn der Reiter auf diese Art den Elefanten im Kreis gehetzt hat, reitet er dicht an die Flanke des Tieres hin und lässt seinen Gefährten an der äußeren Seite des Pferdes herunterrutschen. Während der eine auf dem Pferd die Aufmerksamkeit des Elefanten auf sich lenkt, versetzt der andere zu Fuß dem Tier einen Hieb über die Achillesferse. Das ist der kritische Zeitpunkt, der Reiter schwenkt augenblicklich herum, nimmt seinen Gefährten hinten wieder auf und sprengt im Galopp davon.«

Ebenso wie Baker war Bruce von der Gefährlichkeit dieser Jagdmethode überzeugt: »So geschickt die Reiter auch sind, erreicht sie der Elefant doch zuweilen mit seinem Rüssel, schlägt das Pferd zu Boden, tritt mit dem Fuß darauf und reißt mit dem Rüssel ein Glied nach dem anderen ab. Das macht die Elefantenjagd so gefährlich und hat schon manchen Jäger das Leben gekostet.«

Während seines Aufenthalts im Sudan machte Baker sich ausgiebig Notizen über die örtlichen Jagdmethoden. Die gängigste Art, Elefanten zu jagen, war, wie schon Plinius 2000 Jahre vorher festgehalten hatte, eine Fallgrube anzulegen, die häufig auf den Tierpfaden in der Nähe von Flüssen gegraben wurde.

Die Nacht bricht herein, und die arglosen Elefanten eilen, nachdem sie in der Wildnis eine Durststrecke von vielen Kilometern zurückgelegt haben, den Hang hinunter zum ersehnten Fluss. Und schon stürzt ein Leitelefant in eine gut versteckte Falle! Rechts und links hasten die erschreckten Mitglieder der Herde zu dem Verunglückten herbei. Aber es sind noch viele andere Fallen so geschickt angelegt worden, um die Panik der Tiere auszunutzen, so dass am nächsten Morgen die Fallsteller alle Fallen voll finden. Die Elefanten werden dann mit Speeren erlegt.

Zur Elefantenjagd wurde auch Feuer verwendet. In der Trockenzeit, wenn das hohe Gras leicht brannte, bildeten bis zu 1 000 Männer einen mehrere Kilometer langen Kreis um eine Elefantenherde und fingen sie in einem Feuerring.

Zusammen mit dem sich schnell ausbreitenden Feuer, das sechs bis neun Meter hohe Flammen schlug, rückten die Männer vor. Erschreckt durch den starken Rauch, die lodernden Flammen und das Gebrüll der Jäger, versuchten die Elefanten zu fliehen Aber sie konnten nicht entkommen – wohin sie auch rannten, stießen sie auf eine unüberwindbare Barriere von Flammen und Qualm, so heiß und erstickend, dass sie gezwungen waren, zurückzuweichen.

Elefanten versuchen, einen Gefährten aus einer Falle zu befreien.

Der tödliche Kreis wurde immer enger. Büffel und Anti-
lopen, die das gleiche schreckliche Schicksal ereilt hatte,
drängten sich in Panik in der Mitte des Feuerringes und
das wild um sich greifende Feuer fegte über sie hinweg.
Jetzt wurden die vom Feuer und Qualm verletzten und
erblindeten Tiere von der wilden, durch die Hilflosigkeit
der unglückseligen Elefanten erregten Horde der Jäger
angegriffen.

Nachdem sie sechs Monate in Khartoum verbracht hatten,
brach Baker mit Florence im Dezember 1862 zu einer Expedition den Nil flussaufwärts auf, in der Hoffnung, seine Quelle zu
finden. Darüber hinaus war er auch von der Königlichen Geo-
grafischen Gesellschaft gebeten worden, nach zwei Forschern, John Speke und James Grant, Ausschau zu halten.
Diese wurden seit einem Jahr vermisst, nachdem sie sich von

Sansibar aus auf den Weg gemacht hatten, um die Quelle des Nils zu suchen.

Im März 1863 erreichte Bakers Expedition Gondokoro, die Hauptsiedlung im Süden. Er beschrieb sie als »absolute Hölle«, wo die Händler und ihre bewaffneten Handlanger ewig nur tranken, stritten und mit ihren Gewehren wild in der Luft herumballerten.

Nur zwei Wochen später kamen auch Speke und Grant zufällig nach Gondokoro, auf ihrem Rückweg den Nil flussabwärts, nachdem sie die Hauptquelle bei den Ripon-Fällen am nördlichen Ufer des Victoria-Sees entdeckt hatten. Sie ermutigten Baker, seine Reise fortzusetzen und eine mögliche zweite Quelle zu erkunden, einen See namens Lûta Nzigé im Nordwesten des Victoria-Sees, den sie nicht hatten erreichen können.

In den nächsten zwei Jahren bereisten Baker und Florence die oberen Streckenabschnitte des Nils, bedroht von lokalen Kriegen. Sie trotzten ständigen Gefahren, waren oft krank und fiebrig und hatten nur wenig zu essen. Um zu überleben, waren sie auf Sklaven- und Elfenbeinhändler angewiesen. Schließlich gelang es ihnen, den Lûta Nzigé zu finden, den sie Albert-See nannten, zu Ehren von Königin Viktorias verstorbenem Gemahl. Und an den Ufern dieses Sees breitete sich ein wundervolles Elefantenland aus.

Als Baker stromabwärts vom See aus weiterzog, habe er »eine riesige Ansammlung von Elefanten« gesehen, die sich parallel zur Karawane bewegte, schrieb er, »in Gruppen unterschiedlicher Größe von zehn bis zu 100 Tieren versammelt, während einzelne Bullen mit ihrer majestätischen Gestalt überall in der Landschaft standen«. Der Elefantenzug, erklärte Baker, sei mehr als drei Kilometer lang gewesen.

Baker kehrte 1869 im Auftrag des Khediven von Ägypten in den Sudan zurück, der ihn zum Generalgouverneur von Äquatoria berief, der riesigen, unklar definierten Region im Süden, um dort so gut es ging für geordnete Verhältnisse zu sorgen. Es war eine unmögliche Aufgabe, wie Baker kurz nach seiner Ankunft in Khartoum merkte, als er darüber informiert wurde, dass die Regierung den gesamten Weißen Nil an die Händler verpachtet hatte. »Ich sollte ein Land annektieren, das von der Regierung bereits verpachtet worden war. Meine Aufgabe war es, den Sklavenhandel abzuschaffen, derweil die Regierung in Khartoum sehr wohl wusste, dass ihre Pächter Sklavenjäger waren. Ich war eingesetzt, einen rechtmäßigen Handel zu etablieren, obwohl das Handelsmonopol bereits an Händler verpachtet worden war. Meine Aufgabe war es, auf der Grundlage vernünftiger und gerechter Grundsätze eine Regierung aufzubauen, die zwangsläufig die Sklavenjäger und die Elfenbeinhändler von Khartoum ruinieren musste.«

Der nächste Generalgouverneur von Äquatoria, Colonel Charles Gordon, ein britischer Armeeoffizier, erklärte bei seinem Amtsantritt 1874 den gesamten Elfenbeinhandel zu einem Monopol der Regierung und hatte einigen Erfolg damit. Aber erst durch den Mahdi-Aufstand in den 80er Jahren des 19. Jahrhunderts, der die Khediven aus dem Sudan vertrieb, kam der Wettlauf nach Khartoum zum Erliegen.

Die durch den Aufstand abgeschnittene Provinz Äquatoria im Süden wurde in den Händen des amtierenden Generalgouverneurs Eduard Schnitzer belassen, eines deutschen Arztes und Naturalisten, besser als Emin Pascha bekannt. Emin handelte auch weiterhin mit Elfenbein, noch lange nachdem die Verbindungen den Nil abwärts unterbrochen worden waren, und häufte einen enormen Vorrat in den Lagerhäusern der Regierung an. Sein Schicksal und das Schicksal seines Elfenbeinlagers waren der Grund für eine weitere europäische Expedition.

Herz der Finsternis

Die riesigen Flächen des Kongo blieben für Forscher wie für Händler länger als irgendeine andere Region unpassierbar. Im Westen, etwa 80 Kilometer von der Atlantikküste landeinwärts, gab es am Nordufer des Kongo eine Handelsstation in Boma, wo eine kleine Anzahl von Europäern lebte. Diese Männer waren es gewohnt, die Peitsche und das Gewehr zu benutzen. Sie wagten sich nie weiter ins Landesinnere als bis zu den Katarakten und Schluchten etwas weiter flussaufwärts. 1600 Kilometer weiter im Osten residierte Tippu Tip in seinem zentralafrikanischen Reich und handelte mit Elfenbein und Sklaven. Das Land, das dazwischen lag, war unbekannt.

1877 kam Stanley nach Boma. Er hatte eine heldenhafte Reise quer durch Afrika hinter sich, bei der er einen Weg den Kongo hinunter gefunden hatte. Für die Bewältigung der letzten 300 Kilometer hatte er fünf Monate gebraucht, in denen er sich verzweifelt durch eine Hindernisserie von 32 Stromschnellen kämpfte und dabei Männer und Boote verlor. Es sei die wildeste Flussstrecke gewesen, die er je gesehen habe, schrieb er.

Stanleys Expedition erschloss die ganze Kongo-Region. Denn sie hatte gezeigt, dass es hinter den Katarakten und Schluchten, die bisher die Erforschung des Landesinnern versperrt hatten, ein Netz von Flüssen gab, die miteinander verbunden und mit Dampfbooten befahrbar waren und sich Tausende von Kilometern ins Landesinnere hinein erstreckten. In

Europa wurde Stanleys Großtat, mit der er den weißen Fleck auf der Landkarte Afrikas gefüllt hatte, als die größte Forschungsleistung des Jahrhunderts begrüßt.

Nach seiner Rückkehr warb Stanley in London bei europäischen Regierungen mit Nachdruck dafür, den Kongo für den Handel und die Zivilisation zu erschließen. Die britische Regierung, an die er sich als Erstes mit seinem Anliegen wandte, gab ihm zu verstehen, dass sie nicht daran interessiert war. Aber in Brüssel ging der belgische König, Leopold II., auf den Vorschlag ein. Leopold, ein ehrgeiziger, habgieriger und ewig intrigierender Monarch, hatte lange davon geträumt, in fernen Kontinenten Kolonien zu errichten und sich selbst zu bereichern.

1879 stellte Leopold Stanley in seine Dienste und beauftragte ihn, im Kongo für ihn ein privates Reich aufzubauen und an Schätzen alles auszubeuten, was zu finden war. Leopold hoffte vor allem auf Elfenbein. Er sei begierig darauf, gab er Stanley in einem Brief zu verstehen, dass er alles an Elfenbein kaufe, was im Kongo zu finden sei.

Stanley arbeitete unermüdlich im Auftrag Leopolds. Er brachte zwei Jahre damit zu, vom unteren Kongo, vom Katarakt bei den Yellalla Falls, über die Kristallberge eine Transportstraße bis nach Malebo Pool zu bauen, dessen Namen er in Stanley Pool änderte. Südlich von Stanley Pool errichtete er seine Hauptstation, in der Nähe eines Dorfes namens Kinschasa, das schließlich den Namen Leopoldsville erhielt. Von dort ließ er eine Flotte von Dampfbooten vom Stapel laufen, die sich weiter flussaufwärts vorwagten und immer tiefer im Landesinnern neue Stationen errichteten. Die am tiefsten im Landesinnern liegende Außenstation befand sich bei den Stanley-Fällen, 1600 Kilometer flussaufwärts von Stanley Pool, die zugleich die obere Grenze markierten, bis zu der der Kongo schiffbar war. Stanley war auf seinem Weg zum Atlantik 1877 an den Fällen vorbeigekommen. 1883 reiste er erneut dorthin und musste feststellen, dass die ganze Region von Sklavenhändlern aus Manyema geplündert worden war, die in seinem Kielwasser gefolgt waren.

Bis 1884 hatte Stanley seinen Auftrag erfüllt. Es war ihm gelungen, mit rund 400 afrikanischen Häuptlingen Abkommen zu unterzeichnen, nachdem er diese überredet hatte, auf ihre Souveränität zu verzichten. Damit hatte er den Grundstein für Leopolds persönliches Reich gelegt. Mit der Zustimmung anderer europäischer Mächte erklärte Leopold sich 1885 zum »Souverän« des Kongo-Freistaates. Das Gebiet umfasste rund 2,6 Millionen Quadratkilometer und war damit 75-mal größer als Belgien, größer als England, Frankreich, Deutschland, Spanien und Italien zusammen, es umfasste drei Zehntel des afrikanischen Kontinents und es gehörte ganz allein Leopold. Sein Hauptziel war, ein möglichst großes Vermögen aus diesen Besitzungen herauszuschlagen.

Alles hing davon ab, wie viel Elfenbein das Netzwerk der am Fluss errichteten Stationen herbeischaffen konnte. Diese Stationen waren nicht mehr als winzige Punkte im Urwald, ein paar Gebäude mit strohgedeckten Dächern und schäbigen Veranden, die im Schutz von Palmen standen und an deren Frontseite die Fahne des Kongo-Freistaates – eine blaue Flagge mit einem einzelnen goldenen Stern – an einem Mast wehte. Sie waren jedoch das Rückgrat von Leopolds neu errichtetem Imperium. Von diesen Stützpunkten aus zogen seine Agenten zu ihren Jagdexpeditionen und Elfenbeinraubzügen aus, bei denen sie die Elefantenzähne im Tausch gegen ein paar Glasperlen oder Messingstäbe erwarben oder sie einfach an sich nahmen. Den Einheimischen war es verboten, an andere Elfenbein zu verkaufen oder zu liefern, und sie durften auch kein Geld als Bezahlung entgegennehmen. Die Agenten wurden auf Provisionsbasis bezahlt: Je mehr Elfenbein sie heranschafften, desto mehr verdienten sie. In der Folge wurden ihre Methoden, Elfenbein zu beschaffen und die notwendigen Träger zu rekrutieren, um es zu transportieren, zunehmend brutaler.

Leopolds Flussstationen dienten jedoch nicht nur als Elfenbeinsammelpunkte, sondern auch als militärische Außenposten. Die Hauptstütze seiner Herrschaft war am Ende seine

Force Publique, eine aus weißen Offizieren und afrikanischen Hilfskräften zusammengesetzte Armee, die wegen ihrer brutalen Vorgehensweise berüchtigt war und deren Finanzierung die Hälfte des staatlichen Budgets aufzehrte.

Der Kongo-Freistaat wurde ständig von Revolten, Meutereien und Aufständen heimgesucht. 1886 überfielen arabische Händler und ihre Handlanger aus Manyema die Flussstation bei den Stanley-Fällen. Leopold kämpfte verzweifelt, um die Kontrolle wieder zu gewinnen. Er bot sogar Tippu Tip, dem Sklavenhändler, den Posten des Generalgouverneurs im östlichen Kongo an und ließ ihm freie Hand, Elfenbein und andere Schätze selbst auszubeuten. Auf diesem Weg häufte Tippu Tip legal ein weiteres Vermögen in Elfenbein an. »Das Leben war sehr gut bei den Stanley-Fällen«, erinnerte er sich. »Der Handel war fantastisch und die Zahl der Stoßzähne, die hereinkamen, war überwältigend.«

1890 kam ein 32 Jahre alter polnischer Seemann namens Konrad Korzeniowski im Kongo an, um hier als Flusskapitän zu arbeiten. Nachdem er den Namen Joseph Conrad angenommen hatte, nutzte er acht Jahre später seine Erfahrungen, um einen Roman zu schreiben, in dem er über die Auswüchse der Habgier und Korruption berichtete, von denen Leopolds Freistaat Kongo in jenen Jahren gezeichnet war. Der Roman, der unter dem Titel *Herz der Finsternis* erschien, gehört bis heute zu den bekanntesten Werken der modernen Literatur.

Der Ich-Erzähler von *Herz der Finsternis*, Charlie Marlow, wurde von einer Elfenbein-Handelsgesellschaft eingestellt, um mit einem Dampfboot einen nicht näher genannten Fluss hinaufzufahren. Sein Ziel war eine Handelsstation, die Innere Station, die von einem der hervorragendsten Agenten der Gesellschaft, Herrn Kurtz, geleitet wurde. »Eine sehr bemerkenswerte Persönlichkeit«, wurde Marlow erklärt. »Er schickte uns mehr Elfenbein als alle anderen zusammen.« Kurtz war auch ein Dichter und Intellektueller. Er hatte einen bemerkenswerten Bericht für die Internationale Gesellschaft zur Unterdrückung primitiver Bräuche verfasst. Auf diesen hatte

er den Satz gekritzelt, die primitiven Scheusale sollten ausgerottet werden.

Marlow begann seine Reise, genau wie Conrad es getan hatte, indem er die lange Strecke um die Stromschnellen zur
»Zentralstation« wählte – die Straße, die Stanley vom Hafen
von Matadi bis nach Stanley Pool gebaut hatte. In der Zentralstation hatte Marlow den Eindruck, dass über nichts anderes
als über Elfenbein geredet wurde. »Das Wort ›Elfenbein‹
scholl durch die Luft, wurde geflüstert, wurde geseufzt. Man
hätte meinen können, sie beteten es an. Der Pesthauch aber-
witziger Raubgier schien alles, wie Aasgeruch, zu durchdrin-
gen. Bei Gott! Ich hatte nie so etwas Unwirkliches in meinem
Leben gesehen. Und draußen war die schweigende Wildnis,
die dieses gerodete Fleckchen Erde umgab, wie etwas Großes
und Unbesiegbares, wie das Böse oder die Wahrheit selbst –
geduldig darauf wartend, dass dieser spukhafte Überfall ein
Ende nähme.«

In der Zentralstation erfuhr Marlow, dass Kurtz krank war.
Ihm kamen auch Gerüchte zu Ohren, wonach dieser in eine
gewisse Primitivität abgeglitten sei. Marlows Reise zur Inneren
Station verzögerte sich, aber schließlich brach er flussaufwärts
auf, genau wie Conrad es auf seinem Weg zu den Stanley-Fällen getan hatte.

Den Fluss hinaufzufahren war wie eine Reise zurück zu
den frühesten Anfängen der Welt, als noch die Pflanzen
zügellos die Erde überwucherten und die großen Bäume
Könige waren. Ein leerer Strom, ein großes Schweigen,
ein undurchdringlicher Wald. Die Luft war warm,
schwer, drückend, träge. Im Glanz des Sonnenscheins
war keine Freude. Die langen Abschnitte des öden Fluss-
laufs führten tiefer und tiefer in die Düsternis der
beschatteten Ferne hinein. Auf den silbrigen Sandbän-
ken sonnten sich Seite an Seite Flusspferde und Alliga-
toren. An den breiteren Stellen strömte das Wasser zwischen einer Unzahl bewaldeter Inselchen hin; auf jenem

Fluss konnte man in die Irre gehen wie in einer Wüste und stieß beim Versuch, das Fahrwasser zu finden, fortgesetzt auf Sandbänke, bis man endlich glaubte, man sei verhext und für immer von allem abgeschnitten, was einem einst vertraut war.

Der weitere Verlauf der Reise war von nicht enden wollenden bösen Vorzeichen gekennzeichnet. »Bisweilen kamen wir zu einer dicht am Fluss liegenden Station, am Saum des Unbekannten klebend – und die Weißen, die mit ungestümen Gesten der Freude, der Überraschung und des Willkommens aus ihrer Elendshütte gerannt kamen, wirkten sehr seltsam – machten den Eindruck, als würden sie dort durch einen Zauberer gefangen gehalten. Eine Zeitlang tönte das Wort Elfenbein durch die Luft – und weiter ging's in das Schweigen hinein ... Wir drangen tiefer und tiefer in das Herz der Finsternis vor.«

Als sie sich auf dem Flussdampfer der Inneren Station näherten, betrachtete Marlow durch seinen Feldstecher das Haus, in dem Kurtz auf einer Anhöhe am Fluss wohnte. Vor dem Haus entdeckte er eine Reihe von Pfählen, die offensichtlich von einem ehemaligen Zaun übrig geblieben waren. Zunächst glaubte er, sie seien oben mit geschnitzten Kugeln verziert, bei näherem Hinsehen stellte er jedoch fest, dass es sich dabei jeweils um einen schwarzen, getrockneten Kopf mit tief liegenden, geschlossenen Augenlidern handelte, der oben auf dem Pfahl zu schlafen schien und dessen eingefallene, trockene Lippen eine schmale, weiße Zahnreihe freigaben.

Mit einer Ladung Elfenbein und dem kranken Kurtz an Bord trat Marlow die Rückreise stromabwärts an. Kurtz sprach immer wieder von grandiosen Plänen, die er noch hatte. Er starb noch während der Fahrt und die letzten Worte, die er verzweifelt flüsternd hervorstieß, waren: »Das Grauen! Das Grauen!«

Auch Conrad selbst war von den Stanley-Fällen mit dem Dampfer *Roi des Belges* mit einer Ladung Elfenbein und einem französischen Agenten einer Elfenbein-Handelsgesellschaft, der an Bord starb, stromabwärts aufgebrochen. Einige Jahre später erlangte ein belgischer Offizier in der Force Publique, der Stationsleiter bei den Stanley-Fällen wurde, traurige Berühmtheit, als er das Blumenbeet vor seinem Haus mit den Köpfen von 21 Frauen und Kindern schmückte, die bei einer militärischen Strafexpedition getötet worden waren.

Stanley selbst kehrte 1887 als Leiter einer Expedition zur Rettung von Emin Pascha und seinen Elfenbeinbeständen in den Kongo zurück, der im südlichen Sudan in einen Belagerungszustand geraten war. Er glaubte, es würde nicht länger als zwei oder drei Monate dauern, den unerforschten Ituri-Regenwald im Nordkongo zu durchqueren und zu Emin zu gelangen, sobald er den Kongofluss verlassen hatte. Seine Expedition hatte mit äußerst schwierigen Bedingungen zu kämpfen. Als Stanley Emin schließlich 1889 am Ufer des Albert-Sees traf, hatte er so viele Expeditionsteilnehmer verloren, dass er gezwungen war, das Elfenbein zurückzulassen.

In seinem Bericht über die Expedition, *Im dunkelsten Afrika*, verurteilte Stanley die Verwüstungen, die der Elfenbeinhandel im Kongo angerichtet hatte.

Jeder Elefantenzahn, jedes Stück und aller Abfall, kurz alles, was sich davon im Besitz eines arabischen Händlers befindet, ist in Blut getaucht und damit gefärbt. Jedes Pfund Elfenbein hat das Leben eines Mannes, einer Frau oder eines Kindes gekostet, für jede fünf Pfund ist eine Hütte niedergebrannt, für jede zwei Zähne ein ganzes Dorf zerstört, für jede zwanzig Zähne die Vernichtung eines ganzen Distrikts mit seiner Bevölkerung, seinen Dörfern und Pflanzungen als Preis bezahlt worden. Es ist geradezu unglaublich, dass das reiche Herz Afrikas noch jetzt gegen Ende des sich durch so große Fortschritte auszeichnenden 19. Jahrhunderts zur Wüste gemacht, dass Einwohnerschaften, Stämme und Völker vollkommen vernichtet werden sollen.

Auch die Elefantenherden wurden vernichtet. Nachdem die Elfenbeinlieferungen zu schwinden begannen, fand sich ein anderes Wirtschaftsgut, das Leopolds Vermögen mehrte: wilder Kautschuk. Die Erfindung des Luftreifens, der zuerst an Fahrrädern und dann ab 1890 an Automobilen montiert wurde, führte zu einer Schwindel erregenden Nachfrage nach Kautschuk. Ebenso wie der Elfenbein-«Rausch» eine Landschaft mit niedergebrannten Dörfern, Flüchtlingsströmen, Sklavenarbeit und Massenmord überzogen hatte, geschah jetzt das gleiche durch den Kautschuk.

Um den Kautschukbedarf decken zu können, gingen Firmenagenten mit der Rückendeckung bewaffneter Milizen dazu über, den Dorfbewohnern Quoten aufzuerlegen. Dorfbewohner, die es versäumten, ihre Quoten zu erfüllen, wurden geprügelt, gefangen genommen und sogar verstümmelt, indem man ihnen die Hände abhackte. Hunderte wurden getötet, weil sie sich dem Kautschukregime widersetzt hatten.

Die Zuwachsraten in der Kautschukproduktion waren beeindruckend. 1890 exportierte der Kongo 100 Tonnen Kautschuk, 1901 waren es 6000 Tonnen. Leopold nutzte seinen so erworbenen Reichtum, um ein enormes Programm staatlicher Bauprojekte – den Bau von Palästen, Pavillons und Parkanlagen in Belgien – zu finanzieren, und genoss es, nunmehr im Ruf eines »menschenfreundlichen« Monarchen zu stehen. Für sich selbst erwarb er riesige Liegenschaften in Brüssel und an der französischen Riviera.

Durch den öffentlichen Aufruhr, der schließlich wegen des »Kautschuk-Terrors« im Kongo ausbrach, wurde Leopold 1908 gezwungen, seine Rolle als Souverän des Kongo aufzugeben und sein Imperium dem belgischen Staat zu übertragen. Er blieb aber im Besitz seines Vermögens und starb im Dezember 1909 als einer der reichsten Männer Europas.

Als eine letzte Laune des Schicksals setzte mit seinem Tod ein weiterer Elfenbeinrausch ein – der Letzte jener Ära. Schauplatz war die Lado-Enklave, ein abgelegenes Gebiet mit Malariasümpfen, Wald und Grasland, das zwischen dem Kongo und dem südlichen Sudan lag und um das Leopold beim Gerangel der europäischen Mächte um afrikanisches Territorium in den 1880er Jahren hartnäckig gekämpft hatte. Das Gebiet gehörte einst zu Emin Paschas Reich. Dann hatten die Briten Anspruch darauf erhoben, als sie alle anderen Gebiete, die an den oberen Nil grenzten, annektierten. Da Leopold unbedingt einen Anteil am Nil haben wollte, hatte er sich mit den Briten darauf verständigt, die Lado-Enklave auf Lebenszeit und bis zu sechs Monate über seinen Tod hinaus zu pachten. Nachdem sich die belgischen Offiziellen kurz nach seinem Tod aus dem Gebiet zurückzogen und es bis zur Übernahme durch die Briten im Juni 1910 »unregiert« zurückließen, nutzten die Jäger das Machtvakuum und kamen scharenweise.

In der Lado-Enklave wimmelte es von Elefanten. Ein professioneller Elfenbeinjäger, »Karamoja« Bell, reiste 1908 in der Trockenzeit dorthin, als die Herden von überall her zum Fluss strömten: »Alle Elefanten aus dem Umkreis von 150 Kilometern drängten sich in den Sümpfen, welche die Ufer des Nils säumen. Das Jagen war nur schwierig wegen des hohen Grases. Um darüber hinauszuragen, brauchte man entweder einen toten Elefanten oder ein Dreibein, worauf man sich stellen konnte. Aus einer erhöhten Position konnten andere dann im Allgemeinen geschossen werden. Und das Beste war, dass die riesigen Herden selbst so viel Lärm machten, dass nur wenige von ihnen den Knall des Kleinkalibers hören konnten.«

Weiter landeinwärts vom Nil fand er ein »wahrhaft wundervolles Land«, ein Gebiet aus hohen, welligen Hügeln und Flussläufen mit klarem Wasser, aus Wiesen mit frischem grünem Gras: »In weiter Ferne konnte man von einigen der höheren Stellen aus eine dunkle Linie sehen. Sie kennzeichnete den Rand des ›Dunkelsten Afrikas‹, der große Urwald, der sich über Tausende von Quadratkilometern ausdehnt. Aus diesem Wald und von anderswo her waren Hunderte und Hunderte von Elefanten gekommen, um das frische grüne Gras zu fressen. Sie standen überall in jener Landschaft, als seien sie aus Holz gemacht und dort festgeklebt. Dort zu jagen, war zu leicht.«

Bell hatte seit seiner Kindheit davon geträumt, in Afrika Elefanten zu jagen. Er hatte sich selbst ein Ziel von 1000 Elefanten gesetzt und setzte es rücksichtslos um. Um seine Jagd zu perfektionieren, studierte er die Anatomie eines Elefanten, wie es noch kein Jäger zuvor getan hatte. Entschlossen, die beste Stelle für einen Kopfschuss zu finden, sägte er den Schädel eines Elefanten in zwei Teile und sezierte Stück für Stück die bienenwabenförmige Knochenstruktur, um genau zu lokalisieren, wo sich das Gehirn befand. Das Gleiche machte er für den Schuss ins Herz, er kroch in den Kadaver hinein, während seine Träger von außen Speere hineintrieben.

Bell war Zeuge, als der Elfenbeinrausch begann:

Alle Sorten von Männern kamen. Regierungsangestellte warfen ihre Jobs hin. Maurer, Unternehmer, Schiffsmaschinenbauer, Armeeangehörige, Hotelbesitzer und andere kamen, angezogen von den Geschichten über fabelhafte Mengen an Elfenbein. Mehr als eine Gruppe war von dem Entschluss beseelt, Emin Paschas begrabenes Lager zu finden. Man könnte fast sagen, es war wie ein Goldrausch ...

Am Anfang waren die meisten gesetzestreue Bürger, aber diese Hemmungen wurden bald abgeworfen. Nachdem sie sich in einem Land befanden, wo selbst ein Mord ungestraft blieb, wurde jeder Mann für sich selbst das Gesetz, und die Belgier waren weg. Einige der Männer zeigten sich schließlich von ihrer übelsten Seite und verhielten sich grauenhaft gegenüber den Eingeborenen, die Mehrzahl war jedoch zu anständig, um irgendetwas anderes zu tun als Elefanten zu jagen. Die Eingeborenen wurden aufgeschreckt, misstrauisch, scheu und hinterhältig. Das Wild wurde von allen möglichen Leuten, die nicht einmal im Ansatz das Jagdhandwerk oder das Gewehrschießen beherrschten, angeschossen, verfehlt, verwundet oder getötet.

Trotzdem machten viele ein Vermögen, ehe die Briten kamen. Bell selbst schoss in neun Monaten 210 Elefanten, die ihm fünf Tonnen Elfenbein einbrachten. Er kehrte 1912 in den Sudan zurück, richtete ein Dampfboot her, das er aus England mitgebracht hatte, und ging an Flussinseln entlang auf die Jagd. An seinem einträglichsten Tag brachte er es auf eine Ausbeute von 1327 Pfund Elfenbein von neun Elefanten, die er im über zwei Meter hohen Sumpfgras in der Nähe des Pibor-Flusses geschossen hatte. Allein das Elfenbein dieses Tages brachte ihm beim Auktionshaus Hale in London die stattliche Summe von £ 900 ein.

Elfenbein-Flüsse

Das Elfenbein aus Afrika gelangte im 19. Jahrhundert in die ganze Welt, nach Europa, Nordamerika, Indien, China und Japan. Afrikanisches Elfenbein wurde mehr als jedes andere geschätzt. Es war feinkörniger, größer und hatte einen satteren Farbton als das indische Elfenbein. Ostafrika galt während des 19. Jahrhunderts als die größte Elfenbeinquelle der Welt. Das Elfenbein aus Ostafrika war als »weiches« Elfenbein bekannt, es war weiß, opak, glatt, sanft gebogen und leicht zu bearbeiten. Aus Westafrika kam hingegen in der Regel so genanntes »hartes« Elfenbein, das weniger intensiv weiß, aber glänzend und durchsichtiger war.

Im Zeitalter der Industrialisierung schienen die Verwendungsmöglichkeiten für Elfenbein unbegrenzt. Kein anderes Material reagierte so geschmeidig auf die Schneidwerkzeuge und Polierräder des viktorianischen Zeitalters. Es konnte geschnitten, gesägt, geschnitzt, geätzt, geschliffen oder auf der Drehbank verarbeitet werden. Es konnte gefärbt oder bemalt werden. Es war so biegsam, dass daraus sogar Jagdpeitschen hergestellt werden konnten, die aus ganzen Stoßzähnen über die volle Länge geschnitten wurden. Es konnte in hauchdünne Blätter, so dick wie ein Blatt Papier, geschnitten werden, die so transparent waren, dass ein normaler Druck durch die Blätter hindurch zu lesen war. Bei der ersten Weltausstellung, die 1851 im Glaspalast im Hyde Park in London stattfand, war unter den Ausstellungsstücken ein Elfenbeinblatt zu sehen, das 35,5 Zentimeter breit und 15,5 Meter lang war.

Elfenbein kann als der Kunststoff jener Ära bezeichnet werden. Aber im Unterschied dazu wurde es noch wegen anderer Eigenschaften sehr geschätzt. Es zeichnete sich durch eine weiche, cremefarbene, sanft glänzende Schönheit aus, die einzigartig war. Es fasste sich schön an. Seine Ähnlichkeit mit weißer Haut war für die viktorianische Welt besonders faszinierend, da weiße Haut als Statussymbol und ein Symbol der Reinheit angesehen wurde.

Eine breite Palette von Produkten wurde in den Elfenbein-Werkstätten hergestellt: Knöpfe, Armreifen, Perlen, Serviettenringe, Stricknadeln, Türknöpfe, Schnupftabakdosen, Fächer, Rasierpinsel, Bilderrahmen, Papierschneider, Haarnadeln und Hutnadeln sowie Schmuck jeder Art. Elfenbeinknäufe oder -griffe wurden an Spazierstöcken und Schirmen, an Haarbürsten und Teekannen angebracht. Elfenbeinerne Einlegearbeiten verschönerten Spiegel, Zubehör und Möbel. In Aberdeen, Schottland, wurde eine 600-köpfige Belegschaft zehn Stunden am Tag damit beschäftigt, die Maschinen zu bedienen, die Elfenbeinkämme herstellten. In Sheffield, England, gab es Fabriken, die Hunderte von Tonnen importierten, um Griffe für Bestecke anzufertigen.

Bei zahlreichen Musikinstrumenten wurde Elfenbein inzwischen in wichtigen Teilbereichen eingesetzt. Bei spanischen Gitarren wurde es für die Griffbretter verwendet, bei schottischen Dudelsäcken als Pfeifenverbindungsstücke, bei der Violine als Steg und bei der Flöte für Grifflöcher. Und vor allem wurde es als das ideale Material für Klaviertasten entdeckt.

Das moderne Klavier, 1800 von dem Engländer John Hawkins erfunden, wurde sehr schnell das beliebteste Instrument des 19. Jahrhunderts. Klavierspielen war ebenso eine beliebte Freizeitbeschäftigung wie eine gesellschaftlich sehr bewunderte Fähigkeit. Die typische glatte Oberfläche des Elfenbeins erwies sich in Kombination mit seiner leicht porösen Beschaffenheit als perfektes Material für das Tastgefühl des Klavierspielers. Fabriken in Deutschland, England und den Vereinigten Staaten produzierten Millionen von Klaviertasten, um den Bedarf zu decken. Die Nummer Eins waren jedoch die Vereinigten Staaten. Die Zahl der dort hergestellten Klaviere stieg von 9000 im Jahre 1852 auf 22 000 im Jahre 1860 und schließlich auf 350 000 im Jahre 1910 an. Die größten Hersteller von Klaviertasten waren die Elfenbeinfabriken in Deep River und Ivoryton im Connecticut River Valley, die weltberühmte Klavierhersteller wie Steinway belieferten. Jede Klaviatur enthielt rund anderthalb Pfund Elfenbein. 1913 wurden in den Vereinigten Staaten fast 200 Tonnen Elfenbein für die Herstellung von Klaviertasten verarbeitet.

Bevorzugt wurde Elfenbein auch von den Herstellern wissenschaftlicher Instrumente. Seine weiße Farbe, die Leichtigkeit, mit der es sich gravieren ließ, und die Fähigkeit, Farbstoffe und Pigmente aufzunehmen, erwiesen sich als hervorragende Eigenschaften zur Herstellung von Messinstrumenten und Skalen. Darüber hinaus war es auch strapazierfähig und behielt seine Form und Oberflächenbeschaffenheit selbst bei permanentem Gebrauch. Navigationsinstrumente, Rechenschieber, Teleskope und Mikroskope, in all diesen Instrumenten war Elfenbein verarbeitet.

Die gleichen Qualitäten machten sich auch die Hersteller von Spielen wie Domino, Würfel, Damespiel und Backgammon zu eigen. Ebenfalls in Mode waren Elfenbein-Schachspiele. Besonders viel Elfenbein wurde bei der Herstellung von Billardkugeln verwendet. Während Billard im 18. Jahrhundert zunächst bei Adeligen groß in Mode war, setzte es sich im 19. Jahrhundert als beliebter Freizeitsport in der breiteren Bevölkerung durch. Anfänglich wurden Billardkugeln aus mehrfarbigem Hartholz hergestellt. Anfang des 19. Jahrhunderts wurden in Frankreich und England die Drehbänke zur Herstellung dieser Kugeln auf den Einsatz von Elfenbein umgerüstet. Kein anderes Material hatte so zufrieden stellende Eigenschaften, das angenehme Gefühl, wenn man es anfasste, das Aussehen, die Dichte und Elastizität des Materials, sein gleichmäßiges Rollen und seine Verschleißfestigkeit. Aneinander stoßende Elfenbeinbälle erzeugten ein unverwechselbares »Klack«, das

Die Beute eines Jägers aus dem 19. Jahrhundert.

die Spieler begeisterte. Die Kosten waren jedoch hoch. Billard- und Poolbillardkugeln mussten aus dem toten Zentrum des Stoßzahnes geschnitten werden, um optimale Rolleigenschaften zu haben; der schwarze Nervenkanal des Stoßzahnes wurde als Mittellinie genutzt. Aus einem Stoßzahn von ansehnlicher Größe konnten bestenfalls vier oder fünf Billardkugeln hergestellt werden. Werkstätten, die sich auf die Herstellung von Billardkugeln spezialisierten, schossen in New York, London, Antwerpen und Hamburg aus dem Boden und verbrauchten Hunderte von Tonnen Elfenbeins.

Nichts wurde jedoch verschwendet. Späne und Abfälle, die bei der Herstellung anfielen, wurden für die weitere Verwendung aufgesammelt. Elfenbeinstaub wurde gekocht, um daraus Gelatine herzustellen; er wurde verbrannt, um Tusche und Elfenbeinschwarz zu gewinnen; er wurde als Kunstdünger, bei der Herstellung von Textilien und Papier und als Haarfärbemittel verwendet. Elfenbeinspäne, die für Sixpence pro Pfund verkauft wurden, wurden mit Wasser gekocht, um daraus Gallert herzustellen. Einem viktorianischen Kaufmann zufolge war es »das feinste, reinste und nahrhafteste tierische Gallert, das wir kennen«, für Kranke sehr heilsam.

In Europa florierten die Elfenbeinschnitzerei-Werkstätten wie nie zuvor. Die französische Stadt Dieppe brachte ganze Dynastien von Meisterschnitzern hervor, die durch ihre Statuetten und Schiffmodelle berühmt wurden. Napoleon und Josephine besuchten Dieppe 1802 und hatten bei ihrer Abreise Elfenbeingeschenke im Gepäck. Auch in späteren Jahren wurden die *ivoiriers* dort weiterhin von dem französischen Königshaus gefördert und regelmäßig besucht. Werke, die von Künstlern der Diepper Schule bei der Weltausstellung 1855 in Paris gezeigt wurden, fanden großen Beifall.

Ein weiteres berühmtes Zentrum der Elfenbeinverarbeitung entstand in Deutschland, im hessischen Erbach. Die Werke der dortigen Schnitzer waren, ganz im Sinne des Zeitgeistes, vom Biedermeierstil geprägt, der die Attribute der Mittelschicht verkörpern sollte, die durch eine klein- oder spießbürgerliche Lebenshaltung und durch schlichte Zweckmäßigkeit und Genügsamkeit gekennzeichnet waren. Besonders beliebt waren aus Elfenbein geschnitzte Blumen; die Blumen symbolisierten die Sprache der Liebe und Elfenbein wurde als das romantischste aller Materialien überhaupt gesehen.

Auch die traditionellen Märkte für afrikanisches Elfenbein im Osten vervielfachten ihren Bedarf. Indien importierte, wie seit Jahrhunderten, große Mengen von ostafrikanischem Elfenbein für die Herstellung von Hochzeitsfußreifen, die ein wichtiger Bestandteil der hinduistischen und muslimischen Trauungszeremonien waren. Wenn es um Luxusartikel ging, zog die indische Elite das »weiche« afrikanische Elfenbein dem indischen Elfenbein vor, denn dieses war vergleichsweise spröde und verfärbte sich gerne. Sowohl Indien als auch China produzierten jedoch nicht nur eine breite Palette von Elfenbeinartikeln für ihre eigenen Binnenmärkte, sondern exportierten auch eine Vielzahl von Figuren, Schmucksachen, Schachspielen, Kinderspielzeugen, Puppen und Chinoiserien in den Westen. Vor allem die Europäer waren von der Handwerkskunst fasziniert, die chinesische Schnitzer bei der Anfertigung von »Chinesischen Bällen« oder »Wunderkugeln« zeigten, kunstvoll gearbeitete perforierte konzentrische Hohlkugeln, in denen sich bewegliche und immer kleiner werdende Kugeln befanden. Das typische Elfenbeinprodukt aus Japan war das *Netsuke*, ein kleiner Anhänger, der von den Japanern benutzt wurde, um mit Hilfe einer Schnur oder Kordel kleine Säckchen oder Schachteln am Gürteltuch zu befestigen. Kunstvoll geschnitzte Netsuke wurden im 18. Jahrhundert beliebte Kunstgegenstände. Im 19. Jahrhundert wurden riesige Mengen nach Europa und in die Vereinigten Staaten exportiert.

Die Elfenbeinmenge, die benötigt wurde, um mit dem weltweiten Bedarf Schritt zu halten, war gewaltig. In den 60 Jahren von 1850 bis 1910 importierte Großbritannien im Durchschnitt 500 Tonnen Elfenbein im Jahr. Ende des 19. Jahrhunderts lag der weltweite Verbrauch bei rund 1000 Tonnen. Für die Elefanten bedeutete dies nach zeitgenössischen Schätzungen, dass jährlich 65 000 Elefanten getötet wurden, um die Nachfrage zu befriedigen.

Die Weltöffentlichkeit wurde schließlich auf das Massenschlachten aufmerksam und internationale Kritik wurde laut. Es wurde zunehmend erkannt, dass ganze Elefantenpopulationen in Gefahr waren, ausgelöscht zu werden. Nachdem der deutsche Wissenschaftler und Forscher Georg Schweinfurth drei Jahre lang durch Zentralafrika gereist war, warnte er: »Es ist ein Vertilgungskrieg, in welchem Alte und Junge, Männchen und Weibchen vernichtet werden ... Kein Wunder daher, wenn das edle Tier, das der Mensch sich nutzbar machen könnte, noch bei unseren Lebzeiten einmal in die Kategorie des Dagewesenen verfällt.«

Jumbo und seine Freunde

Wie misslich die Lage der afrikanischen Herden auch gewesen sein mochte, in der Welt der Unterhaltung wurden Elefanten zu Berühmtheiten. Sie waren Stars in der Zirkusmanege und im Zoo. Dichter und Schriftsteller erzählten Geschichten über sie, die Generationen von Kindern erfreuten.

Hilaire Belloc gab den Ton an:

Wenn einem dieses Tier in den Sinn kommt,
Staunt man mehr und mehr
Über so einen KLEINEN Schwanz hinten
Und so einen GROSSEN Rüssel vorn.

Der berühmteste Elefant des 19. Jahrhunderts war ein afrikanischer Elefantenbulle namens Jumbo. Im südlichen Afrika geboren, wurde er ans Kap gebracht und an den Jardin des Plantes in Paris verkauft. Dort überließ man den vierjährigen Elefanten 1865 im Tausch für ein Nashorn dem Londoner Zoo. Wie er zu dem Namen Jumbo kam, ist nicht ganz klar. Wahrscheinlich wurde er von dem Begriff *mumbo-jumbo* abgeleitet, der seit dem 18. Jahrhundert in der englischen Sprache für die Bezeichnung einer mächtigen afrikanischen Gottheit verwendet wurde, die angeblich verschiedene afrikanische Stämme verehrten. Aber aufgrund der Ereignisse, die 1882 in London stattfanden, wurde Jumbo der Spitzname für alle Elefanten. Außerdem bezeichnete man mit Jumbo auch alle Dinge, bei

Ein Tag im Zoo mit Elefantenreiten war im 19. Jahrhundert in Europa ein beliebtes Freizeitvergnügen.

denen die Größe eine Rolle spielte, vom Flugzeug bis zum Eis.

In seinem neuen Zuhause im Londoner Zoo im Regent's Park lebte Jumbo 15 Jahre glücklich und zufrieden. Schon bald nach seiner Ankunft hatte die Zooleitung einen zweiten afrikanischen Elefanten, eine Kuh namens Alice, gekauft, die ein italienischer Reisender im Sudan erworben hatte. Die beiden wurden in aneinander grenzenden Ställen untergebracht und verstanden sich gut.

Jumbo wurde eine Starattraktion. Man dressierte ihn, sodass er bis zu sechs Personen gleichzeitig, die auf einem Holzgestell auf seinem Rücken saßen, tragen konnte, während er von einem Wärter auf den Wegen des zoologischen Gartens entlanggeführt wurde. Neben solchen Ausritten genossen die Besucher es, ihn mit süßen Brötchen zu füttern. Die Kinder waren fasziniert von seinem Anblick.

1881, als er schon eine Höhe von über 3,30 Meter erreicht hatte und sechs Tonnen wog, wurde sein Verhalten zunehmend unberechenbarer und aggressiver. Er attackierte die Wände seiner Unterkunft, bohrte Löcher hindurch und brach sich beide Stoßzähne nahe am Kieferknochen ab. Als Reittier wurde er ab diesem Zeitpunkt nicht mehr eingesetzt. Die Zooleitung fürchtete, dass noch drastischere Maßnahmen notwendig werden könnten.

In einem Brief an den Rat der Zoologischen Gesellschaft warnte der Zoodirektor, A. D. Bartlett, die Situation für die Belegschaft sei inzwischen gefährlich geworden. Nur Jumbos Wärter, Matthew Scott, schien noch mit ihm fertig zu werden. »Ich hege keinerlei Zweifel, dass der Zustand des Tieres bisweilen so war, dass es jeden (außer Scott) getötet hätte, der sich allein in seinen Stall gewagt hätte.« Aber solange Scott mit ihm fertig wurde, konnte man mit dem Problem umgehen. Allerdings, fuhr er fort, »falls der Wärter (Scott) einmal erkrankt oder verunglückt, so fürchte ich, dass ich um die Erlaubnis ersuchen sollte, das Tier zu vernichten, da kein anderer Wärter mit diesem feinen, aber gefährlichen Tier fertig würde.«

Während der Rat noch um eine Entscheidung rang, meldete sich ein amerikanischer Schausteller, Phineas T. Barnum, und bot an, Jumbo zu kaufen und in die Vereinigten Staaten zu holen. Der Rat forderte £ 2 000 und Barnum war sofort einverstanden.

Als die Nachricht von dem Verkauf am 25. Januar 1882 in der *Times* veröffentlicht wurde, kam es zu einem Aufruhr. Jumbo wurde als eine nationale Institution betrachtet. Zeitungen verurteilten den Handel. Sogar das Parlament nahm sich der Sache an. Die Opposition, die sich innerhalb der Zoologischen Gesellschaft gebildet hatte, versuchte vor Gericht, eine einstweilige Verfügung zu erwirken. Mitglieder der königlichen

Familie protestierten. Karikaturisten stellten Jumbo mit herunterlaufenden Tränen und Alice als die trauernde Witwe dar. Es gab Protestmärsche und -lieder.

Der *Daily Telegraph* startete eine Kampagne, um Barnum dazu zu bewegen, den Kauf rückgängig zu machen, und bot im Gegenzug dafür £ 100 000. Der Herausgeber schickte ein Telegramm an Barnum, worin er an ihn appellierte, das Ganze noch einmal zu überdenken.

Alle britischen Kinder betrübt die Abreise des Elefanten. Hunderte von Briefeschreibern bitten uns dringend, uns zu erkundigen, unter welchen Bedingungen Sie Jumbo freundlicherweise zurückholen. Antwort im Voraus bezahlt, unbegrenzt.

Barnum war unbeugsam:

50 Millionen amerikanischer Bürger erwarten begierig Jumbos Ankunft. Meine 40-jährige Praxis, in der ich es nie anders gehalten habe, als das Beste zur Schau zu stellen, das mit Geld zu beschaffen war, macht Jumbos Anwesenheit hier unumgänglich. 100 000 Pfund wären kein Beweggrund, den Kauf zu annullieren.

An dem Tag, an dem Jumbo den Zoo verlassen sollte, spitzte sich das Drama weiter zu, als er sich weigerte, in eine große, mit Eisenstäben verstärkte Kiste hineinzugehen, in der er die knapp zehn Kilometer lange Strecke bis zu den Londoner Docks transportiert werden sollte. Ein zweiter Versuch, ihn stattdessen durch die Straßen zu den Docks zu führen, scheiterte ebenfalls, als er sich niederkniete und nicht mehr zu bewegen war. Das Schiff fuhr ohne ihn ab. Als er schließlich am 25. März 1882 in Begleitung seines Wärters Matthew Scott eingeschifft wurde, war eine riesige Menschenmenge gekommen, um ihm Lebewohl zu sagen und ihm zum Abschied süße Brötchen und sogar Austern und Champagner anzubieten.

Jumbo bei seiner Ankunft in New York 1882.

Jumbo traf am 9. April in New York ein. Jubelnde Menschenmengen säumten die Straßen, als sein Käfig von einem Gespann von 16 Pferden vom Hafen bis zu Barnums Zirkus im Madison Square Garden gezogen wurde. Drei Jahre unterhielt er das amerikanische Publikum in der Zirkusmanege. Jumbo führte eine Gruppe asiatischer Elefanten an, die er um einen Meter überragte. Im September 1885 wurde er dann, als er das Zirkusgelände in St. Thomas, einer Kleinstadt in Ontario, verließ, um in sein Quartier zurückzukehren, von einem Zug erfasst und starb wenige Minuten nach dem Unfall. Bei einer anschließend durchgeführten Autopsie zeigte sich, dass sein Magen »einen Hut voll« englischer Pennys, Gold- und Silbermünzen, Steine, einen Schlüsselbund, Bleiplomben von Güterzügen, billige Schmuckstücke aus Metall und Glas, Schrauben, Nieten, Drahtstücke und eine Polizeipfeife enthielt.

Fiktive Elefantenfiguren schlugen ebenso sehr wie reale die Öffentlichkeit in ihren Bann. Rudyard Kiplings Geschichte vom *Elefantenkind* und wie es zu seinem Rüssel kam entzückte viele Generationen von Kindern.

Kipling war 1898 nach Südafrika gereist, um dem englischen Winter zu entfliehen. In Kapstadt freundete er sich mit dem Minenmagnaten Cecil Rhodes an, der für Kipling eine Reise in den Norden, in die neue britische Kolonie Rhodesien, arrangierte, die nach ihm benannt worden war. Und auf dieser Reise gelangte Kipling an den »großen graugrünen grützigen Limpopofluss«, der später im *Elefantenkind* erwähnt wurde.

Kipling kehrte von 1900 bis 1908 jedes Jahr ans Kap zurück, um dort den Sommer zu verbringen, und wohnte hier in einem schönen kapholländischen Haus auf dem Groote-Schuur-Gelände unterhalb des Tafelberges, das Rhodes ihm jeweils zur Verfügung stellte. Dort schrieb Kipling einige seiner *Genau-so-Geschichten* für Kinder. Die Fünfte war *Das Elefantenkind*.

Die jüngste Entdeckung primitiver fossiler Elefantenknochen in Ägypten inspirierten ihn zu seiner Geschichte, die Kipling nun damit begann, dass er erklärte, warum der Elefant in »fernen Zeiten« keinen Rüssel hatte. »Er hatte nur eine schwärzliche wulstige Nase, so groß wie ein Stiefel, mit der hin und her wackeln konnte; aber er konnte nichts damit aufheben.«

Ein Elefant jedoch änderte diesen Zustand, »ein Elefantenkind, das war voll nimmersatter Neugier«, sodass es »furchtbar viele Fragen stellte«. Als es die Antwort auf die Frage wissen wollte, was das Krokodil zu Mittag aß, wurde das Elefantenkind von seiner Familie geschlagen, wie schon so viele Male vorher, wenn es Fragen gestellt hatte. Ein Kolokolo-Vogel, der mitten in einem Teufelsbalu-Dornbusch saß, gab ihm dann jedoch schließlich den Rat: »Geh zum Ufer des großen graugrünen grützigen Limpopo-Flusses, wo überall Fieberbäume stehen, und finde es heraus.«

Am nächsten Morgen brach das Elefantenkind auf, aß unterwegs Melonen und warf die Schalen weg, da es sie nicht

»Wie der Elefant seinen Rüssel bekam« – eine der beliebtesten Kindergeschichten von Rudyard Kipling.

aufheben konnte. Keine Frage, am Ufer des Limpopo begegnete es einem Krokodil. »Würden Sie mir bitte sagen, was Sie zu Mittag essen?«, fragte es das Krokodil. »Komm her, Kleiner«, sagte das Krokodil, »ich will es dir ins Ohr flüstern.«

Als das Elefantenkind seinen Kopf bis ganz nah an den »schauerlich hauerlichen Mund« des Krokodils senkte, packte es ihn an seiner kleinen Nase und zog und zog und zog, sodass die Nase immer länger und ein Rüssel daraus wurde. Drei Tage wartete das Elefantenkind, dass seine Nase schrumpfte, aber sie schrumpfte nicht. Es entdeckte jedoch, dass sein neuer Rüssel für viele Zwecke verwendet werden konnte – zum Fressen, um Schlamm einzusaugen und um andere Tiere zu schlagen. Nach Hause zurückgekehrt, demonstrierte es seinen Familienmitgliedern seine neue Fähigkeit, indem es seine Verwandten, die ihm das Leben vorher so schwer gemacht hatten, erst einmal gründlich verhaute. Die anderen Elefanten waren nun so beeindruckt, was es mit seinem Rüssel alles machen konnte, dass sie alle eilig zum Limpopo liefen, um sich beim Krokodil neue Nasen zu holen.

Der berühmteste Elefant des 20. Jahrhunderts, Babar, hatte auch afrikanische Wurzeln. Babar tauchte zum ersten Mal als ein verwaistes Elefantenjunges, das von einer freundlichen alten Dame adoptiert wird, in einem Bilderbuch des Malers Jean de Brunhoff auf, das 1931 in Paris veröffentlicht wurde. Tatsächlich aber war der kleine Elefant im vorausgegangenen Sommer in Geschichten geboren worden, die Brunhoffs Frau Cécile ihren Kindern zum Einschlafen erzählt hatte.

Die de Brunhoffs waren nie in Afrika gewesen, sie hatten in jenem Sommer jedoch Elefantengeschichten gelauscht, die ein abenteuerlustiges Paar, das gerade von einer langen Expedition aus Afrika zurückgekehrt war, mit nach Paris gebracht hatte. Dabei handelte es sich zum einen um de Brunhoffs Cousine, Giselle Buneau-Varilla, eine Bildhauerin, die bei Rodin studiert hatte, und um Mario Rocco, einen gut aussehenden neapolitanischen Flieger und ehemaligen Kavallerieoffizier, der vor der drohenden Inhaftierung durch Mussolini nach Paris ins Exil geflohen war, wo er Giselle kennen gelernt hatte.

Auf Giselles Vorschlag hin waren sie 1929 zu einer zu Fuß durchgeführten Elefantenjagdsafari im östlichen Kongo aufgebrochen. Dort waren sie der Ehefrau eines belgischen Verwalters begegnet, die ein Elefantenbaby adoptiert hatte. Das belgische Paar war bereits mit den Vorbereitungen beschäftigt, um wieder nach Brüssel zurückzukehren, aber statt den Elefanten in Afrika zu lassen, hatten sie beschlossen, ihn mitzunehmen. Nach ihrer Ankunft in Brüssel wurde der Elefant dem Zoo übergeben, wo die Frau des Verwalters ihn jeden Tag mit mitgebrachten Croissants fütterte.

In dem Buch *Die Geschichte von Babar dem kleinen Elefanten* flieht Babar aus dem Urwald, nachdem Jäger seine Mutter getötet haben. Er läuft bis zu einer Stadt, wo er einer reichen alten Dame begegnet, die sich um ihn kümmert. Er kleidet sich nach der neuesten Mode, kauft sich einen giftgrünen Anzug, eine Melone sowie Schuhe mit Gamaschen und lässt sich so fotografieren. Nachdem er allen Widrigkeiten getrotzt hat, kehrt er in den Urwald zurück, wo er zum König der Elefanten gekrönt wird.

Als Jean de Brunhoff im Alter von 38 Jahren an Tuberkulose starb, hatte er noch sechs weitere Bände über Babar geschrieben und damit Kindern ein Handbuch über das zivilisierte Leben hinterlassen. Sein Sohn Laurent führte die Tradition fort und verfasste 30 weitere Bände.

Mario Rocco und Giselle kehrten nach Afrika zurück, errichteten sich eine Art-Déco-Villa am Ufer des Naivasha-Sees in Kenia und bauten dort eine Familienfarm auf. Ihre Tochter, Oria, war die junge Frau mit dem langen dunklen Haar, die Iain Douglas-Hamilton bei einer Party in Nairobi kennen gelernt und die er überredet hatte, in sein Elefanten-Camp in Manyara zu kommen.

Sichere Häfen

Als Lieutenant Colonel James Stevenson-Hamilton, ein schottischer Naturalist und Jäger, 1902 im Lowveld in Südafrika ankam, um seine Stelle als Aufseher im ersten vorgesehenen Wildreservat des Transvaal anzutreten, ging man davon aus, dass Elefanten dort praktisch ausgestorben wären. »Auch wenn es in frühen Zeiten zweifellos jede Menge im ganzen Lowveld gegeben hatte«, schrieb Stevenson-Hamilton in seinem Buch *Wild Life in South Africa*, »so war das einzige Anzeichen, das es 1902 von Elefanten im heutigen Krüger-Nationalpark gab, ein paar Spuren in der Nachbarschaft von Olifants Gorge.« Man nahm an, dass höchstens zehn Elefanten überlebt hatten. 1905 wurde dann eine Gruppe von etwa 20 Elefanten entdeckt, die sich in einer unzugänglichen Schlucht in den Lebombo-Bergen versteckt hielt.

Die Initiative, ein Wildreservat einzurichten, war von Paul Krüger gekommen, dem jähzornigen, raubeinigen Präsidenten des Transvaal, das vor dem Anglo-Burenkrieg noch eine unabhängige Republik war. Krüger, in seiner Jugend ein begeisterter Jäger, hatte sich selbst nach einem Unfall mit einem schweren Vierpfünder-Elefantengewehr einen Daumen amputiert und den Wundbrand damit kuriert, dass er seine Hand in den warmen Magen einer Ziege gesteckt hatte. Auf Krügers Initiative hin hatte das Parlament des Transvaal 1895 beschlossen, im östlichen Transvaal Land für die Einrichtung eines Reservates zur Verfügung zu stellen, da fast das gesamte Großwild in der Republik verschwunden war und »weil jene Tiere, die noch übrig geblieben sind, von Tag zu Tag weniger werden, so dass die Gefahr besteht, dass sie in naher Zukunft ganz aussterben«.

Der neue Park – das Sabi-Wildreservat – wurde im März 1898 offiziell gegründet. Aber wegen des Anglo-Burenkrieges sollte erst 1902 der erste Aufseher des Parks, Stevenson-Hamilton, der in dem Krieg als Kavallerieoffizier gedient hatte, seinen Posten antreten.

Das Überleben der wenigen verbliebenen Elefantenherden in Südafrika war jedoch immer noch alles andere als gesichert. Als die kleine Herde in Addo im Osten des Kaps, rund 65 Kilometer von Port Elizabeth entfernt, begann, in die Zitrusfruchtplantagen der benachbarten Farmen einzufallen, ordneten die Behörden ihren Abschuss an. Ihre Ausrottung wurde als die einzige Lösung in dem wachsenden Konflikt zwischen Elefanten und Farmern gesehen, die sich in Gebieten ausbreiteten, in denen die Elefanten einst frei und ungehindert umhergewandert waren. Ein Berufsjäger wurde engagiert, der rund 120 Addo-Elefanten tötete. 1919 waren nur noch 16 übrig geblieben. Aber diese kleine Gruppe versteckte sich in undurchdringlichem Dornendickicht. Nach zwölf Jahren, in denen es immer wieder zu Zwischenfällen kam, gab die Regierung schließlich nach und erklärte 1931 Addo zu einem Elefanten-Nationalpark. Elf Elefanten hatten die Kampagne überlebt.

Die Sorge um die Massenvernichtung von Elefanten und anderen afrikanischen wild lebenden Tieren veranlasste die europäischen Kolonialmächte, die inzwischen die Kontrolle über den Großteil Afrikas hatten, eine Reihe von Maßnahmen zum Schutz wild lebender Tiere zu ergreifen. Weitestgehend auf Initiative von Hermann von Wissmann, einem ehemaligen Gouverneur von Deutsch-Ostafrika (Tanganjika), kamen im Jahr 1900 Vertreter von Großbritannien, Frankreich, Deutschland, Portugal, dem Kongo-Freistaat, Italien und Spanien zur ersten Internationalen Konferenz zum Schutz wild lebender Tiere zusammen und unterzeichneten eine Konvention »zum Erhalt wild lebender Tiere, Vögel und Fische in Afrika«.

Koloniale Verwalter verhängten Jagdbeschränkungen, die mit einem Jagdverbot in bestimmten Reservaten verbunden waren. Sie erklärten eine Reihe von Jagdmethoden für gesetzeswidrig, die von den Ureinwohnern seit Jahrhunderten praktiziert worden waren, einschließlich der Verwendung von Fallen, der Praxis des Sehnendurchschneidens, des Umzingelns mit Feuerringen und der Methode, mit Gewichten ausgestattete Speere von Bäumen herabfallen zu lassen. Wo die Elefantenjagd erlaubt war, unterlag sie dem Vorbehalt einer staatlichen Lizenz.

Anstelle der weißen Jäger, die während des 19. Jahrhunderts nach Lust und Laune quer durch Afrika gestreift waren, tauchte jetzt eine neue Sorte von Safari-Jägern auf. Einer der Pioniere war Theodore Roosevelt, ein ehemaliger Präsident der Vereinigten Staaten, der 1909, kurz nachdem seine zweite Amtsperiode beendet war, zu einer Safari in Afrika aufbrach und Frederick Selous als Führer mitnahm. Den ersten Teil der Reise von Mombasa nach Nairobi legte er mit dem Zug zurück und saß während der Fahrt meist mit Selous auf einer Sitzbank im Freien, die quer über dem Schienenräumer angebracht war. »Als wir auf der Bank ... saßen, war es in der Tat, als ob wir durch einen ausgedehnten zoologischen Garten führen«, schrieb er in seinem Buch *Afrikanische Wanderungen eines Naturforschers und Jägers*.

Roosevelts Safari glich einer Militärexpedition. Vorausgetragen wurde eine große amerikanische Fahne und sein in Kenia rekrutierter Tross bestand aus Flintenträgern, Zeltwärtern, Pferdewärtern, Askaris und 200 Trägern, die in einer fast zwei Kilometer langen Kolonne marschierten. Von Kenia reiste er nach Uganda, zog dann nach Norden in die Lado-Enklave, fuhr mit einem Dampfer den Nil abwärts nach Khartoum und kam fast ein Jahr, nachdem er aufgebrochen war, in Kairo an.

Unterwegs hatten Roosevelt und sein Sohn Kermit mehr als 500 Tiere geschossen, darunter sieben Elefanten. Seinen ersten Elefanten hatte er mit nur zwei Schüssen erlegt. »Ich empfand in der Tat eine stolze Freude, als ich neben der riesigen Masse des gefällten Ungeheuers stand und meine Hand auf das Elfenbein legte. Die Stoßzähne wogen beide zusammen 130 Pfund.« Roosevelt feierte den Anlass, indem er sich »Scheiben vom Elefantenherzen an einem Gabelstock über dem Feuer« röstete.

Auch wenn die Elefanten inzwischen vor Massenmord geschützt waren, sahen sie sich mit einer gewaltigen neuen Bedrohung konfrontiert: der wirtschaftlichen Entwicklung. Elefantenherden waren es gewohnt, auf der Suche nach Nahrung und Wasser frei und ungehindert umherzuwandern. Jahrhundertelang hatten sie bestimmte Routen bei ihren saisonalen Wanderungen benutzt, festgelegte Elefanten-«Straßen«, ausgetretene und geschickt angelegte Wege, die der hügeligen Landschaft optimal angepasst waren. Von einigen wurde berichtet, dass sie sich über Hunderte von Kilometern erstreckten. Eine Elefantenroute in Uganda, die von der Gegend der Murchison-Fälle nach Osten durch Lira und weiter ins Acholi-Land führte, wurde einmal als die beste Straße im ganzen Land angesehen.

Aber mit der Ausbreitung der modernen Landwirtschaft, den Farmen und Dörfern einer wachsenden afrikanischen Bevölkerung, den Plantagen und Landgütern sowie den Straßen und Eisenbahnen, die zum Teil den zuerst von den Elefanten angelegten Wegen folgten, wurden die alten Routen und die alten, vertrauten Gebiete allmählich durchschnitten und reduziert. Wälder wurden gerodet; Wasserlöcher und Flussufer wurden, von den Viehherden übernommen. Elefanten, die auf Feldern oder Plantagen Schäden anrichteten, zum Beispiel bei Mais, Zuckerrohr oder Bananen, gerieten mit den Farmern in tödlichen Konflikt, so wie in Addo. Die Farmer verlangten Schutz von den Behörden.

In Uganda, wo fast drei Viertel des Landes als Elefantenland betrachtet wurden, ordnete der britische Gouverneur 1924 die Einrichtung einer Spezialeinheit zur Bekämpfung der ständigen Belästigung der örtlichen Bevölkerung durch Tiere an. Die

Einheit wurde militärisch organisiert und Elephant Control Department, Behörde zur Überwachung von Elefanten, genannt. Obgleich der Name 1925 in Game Department, Wildschutzbehörde, geändert wurde, bestand ihr Hauptzweck weiterhin darin, Verwüstungen durch Elefanten zu kontrollieren.

»In Uganda ist nach wie vor reichlich Platz sowohl für die [menschliche] Bevölkerung als auch für die Elefanten«, schrieb Captain Charles Pitman, Leiter der Wildschutzbehörde, 1925, »aber jedes Jahr muss eine vergleichsweise große Anzahl von Elefanten vernichtet werden, um zu verhindern, dass sie überhand nehmen.« Jährlich wurden im Rahmen der Kontrollarbeiten im Durchschnitt 1 000 Elefanten getötet.

Im benachbarten Tanganjika hatte die Regierung Berufsjägern zunächst freie Lizenzen zum Abschuss von 25 Elefanten gegeben, die Flur- und Ernteschäden anrichteten; diese Verfahrensweise wurde jedoch bald wieder aufgegeben, als sich herausstellte, dass skrupellose Jäger die Gelegenheit einfach nutzten, um möglichst große Elefanten mit entsprechend großen Stoßzähnen zu erlegen, egal, ob sie Schäden verursacht hatten oder nicht. Schließlich wurde ein Elefantenüberwachungsprogramm ins Leben gerufen, das von weißen Jagdaufsehern und afrikanischen Fährtenlesern umgesetzt wurde.

Dies geschah zu einer Zeit, als noch Elefantenherden zu beobachten waren, die sich in riesigen Gruppen versammelten. George Rushby, ein Berufsjäger, erinnerte sich, dies zweimal gesehen zu haben, einmal 1924 in den Mweru-Sümpfen in Nordrhodesien (Sambia) und ein andermal 1927 im Ulanga-Tal in Tanganjika. »Sie nahmen eine rund sechs bis acht Kilometer lange und etwa eineinhalb bis zweieinhalb Kilometer breite Fläche ein. Auf dieser Fläche waren ganze Herden unterschiedlicher Größe verteilt, von 15 bis 50 Tieren pro Herde, und sie zogen alle langsam in dieselbe Richtung weiter.«

Rushby schätzte, dass bei jeder dieser Versammlungen rund 700 Elefanten zusammengekommen sein dürften. »Die Herden waren auf beiden Seiten der Formation etwa im gleichen Abstand verteilt und wurden von einem mächtigen einzelnen Bullen in der Mitte angeführt. Kurz hinter ihm waren drei oder vier sehr große Bullen und weiter hinten in der Mitte der Formation waren weitere große Bullen jeweils in Zweier- oder Dreiergruppen. An beiden Seiten wurden sie von den Herden und den in Dreier- und Vierergruppen ziehenden jungen Bullen flankiert.«

Rennie Bere, Wildhüter in Uganda, beschrieb, wie er seine erste große Versammlung 1934 gesehen hatte: »Tausende und Tausende von Quadratmetern von Elefanten – große Elefanten, kleine Elefanten, Bullen, Kühe und Kälber; manche waren ruhig, andere verspielt, einige fraßen und andere schwenkten ihre Rüssel in der Luft und schrien; und die ganze Zeit war das endlose donnernde Rumoren ihrer Bäuche zu hören.«

Aber mit der sich stetig weiter ausdehnenden Bevölkerung und modernen Landwirtschaft wurden die Reservate die Hauptzufluchtsstätte für Elefanten. Innerhalb eines Zeitraums von 50 Jahren wuchs ein über ganz Afrika verteiltes Netzwerk von Nationalparks. Das Sabi-Reservat wurde 1926 auf eine Fläche von rund 19 500 Quadratkilometern erweitert und in Krüger-Nationalpark umbenannt. Stevenson-Hamilton, der bis 1946 Aufseher des Krüger-Nationalparks blieb und mit einem völlig neuen Ansatz zum Erhalt wild lebender Tiere Pionierleistungen erbrachte, schätzte, dass die dortige Elefantenpopulation bis zum Jahr 1931 auf 135 Tiere gestiegen war. In Südtanganjika wurde ein Gebiet von fast 55 000 Quadratkilometern als Reservat zur Verfügung gestellt und nach Frederick Selous benannt, der 1917 dort bei einer Schießerei zwischen britischen und deutschen Soldaten in der Nähe des Rufiji-Flusses ums Leben kam. Nach und nach wurden neue Parks eingerichtet: 1940 der Serengeti-Park in Tanganjika, 1950 der Tsavo-Park in Kenia, 1950 der Wankie-Park in Rhodesien, 1952 der Murchison-Falls-Park in Uganda. Die Zahl der Parks und nationalen Reservate wuchs schließlich auf über 90 Einrichtungen an, die eine Fläche von insgesamt 648 000 Quadratkilometern einnahmen.

In diesen Jahren wurde nur einmal der Versuch unternommen, afrikanische Elefanten zu domestizieren. Die Initiative dazu ging ursprünglich von König Leopold II. von Belgien aus, als er noch den Kongo-Freistaat beherrschte. Nachdem er erfahren hatte, dass es Missionaren gelungen war, einen verwaisten Elefanten so weit zu dressieren, dass er einfache Aufgaben ausführte, betraute er einen belgischen Armeeoffizier, Major Jules Laplume, mit der Aufgabe, eine Elefantenfangstation zu gründen.

Laplume schlug sein Hauptquartier in Kira Vunga, im Regenwald des Bas Uélé Distriktes, auf, wo es große Bestände an Waldelefanten gab. Seine ersten Versuche, Elefanten zu fangen, schlugen jedoch fehl. Zunächst versuchte er, Fallen zu graben, was nur dazu führte, dass sich die Tiere verletzten. Dann versuchte er, Kälber von den Kühen zu trennen, was daran scheiterte, dass die Kühe zum Gegenangriff übergingen, bis sie das Kalb gerettet hatten. Als Nächstes ging er dazu über, die Kühe zu erschießen, um dann allerdings festzustellen, dass es schwierig war, die verwaisten Kälber am Leben zu erhalten. Nichtsdestotrotz hatte er bis zum Jahr 1910 einen Bestand von 35 jungen Elefanten aufgebaut. Nachdem er gezähmte Elefanten hatte, entwickelte er neue Methoden, Kälber mit Seilschlingen einzufangen, ohne dass die Kühe erschossen werden mussten.

1925 wurde die ursprüngliche Station nach Api verlegt und 1930 wurde in Gangala-na-Bodio, am Ufer des Dungu-Flusses im Garamba-Nationalpark, nahe der Grenze zum Sudan, eine weitere Station eröffnet – die Station de Capture et de Dressage des Éléphants.

Als Armand Denis, ein Tierfilmregisseur, 1936 Gangala-na-Bodio besuchte, fand er, dass die Station mit der Disziplin und Exaktheit eines gut organisierten Kasernenbetriebs geführt wurde. Die abgesteckten Standplätze der Elefanten erinnerten ihn stark an ein Kavallerielager. Bei Sonnenaufgang wurde allmorgendlich zur Fanfare von Trompeten die belgische Flagge gehisst, während afrikanische *Cornacs* – Elefantenabrichter – sich zum Appell versammelten. Die *Cornacs* waren dann den ganzen Tag damit beschäftigt, ihre Kälber abzurichten: Sie banden ihnen die Vorderbeine zusammen, zwangen sie, sich hinzulegen, brachten ihnen bei, mit dem Rüssel Gegenstände aufzuheben, und richteten sie dazu ab, sich von Personen reiten zu lassen.

Denis begleitete eine Gruppe von Elefantenfängern – *chasseurs* –, die mit Gewehren und Seilen ausgerüstet loszogen, um neue Tiere einzufangen. Nachdem sie sich gegen den Wind einer Herde von mehreren Hundert Elefanten genähert hatten, wählten sie eine Reihe von möglichen Kandidaten aus, um dann auf ein Signal hin, laut brüllend und mit Platzpatronen in die Luft schießend, vorzustürmen. Wie beabsichtigt ergriff die Herde panikartig die Flucht. Drei Stunden lang blieben die Jäger ihr zu Fuß auf den Fersen, rannten neben den Elefanten her, bis sich eine Lücke in der Herde auftat, dann schlüpften sie mitten hinein und versprengten die Elefanten mit weiteren Platzpatronenschüssen und lautem Gebrüll in kleinere Gruppen.

Nachdem die Elefanten sichtlich ermüdet waren und langsamer wurden, näherten sich die Fänger einem jungen Bullen, legten ihm ein Seil um ein Hinterbein, zerrten ihn zu einem Baum, um den sie das Seil festwickelten, und vertrieben ausgewachsene Artgenossen, die ihm zu Hilfe kommen wollten.

Später am Tag wurde der Jungbulle zwischen zwei gezähmten Elefanten angebunden und ins Lager zurückgeführt. Es war eine gefährliche Arbeit. Denis zufolge waren in den vorhergehenden 30 Jahren 15 Fänger getötet worden.

Gezähmte Elefanten wurden als Arbeits- und Zugtiere eingesetzt, zum Holzschleppen und zum Pflügen auf den umliegenden Farmen, und sie wurden dazu abgerichtet, dass Touristen auf ihnen in den Busch reiten konnten. Einige wurden per Schiff ins Ausland an Zoos und Zirkusse geschickt.

Trotz solcher Projekte blieb das Wissen über die Welt der afrikanischen Elefanten begrenzt. Es stützte sich in weiten Teilen auf die Geschichten und Anekdoten von Wildtierhütern und Berufsjägern. Wissenschaftliche Forschungen waren bisher noch nie durchgeführt worden.

Ein neues Zeitalter der Entdeckungen brach heran, das nicht nur das Leben lebender Elefanten erschließen, sondern auch die Mysterien der Vergangenheit lüften sollte.

Vorfahren

Bei einer Expedition zur Fayûm-Oase in Ägypten entdeckte
der deutsche Forscher Georg Schweinfurth 1879 bei Gra-
bungen Fossilien, die erste Hinweise auf die urgeschichtlichen
Ursprünge des Elefanten geben sollten. Die Oase lag in einer
riesigen Senke am Rande des Niltals, ein rund 1800 Quadratkilometer großes Gebiet, das auf eine Tiefe von rund 60 Meter
unter dem Meeresspiegel abgesunken war und nunmehr
Gesteinsschichten aus dem Tertiär vor 50 Millionen Jahren
freigab. In der Mitte der Senke befand sich ein See, der bei den
alten Ägyptern als Moeris-See bekannt war. Auf einer Insel
am östlichen Ende des Sees fand Schweinfurth Exemplare
fossiler Fische und einer ausgestorbenen Walart. Als er im
Winter 1885/1886 zur Fayûm-Oase zurückkehrte, sammelte er
an den Steilhängen an der Nordseite des Sees noch mehr Fossilien.

Schweinfurths Arbeit wurde von britischen Wissenschaftlern fortgesetzt. Bei einer Reihe von Winterexpeditionen, die
zwischen 1901 und 1904 nach Fayûm unternommen wurden,
entdeckte Charles Andrews vom Britischen Museum die
Überreste von zahlreichen prähistorischen Tieren. Darunter
waren auch die Knochen eines Tieres, dem man den Namen
Moeritherium gab, was wörtlich übersetzt »das wilde Tier von
Moeris« heißt.

Das Moeritherium hatte wenig Ähnlichkeit mit den heutigen Elefanten. Es war klein, ähnelte von der Statur her eher
einem Schwein, hatte nur eine Schulterhöhe von 60 Zentime-

tern und hoch am Kopf sitzende Augen und Ohren, fast wie bei einem Nilpferd. Es besaß keinen Rüssel, nur eine Schnauze, wie das von Kipling beschriebene Elefantenkind.

Nach sorgfältiger Untersuchung stellte sich heraus, dass es sich bei dem Moeritherium um eine frühe Art der Rüsseltiere, Proboscidea, um Urverwandte des Elefanten handelte, die erstmals während des Eozäns vor etwa 50 Millionen Jahren aufgetaucht waren. Es besaß Merkmale, die bereits die Entwicklung der ganzen Ordnung von Tieren mit Rüsseln und Stoßzähnen oder Hauern andeuteten, die sich bald auf der ganzen Welt stark ausbreiten sollten. Sein zweiter Schneidezahn im Oberkiefer war so stark vergrößert, dass die Ausbildung von Stoßzähnen bereits unverkennbar begonnen hatte; ähnliche Ansätze von Stoßzähnen waren im Unterkiefer zu sehen.

Auf die britischen Expeditionen nach Fayûm folgten die der Amerikaner. 1907 kam Henry Fairfield Osborn als Leiter einer aufwändig organisierten Expedition, die vom American Museum of Natural History finanziert wurde, mit einem persönlichen Einführungsschreiben von Präsident Theodore Roosevelt an den Vizekönig von Ägypten, Lord Cromer, in der Tasche in Kairo an. Von dort brach er im kühlen Winter mit seiner Gruppe von Fossilienjägern nach Fayûm auf, 80 Kilometer südlich von Kairo gelegen. Osborn schrieb:

Mit 60 Kamelen bahnten wir uns unseren Weg hinter den Pyramiden auf der Westseite des Nils entlang, gingen um das fruchtbare Becken der Fayûm-Oase herum und zogen dann weiter nach Süden in die wasserlose Wüste, bis wir die Region erreichten, die die alte Wiege der Elefantenfamilie darstellte. Wir machten uns sofort an die Arbeit, mit einer überaus hervorragenden Mannschaft ägyptischer Ausgräber aus Kuft, unter der Leitung von Mr. Walter Granger und Mr. George Olsen, zwei der besten Fossilienjäger in Amerika, die fast zwei Monate auf ihrem anstrengenden Posten blieben, bis sie durch

Wie auf dieser Skizze könnte einer der frühesten Vorfahren des Elefanten, das Moeritherium, ausgesehen haben.

Sandstürme und übermäßige Hitze vertrieben wurden. Mit ihrer professionellen Hilfe entdeckten wir bald die Grabstätten von drei der ersten Elefantendynastien.

Professor Osborn verwendete die nächsten 25 Jahre seines Lebens darauf, zwei dicke Bände über die Evolution von Elefanten zusammenzustellen, die die Grundlage für das moderne Verständnis von der urgeschichtlichen Vergangenheit der Elefanten bildeten. Der erste Band des Werkes mit dem Titel *Proboscidea* wurde 1936 und der zweite 1942 veröffentlicht. Osborns Werke enthielten eine Klassifizierung und Beschreibung von nicht weniger als 352 verschiedenen Rüsseltieren, von denen 350 ausgestorben waren. Spätere Autoren waren der Meinung, dass Osborn mit seiner Klassifizierung »etwas zu weit gegangen« sei, und reduzierten die Anzahl der gültigen Spezies und Subspezies um etwa die Hälfte auf 164.

Das Moeritherium ist der früheste bekannte Verwandte des Elefanten. Anfänglich wurde es in eine direkte Ahnenlinie gestellt. Es stellte sich jedoch heraus, dass es lediglich zu einem Seitenzweig gehörte und mit einem zeitlich weiter zurückliegenden gemeinsamen Vorfahren verbunden war. Das Moeritherium verschwand im Oligozän vor 30 Millionen Jahren. Andere Rüsseltiere behaupteten sich jedoch erfolgreicher. Sie erreichten eine gewaltige Körpergröße, hatten Stoßzähne, Rüssel und äußerst kräftige, säulenförmige Beine. Und sie breiteten sich von ihrem ursprünglichen Lebensraum in den Sumpfgebieten und fruchtbaren Ebenen Nordostafrikas auf alle Kontinente aus, mit Ausnahme von Australasien und der Antarktis. Sie entwickelten eine bemerkenswerte Anpassungsfähigkeit an unterschiedliche Klima- und Umweltbedingungen und lebten sowohl in tropischen Regenwäldern, Gebirgsregionen und trockenen Ebenen als auch in den unwirtlichen nördlichen Breiten Eurasiens. Als die Bering-Landbrücke entstand, gelangten sie nach Nordamerika; Mastodonten aus der Familie Mammutidae, die dorthin wanderten, bildeten einen eigenen amerikanischen Zweig. Diese außergewöhnliche Ansammlung von Rüsseltieren regierte über einen Zeitraum von mehr als 30 Millionen Jahren als die Herren der Schöpfung.

Die Familie Elephantidae, die jüngsten von der Evolution hervorgebrachten Rüsseltiere, trat im Miozän vor etwa 15 Millionen Jahren auf. Der Vorfahre dieser Linie, der *Primelephas*, entwickelte komplexe Backenzähne, mit denen er grobe Pflanzenteile zerkauen konnte; er verlor seine kleinen unteren Stoßzähne und bekam dafür größere Stoßzähne im Oberkiefer. Zu den Abkömmlingen des Primelephas gehörten die Mammuts. Nachdem sie vor etwa zehn Millionen Jahren ursprünglich in Afrika lebten, breiteten sie sich schließlich auch in anderen Teilen der Welt aus. Wollhaarmammuts siedelten sich in den nördlichen Regionen Europas und in Nordamerika an, ihnen wuchs ein dickes, zotteliges Wollkleid, das sie vor Kälte und Schnee schützte. Eng verwandt mit den Mammuts war der

Elephas, eine Name, der von dem griechischen Wort für Elefant abgeleitet wurde und erstmals von Herodot im 5. Jahrhundert v. Chr. verwendet wurde. Der Elephas stammte ebenfalls aus Afrika und verbreitete sich über den ganzen Kontinent, am stärksten konnte er sich jedoch im südlichen Teil Eurasiens vermehren.

Der jüngste Zweig der Familie Elephantidae war eine afrikanische Gruppe, die als *Loxodonta* bekannt wurde und vor etwa fünf Millionen Jahren auftrat. Der heutige afrikanische Elefant, *Loxodonta africana*, war ein später Abkömmling: Er tauchte zum ersten Mal vor etwa eineinhalb Millionen Jahren auf.

Vor einer Million Jahren waren es rund 20 Rüsseltierarten – Mammuts, Mastodonten, Gomphotherien, Stegodonten, Dinotherien und Elefanten –, die die wesentlichen Landregionen der Welt noch immer bevölkerten. Klimaveränderungen und Naturkatastrophen führten aber zusammen mit der Evolution des Menschen zu Massensterben. Der afrikanische Zweig des Elephas verschwand vor etwa 35 000 Jahren. Das amerikanische Mastodon starb vor etwa 8000 Jahren aus und die Mammuts, die von den Steinzeitmenschen stark gejagt wurden, starben vor etwa 4000 Jahren aus. Nur zwei Rüsseltiere überlebten: Elephas in Asien und Loxodonta in Afrika.

Als Carl Linnaeus, der schwedische Botaniker und Zoologe, in den 50er Jahren des 18. Jahrhunderts die erste wissenschaftliche Klassifizierung von Tieren vornahm, kam er zu dem Schluss, dass der asiatische und der afrikanische Elefant zur gleichen Gattung gehörten, und nahm beide unter dem Begriff *Elephas maximus* auf. 1797 fand Johann Blumenbach, der deutsche Anthropologe und Physiologe, dann jedoch, dass die Unterschiede zwischen ihnen so gravierend waren, dass sie es verdienten, separat klassifiziert zu werden. Somit nahm er den afrikanischen Elefanten aus der Gattung Elephas heraus. Im darauf folgenden Jahr gab der französische Zoologe George Cuvier der Gattung der afrikanischen Elefanten den Namen Loxodonta, was so viel wie »die mit den krummen Zähnen« bedeutet, wegen der rautenartigen Form ihrer Backenzähne.

Die Gattung Loxodonta umfasste eine Reihe ausgestorbener Elefanten sowie den einzigen Überlebenden: Loxodonta africana.

Die Unterschiede sind tatsächlich beträchtlich. Der afrikanische Elefant ist generell schwerer und größer: Er wiegt bis zu sechs Tonnen und erreicht eine Schulterhöhe von etwa 3,50 Metern. Sein Rücken ist konkav gewölbt oder sattelartig geformt, während der Rücken des asiatischen Elefanten konvex oder gerade ist. Der afrikanische Elefant hat riesige, dreieckige Ohren, die über den Nacken hinausgehen; im Vergleich dazu sind die Ohren des asiatischen Elefanten relativ klein. Die Stirn des afrikanischen Elefanten ist flach und er trägt seinen Kopf hoch, während der asiatische eine doppelhöckrige Stirn hat und den Kopf tiefer trägt. Bezeichnend für den Rüssel des afrikanischen Elefanten sind zahlreiche Hautfalten oder »Ringe« und er hat an seiner Rüsselspitze zwei »Greiffinger«. Demgegenüber ist der Rüssel des asiatischen Elefanten glatter und hat an der Spitze nur einen »Finger«. Während bei den afrikanischen Elefanten beide Geschlechter Stoßzähne haben, sind diese bei den asiatischen meist nur bei den männlichen Elefanten zu finden.

Loxodonta africana hat zwei heute noch lebende Unterarten hervorgebracht: *Loxodonta africana africana*, den Savannen- oder Buschelefanten, und *Loxodonta africana cyclotis*, der 1900 erstmals klassifiziert wurde, aber seit 1924 allgemein als der Waldelefant bekannt ist. Der Waldelefant, dessen Lebensraum inzwischen im Wesentlichen auf die Regenwälder West- und Zentralafrikas beschränkt ist, ist kleiner als der Buschelefant und erreicht für gewöhnlich nicht einmal eine Schulterhöhe von 2,40 Meter. Seine Ohren sind kürzer und runder, deshalb auch der wissenschaftliche Name *cyclotis*, der »rundes Ohr« bedeutet. Er hat geradere und dünnere Stoßzähne und sein Elfenbein ist härter und dichter strukturiert. Die Tatsache, dass er so klein ist, führte zu dem Mythos, wonach es in Afrika einen »Pygmäen«-Elefanten gäbe, der sich während des Großteils des 20. Jahrhunderts hielt.

Aus dem Stammbaum des afrikanischen Elefanten, das heißt seiner urgeschichtlichen Vorfahren, sind auch einige ihm unähnliche Verwandte hervorgegangen. In den geologischen Schichten, in denen die Knochen des Moeritherium zu finden waren, befanden sich auch die Überreste des Skeletts einer ausgestorbenen Variante der Seekuh. Nach eingehenden Untersuchungen stellte sich heraus, dass die Ordnung der Seekühe, *Sirenia* oder Sirenen, so genannt wegen der lange zurückgehenden Assoziation der Seekühe mit der Legende der Meerjungfrau, mit den Rüsseltieren verwandt war. Die letzten heute noch lebenden Seekühe – Manatis, Rundschwanzseekühe, und Dugongs, Gabelschwanzseekühe – sind tatsächlich die engsten lebenden Verwandten des Elefanten. Sie weisen als Meeressäugetiere, die in flachen Küstengewässern des Atlantiks und des Indischen Ozeans leben, ähnliche Merkmale in der Knochenstruktur, bei den Zähnen und in der allgemeinen Anatomie auf. Wie beim Elefanten werden die Zähne der Seekuh durch hinten ständig nachwachsende Zähne nach vorne geschoben und die alten fallen vorne aus und werden durch die dahinter stehenden Zähne ersetzt. Die männliche Gabelschwanzseekuh hat Stoßzähne, bei denen es sich, wie beim Elefanten, um große Schneidezähne handelt, die sich zeit ihres Lebens ständig erneuern. Bei weiblichen Seekühen befindet sich, wie bei weiblichen Elefanten, die Scheidenöffnung am unteren Bauch, ein Merkmal, das typisch für Meeressäugetiere ist.

Weitere, ihm äußerlich wenig ähnelnde Verwandte sind die Schliefer, Hyracoidea, kleine, kaninchengroße Pelztiere mit einer langen Schnauze, die in Afrika weit verbreitet sind. Die Schliefer sind Sohlengänger, während der Elefant mit den Zehenspitzen, oder vielleicht besser mit der Sohlenspitze, auftritt. Der Aufbau der Beine und Füße ist ähnlich und im Oberkiefer haben sie zwei kleine Stoßzähne, die sich aus Schneidezähnen herausgebildet haben.

Es ist weitestgehend der Arbeit von Professor Osborn zu verdanken, dass in den 40er Jahren des 20. Jahrhunderts mehr über fossile Elefanten als über lebende bekannt war. Am Hori-

zont tauchte indes nun eine neue Kategorie von Wissenschaftlern auf, deren Forschung am Ende das Verständnis für die
Welt der Elefanten verändern sollte.

Die Wissenschaftler kommen

Myles Turner, der Aufseher des Serengeti-Nationalparks, erinnert sich in seinen Memoiren an ein Gespräch, das er 1959 mit Colonel Rowland Jones, dem zurückhaltenden Aufseher des Krüger-Nationalparks, hatte, als sie eines Abends zusammensaßen und vor dem Hintergrund des weiten Horizonts der Ebenen der Serengeti das Panorama von Büffeln, Giraffen, Gnus und Schwarzfersenantilopen beobachteten, das sich vor ihren Augen entfaltete. »Genießen Sie dies, solange Sie es noch können, Myles«, sagte der Colonel, während er sein Fernglas herunternahm, »weil zwei Dinge es am Ende zerstören werden: Touristen und Wissenschaftler.«

Für Turner war diese Bemerkung ein Rätsel. »Touristen waren in jener Zeit auf einige reiche Amerikaner beschränkt, die auf Jagdsafaris gingen. Und Wissenschaftler, die auf dem Gebiet wild lebender Tiere gearbeitet hätten, waren mir damals nicht bekannt.« Turner sollte feststellen, dass sich dies sehr bald ändern würde.

Einige Pioniere hatten in Uganda bereits angefangen zu arbeiten. Der Erste, der 1946 auf Einladung der ugandischen Wildschutzbehörde kam, um die Elefanten zu erforschen, war ein Wissenschaftler aus Cambridge: John Perry. Er war der Erste, der in unserer modernen Zeit einen afrikanischen Elefanten sezierte – fast 300 Jahre, nachdem ein asiatischer Elefant in Dublin seziert worden war. Und im Anschluss daran legte er auch eine Bahn brechende Studie über die Fortpflanzung von Elefanten vor. »Obwohl der Elefant seit jeher das

Interesse der Öffentlichkeit geweckt hat«, schrieb er 1952, nachdem er seine Arbeit abgeschlossen hatte, »ist erstaunlich wenig über ihn bekannt, was über die vereinzelten und oft phantastischen Beschreibungen seiner Lebensräume hinausginge, die von Jägern veröffentlicht wurden. Was es an Wissen über die Einzelheiten der Anatomie des afrikanischen Elefanten gibt, ist kärglich, und noch weniger ist über seine Physiologie bekannt.«

Nach Perry folgte 1956 eine Gruppe amerikanischer Ökologen, die ursprünglich gekommen waren, um im Murchison-Falls-Nationalpark das Problem der von Elefanten verursachten Baumschäden zu untersuchen. Unter ihnen war Irven Buss, der erste Wissenschaftler, der die von Generationen von Jägern und Wildhütern hochgehaltene Vorstellung widerlegen sollte, wonach Elefanten von so genannten »Herdenbullen« oder »Leitbullen« angeführt wurden. Buss wartete 1961 mit der These auf, dass Elefanten sich in Familienverbänden von eng verwandten Kühen und ihren Abkömmlingen zusammenschlossen.

Weitere Forschungsarbeiten über Elefanten wurden von der Nuffield Unit of Tropical Ecology durchgeführt, eine Einrichtung, die 1961 von Richard Laws in Uganda gegründet worden war, der sich bis dahin bei der Erforschung von Walen einen Namen gemacht hatte. Das gesammelte wissenschaftliche Material häufte sich, nahm zusehends Form an und gewährte einen Einblick in Bereiche wie die Anzahl, die Verbreitung und Wanderungen von Elefanten, ihr Wachstum, Gewicht, ihre Größe und ihr Alter, ihre Ernährungsgewohnheiten, ihre Lebensräume und ihre Populationsdynamiken, die auf der Grundlage neuer Zahlen über Fortpflanzungs- und Sterblichkeitsraten ermittelt wurden.

Unterdessen war in Tansania 1961 von John Owen, dem Direktor der Nationalparks von Tansania, ein weiteres Forschungsprojekt initiiert worden. Das Serengeti-Forschungsprojekt, wie es anfänglich hieß, fing bescheiden an: Zwei Wissenschaftler begannen mit der Arbeit, der eine konzentrierte sich auf Gnus, der andere auf Zebras. 1964 wurde der Name der Projektes in Serengeti-Forschungsinstitut geändert und damit setzte ein Zustrom eifriger junger Wissenschaftler ein.

»Es muss sich an den Stätten der Gelehrsamkeit herumgesprochen haben, welche Chancen die Serengeti bietet, da wir fortan mit Wissenschaftlern vieler Nationalitäten überschwemmt wurden«, schrieb Myles Turner, der Aufseher. »In jenen Tagen war es kaum ein Thema, dass die Forschungen mit der Parkleitung abgestimmt worden wären, und es begann ein regelrechtes Gerangel um Doktorandenstellen, das von jungen Menschen veranstaltet wurde, die die Serengeti und ihre Tiere als ein riesiges natürliches Labor betrachteten, das man nach Lust und Laune plündern konnte.«

Rund sechs Kilometer vom Verwaltungsgebäude des Parks in Seronera entfernt wurde ein neuer Komplex von Gebäuden aus dem Boden gestampft, in denen sich Biologen, Ökologen, Ethnologen, Förster und Kartografen einrichten konnten.

»Die Arroganz mancher dieser Wissenschaftler – bei denen die Tinte auf ihren Examensarbeiten kaum trocken war – war unglaublich«, schrieb Turner. »Ich hörte einmal, wie sie bei einer Forschungstagung, die unter dem Vorsitz eines sehr berühmten Oxford-Professors stattfand, der zu Besuch war, ›als diese brillanten jungen Männer auf der Höhe ihrer schöpferischen Kräfte‹ beschrieben wurden. Sie teilten diese Einschätzung offenbar.« Turner fiel es schwer, sich an diese neue Sorte von Wissenschaftlern zu gewöhnen. Er nahm Anstoß an »ihrem exzentrischen Lebensstil und dass sie mit langen Haaren und komischer Kleidung im Park herumrasten« und er störte sich an ihrem überheblichen Vertrauen »in ihre Fähigkeit, auf alles die Antwort zu finden, was wilde Tiere angeht«.

Iain Douglas-Hamilton kam zum ersten Mal 1963 als Zoologiestudent aus Oxford in den Sommerferien nach Seronera, als das Projekt noch in den Anfängen steckte. Seine Aufgabe war, als Assistent einem Wissenschaftler zur Hand zu gehen, der sich mit Forschungen über Gnus beschäftigte. Nachdem er seinen Abschluss in Zoologie gemacht hatte, hoffte er, in die Serengeti zurückkehren zu können, um Löwen zu studieren. Daraus wurde jedoch nichts, da ihm gesagt wurde, ein renommierter amerikanischer Zoologe, George Schaller, befasse sich bereits mit Löwen. Stattdessen wurde ihm angeboten, unbezahlt, auf eigene Kosten, einige Forschungen über Elefanten in Manyara, einem Nationalpark im Osten der Serengeti, zu betreiben.

Die Studien, die Douglas-Hamilton in Manyara durchführte, brachten einen wesentlichen Durchbruch für das Verständnis des Verhaltens von Elefanten. Er erfasste die Hauptmerkmale ihrer sozialen Organisation und bestätigte Irven Buss' frühere These über die Bedeutung von Familienverbänden. Und die Pionierleistungen, die er mit seinen Forschungsmethoden zur Identifizierung einzelner Elefanten leistete, erwiesen sich für andere Biologen, die sich mit Elefanten beschäftigten, als von unschätzbarem Wert.

Die Forschungsarbeiten, die Douglas-Hamilton in Manyara betrieben hatte, wurden von Cynthia Moss aufgegriffen und in Amboseli, einem kleinen Nationalpark im Süden Kenias, fortgeführt. Moss, eine ehemalige Journalistin, die für die Zeitschrift *Newsweek* in New York gearbeitet hatte, fing 1968 als Assistentin von Douglas-Hamilton an, sich mit Elefanten zu beschäftigen. 1972 richtete sie ihr eigenes Forschungsprojekt in Amboseli ein, wo sie am Fuße des Kilimandscharo ein Zeltlager in einem Palmenhain aufschlug, mit einem atemberaubenden Blick auf den schneebedeckten Gipfel, der sich 40 Kilometer von ihr entfernt erhob. Durch jahrelange Beobachtungen lernte Moss buchstäblich die ganze Elefantenpopulation in Amboseli kennen, eine relativ geschlossene Gruppe, die damals rund 600 Elefanten umfasste und auf einer Fläche von knapp 400 Quadratkilometern lebte. In einem bis dahin beispiellosen Umfang hielt sie die Geburten und Todesfälle fest, die Abstände, in denen Junge zur Welt gebracht wurden, die familiären Verbindungen und sozialen Dramen, womit sie einen intimen Einblick in das Familienleben von Elefanten gewährte. Ihre Bücher und Filme machten die Amboseli-Elefanten zu den berühmtesten Elefanten auf der ganzen Welt.

Joyce Poole, eine junge amerikanische Biologin, schloss sich Moss bei ihrer Arbeit in Amboseli an. Poole konzentrierte sich auf die männlichen Elefantengruppen, wiederum mit Bahn brechenden Ergebnissen. 1985 nahm Poole zusammen mit einer weiteren amerikanischen Biologin, Katy Payne, die sich über 15 Jahre mit den Walgesängen von Buckelwalen beschäftigt hatte, in Amboseli ein neues Projekt in Angriff, das den Weg zu der bisher geheimen Welt der Kommunikation zwischen Elefanten erschloss.

Darüber hinaus machten sie gewaltige Fortschritte bei den Untersuchungen der Elefantenwanderungen. Durch die Entwicklung moderner Betäubungsmittel wurde es möglich, erwachsene Elefanten kurzzeitig außer Gefecht zu setzen, um sie zu markieren und ihnen dann mit Hilfe eines Gegenmittels sofort wieder auf die Beine zu helfen – eine Prozedur, bei der sie, abgesehen von einigen aufgemalten Zahlen und angebrachten Ohrmarkierungen, unversehrt blieben. Das Problem war jedoch, dass die Farbe relativ schnell abgeschabt oder von Schlamm und Staub verdeckt wurde. Als Nächstes versuchte man, ihnen farblich markierte Halsbänder aus industriell genutztem Gurtmaterial anzulegen; es zeigte sich jedoch, dass die Bänder schwer zu erkennen waren, und manchmal verlor man die Elefanten monatelang aus den Augen, weil sie irgendwo verschwunden waren.

Mit dem technologischen Fortschritt waren die Biologen dann in der Lage, Miniradiosender an den Halsbändern anzubringen, die es ihnen ermöglichten, vom Boden oder auch aus der Luft den Spuren der Elefanten so lange zu folgen, bis die Batterien aufgebraucht waren. Bei Douglas-Hamiltons erstem Experiment in Manyara schaffte er es, einem Elefanten 20 Tage lang zu Fuß oder mit dem Landrover auf der Spur zu bleiben. In späteren Jahren war es möglich, der Spur von Elefanten bis zu drei Jahren zu folgen. Ende der 70er Jahre des 20. Jahrhunderts folgte Rowan Martin in Rhodesien (Simbabwe) einigen Dutzend Elefanten einer Population mehrere Jahre lang. Als er die Ergebnisse analysierte, fiel ihm auf, dass einige

Familien, obwohl ihre Mitglieder durch viele Kilometer im Wald voneinander getrennt waren, dennoch in der Lage waren, ihre Wanderungen tagelang und manchmal wochenlang zu koordinieren, ohne je zusammenzutreffen. Die Tiere wechselten in gleicher Weise die Richtung.

Zuletzt wurden bei der Verfolgung der Wanderbewegungen von Elefanten satellitengestützte globale Ortungssysteme eingesetzt. Bei einem von Douglas-Hamilton in den 90er Jahren des 20. Jahrhunderts in Kenia initiierten Projekt wurden die von den an den Elefanten befestigten Sendern übermittelten Daten, die eine genaue Ortung ihrer Position Tag und Nacht ermöglichten, via Satellit übertragen und in kleinen Chips in den Sendern an ihren Halsbändern gespeichert. Damit konnten die Elefanten von einem mit entsprechenden Empfängern ausgestatteten Flugzeug aus wieder gefunden werden, mit dem einmal alle paar Monate die untersuchte Region überflogen wurde.

Die Verwendung der DNA-Technologie hat weitere Fortschritte gebracht. Mit DNA-Proben ist es Wissenschaftlern nicht nur möglich, Vaterschaften und Verwandtschaftsverhältnisse unter Elefanten nachzuweisen, sie geben auch Aufschluss über die Herkunft von Stoßzähnen, was potenziell ein entscheidender Faktor beim Vorgehen gegen illegalen Elfenbeinhandel ist.

Parallel zur modernen Technologie haben Feldbiologen jedoch auch nach wie vor an grundlegenderen Methoden festgehalten. In den 80er Jahren des 20. Jahrhunderts hatte Richard Barnes, ein Wissenschaftler aus Cambridge, sich zusammen mit seiner Frau Karen daran gemacht, in den Regenwäldern von Gabun die Populationsdichte von Elefanten durch Zählung der Kothaufen zu ermitteln. Niemand hatte eine Ahnung, wie viele Waldelefanten es tatsächlich gab. Aus der Luft war es unmöglich, sie zu zählen, und Zählungen vom Boden aus waren schwierig und unzuverlässig. Die Kothaufen von Elefanten waren indes leichter zu finden als die Elefanten selbst. Barnes war überzeugt, auf der Grundlage dieser Methode eine fundierte Einschätzung über den Bestand liefern zu können.

Zwei Jahre lang streifte er durch den Ogooué-Ivindo-Wald im Nordosten Gabuns, markierte rund 20 Kilometer lange Pfade, die den Wald durchschnitten, watete durch Flüsse und Sumpfgebiete, die auf seinem Weg lagen, und zeichnete alle Daten über die Elefantenkothaufen auf, die er fand. Jeder einzelne Kothaufen wurde registriert, sein Fundort festgehalten, sein Alter geschätzt. Das Alter wurde in vier Kategorien unterteilt, von »A« für einen Kothaufen, der »intakt, sehr frisch, feucht« war und »roch«, bis »D« für Klumpen, die »völlig zerfallen oder verwittert« waren. Die Ergebnisse waren beeindruckend genug, dass sich andere Teams von »Kothaufen-Läufern« auf den Weg machten, um in Brazzaville und Kinshasa im Kongo, in Kamerun und in der Zentralafrikanischen Republik zu forschen.

Weitere Studien über Waldelefanten wurden in den 90er Jahren des vergangenen Jahrhunderts in der Zentralafrikanischen Republik durchgeführt. Andrea Turkalo, eine ehemalige Biologielehrerin aus New York, verbrachte zehn Jahre damit, in Dzanga Bai von einer provisorisch am Rande einer in den Regenwald führenden Schneise errichteten Plattform aus Waldelefanten zu beobachten, wenn sie kurz aus dem Wald heraustraten, um zu trinken und nach Mineralstoffen zu graben. Im Jahr 2000 nahm sie zusammen mit Katy Payne in Dzanga Bai ein Elefanten-Lausch-Projekt in Angriff, das zum einen darauf abzielte, weitere Fortschritte bei der Entschlüsselung der Elefantensprache zu machen, zum anderen aber auch darauf, festzustellen, ob es durch heimliches Belauschen ihrer Kommunikation mittels eines Netzwerkes von Mikrofonen möglich sei, die Bestandszahlen der im Regenwald lebenden Elefanten zu schätzen und Erkenntnisse über ihr Verhalten zu gewinnen.

Jahr für Jahr ist es den Biologen gelungen, ob mit Hilfe der Satellitentechnologie oder durch sorgfältige Untersuchung von Kothaufen, die Grenzen des Wissensstandes über Elefanten weiter auszudehnen und die Geheimnisse einer Gesellschaft zu lüften, die zu den komplexesten in der Tierwelt zählt.

Familienleben

Elefantenbabys werden beinahe als perfekte Miniaturausgaben erwachsener Elefanten geboren. Nach einer Tragezeit von 22 Monaten kommt das vollständig von Eihäuten umhüllte Elefantenbaby mit einem Gewicht von durchschnittlich etwa 120 Kilogramm, einem kurzen Rüssel, Ohren, die an den Umriß Afrikas erinnern, Zehennägeln, die wie frisch geputzt aussehen, und leicht rot oder schwarz behaart auf die Welt.

Innerhalb einer halben Stunde versuchen sie, auf die Füße zu kommen. Sie fallen oft wieder hin, aber ihre Mutter hilft geduldig, indem sie das Neugeborene sanft mit den Vorderfüßen und dem Rüssel anstößt. Der erste Instinkt kleiner Elefanten ist es, die Zitzen zwischen den Vorderbeinen ihrer Mutter zu suchen, die von der Größe und Form her menschlichen Brüsten bemerkenswert ähnlich sind. Elefantenkinder saugen mit dem Mund und nehmen am Tag etwa zehn Liter Milch zu sich. In den ersten sechs Monaten ernähren sich Elefantenkinder ausschließlich von Milch.

Innerhalb von Stunden nach der Geburt stehen sie schon sicher genug auf den Beinen und können so gut laufen, dass sie mit der Familienherde, die sich auf der Suche nach Nahrung ständig langsam fortbewegt, mithalten können. Ansonsten sind sie jedoch weitestgehend hilflos und brauchen die ständige Fürsorge und Aufmerksamkeit ihrer Mutter. Nur selten entfernen sie sich mehr als ein paar Schritte von ihr, sie halten immer wieder über lange Zeiträume Körperkontakt, lehnen sich an die Mutter oder reiben sich an ihr, berühren sie mit dem Rüssel und genießen es, immer wieder an den Zitzen der Mutter zu saugen.

Die Kühe zeigen große Zuneigung zu ihren Kälbern, sie streicheln sie fortwährend mit dem Rüssel, um ihnen Ruhe und Sicherheit zu geben. Dabei geben die Kühe sanfte, fast summende Laute von sich und bieten ihren Kleinen unter ihrem Bauch Geborgenheit und einen sicheren Platz. Die tiefe Verbundenheit, die Mutter und Kind füreinander empfinden, wird besonders bei Todesfällen deutlich.

Joyce Poole stieß in Amboseli auf ein Kalb, das entweder tot geboren wurde oder kurz nach der Geburt gestorben war. Die Mutter, eine Kuh namens Tonie, stupste es wiederholt mit ihren Füßen an und drehte es schließlich mehrmals um. Während der Rest der Familie weiterzog, weigerte Tonie sich, ihr Kalb im Stich zu lassen. In der heißen Sonne in einer kahlen Ebene hielt sie Totenwache bei ihrem Kind und wehrte zwei Tage und Nächte lang Geier und andere Aasfresser ab, bis der Kadaver schließlich von Löwen weggeschleppt wurde.

»Als ich Tonie bei ihrer Totenwache für ihr totes Neugeborenes zusah«, schrieb Poole, »überkam mich zum ersten Mal das sehr starke Gefühl, dass Elefanten trauern. Ich werde nie den Ausdruck auf ihrem Gesicht vergessen, ihre Augen, ihren Mund, die Art, wie sie ihre Ohren hielt, ihren Kopf und ihren Körper. Alles an ihr war ein einziger Ausdruck von Trauer.«

Rennie Bere, ein Wildhüter in Uganda, beschrieb, wie er eine Kuh gefunden hatte, die ein totes Kalb mit sich herumtrug, das nach dem Geruch zu urteilen schon seit drei oder vier Tagen tot gewesen sein musste. »Sie legte dieses schauerliche kleine Geschöpf auf dem Boden neben sich ab, wann immer sie fressen und trinken wollte, und sie machte dies mehrfach, während ich sie beobachtete; obwohl sie dadurch nur langsamer als die anderen vorankam, wartete der Rest der Herde immer wieder auf sie.«

Clive Spinage, ein britischer Biologe, berichtete von einem Vorfall, den er erlebt hatte, als er einen Wildhüter auf seinem Weg begleitete, um ein verletztes, etwa 18 Monate altes Kalb zu erschießen. Es war mit einem Bein in eine aufgestellte Falle geraten und hatte sich dabei den Fuß so verletzt, dass er nur noch eine geschwollene, eiternde Masse war. Das Kalb schaffte es zwar, hinter seiner Mutter herzuhumpeln, während der Rest der Familie beim Fressen langsam weiter vorwärts ging, es gab jedoch keine Hoffnung, dass es überleben würde. Beim ersten Schuss fiel das Kalb gleich um, tödlich verwundet, aber es starb nicht sofort.

Die Mutter raste auf der Stelle alarmiert brüllend zur Rettung herbei. Sie trompetete vor Wut, half dem Kalb in einem Akt der Verzweiflung wieder auf die Füße und versuchte, es wegzuführen. Schlaff gegen ihre Beine gelehnt, torkelte es ein paar Schritte und brach wieder zusammen. Mit blutüberströmten Stoßzähnen versuchte die Mutter verzweifelt, es wieder hochzubekommen, bis sie hilflos über ihm stand, als es dalag. Dann, unmittelbar nachdem es gestorben war, hob sie den Rüssel hoch in die Luft und stieß einen durchdringenden qualvollen Klageschrei aus. Und es war ein Klageschrei, nicht ein Trompeten, der einsam und verzweifelt über das Land scholl.

Neben der Hilfe und Zuneigung, die sie von ihren Müttern erhalten, werden die Kälber auch von einer Reihe von Tanten, Schwestern und Cousinen liebevoll versorgt, die vom Augenblick ihrer Geburt an mütterlichen Anteil nehmen und sich oft um sie scharen, wenn aus irgendwelchen Gründen Unruhe oder Aufregung aufkommen. Junge weibliche Elefanten in der Familie genießen ihre Rolle als Babysitter, wenn sie sich über die Kälber stellen, während diese schlafen, sie zurückholen, wenn sie sich zu weit entfernt haben, und ihnen beim leisesten Hilferuf zur Seite eilen. Wenn Kälber im Schlamm stecken bleiben, in Löcher fallen oder über Baumstämme stolpern, lassen ihre lauten Schreie die Babysitter aus allen Richtungen herbeieilen.

Katy Payne beobachtete einmal, wie ein kleines weibliches Kalb an einer künstlichen Wasserstelle in das tiefere Ende der abschüssigen Tränke fiel und einen wilden, bellenden Schrei ausstieß. Sofort eilten eine Tante und zwei Geschwister dem Kalb zu Hilfe. Sie gingen neben dem erschrockenen Kalb in die Knie, griffen es mit ihren Rüsseln unter dem Bauch und versuchten es herauszuheben.

»Gleichzeitig verstärkten sie mit ihrem Schreien, Bellen und Kollern das Gebrüll des kleinen Kalbs. Sofort kam noch mehr Hilfe herbei.« Dreizehn erwachsene weibliche Elefanten kamen zusätzlich herbeigerannt, »um mit ihren Rüsseln das Kleine zum flachen Ende des Beckens zu ziehen. Derartig umhätschelt kletterte das Kleine schließlich unversehrt heraus, begleitet von aufmunterndem Beschwichtigungsgrollen«.

Bei seinen ersten Experimenten, bei denen er versuchte, Elefanten zu betäuben, um ihnen Radiosender anzulegen, wählte Iain Douglas-Hamilton schließlich ein acht Jahre altes männliches Kalb aus, da er annahm, dass es schon über das Alter hinaus sei, um bei seiner Familie, die es umgab, eine allzu starke Reaktion zu provozieren. Es gehörte zu einem sehr festen Familienverband, der aus fünf erwachsenen Kühen und ihren insgesamt 16 Kälbern bestand. Zum fraglichen Zeitpunkt waren auch noch einige weitere Familien in der Nähe.

Als das Kalb aufgrund der Betäubung zu Boden fiel, rannte die Mutter sofort herbei, streckte ihm den Rüssel entgegen und schwang die Ohren nach vorn. Auch die anderen Kühe kamen alle herbei und umringten mit aufgestellten Ohren und gesenktem Kopf trompetend und brummend das Kalb. Dann eilten drei weitere Familien herbei und gliederten sich in die inzwischen aus 67 Elefanten bestehende Phalanx ein. »Die Jungtiere wanderten unruhig herum, stießen sich gegenseitig an und unternahmen Scheinangriffe in die verschiedensten Richtungen, als wollten sie ihre Aggressionen abreagieren. Dabei trompeteten, knurrten und brüllten sie die ganze Zeit in einem unbeschreiblichen Durcheinander von lärmenden Lauten, die zum Teil erstaunlich menschlich klangen.«

Nach wiederholten Versuchen, bei denen sie sich gemeinsam oder einzeln bemüht hatten, dem Kalb wieder auf die Beine zu helfen, stand es schließlich auf und blieb stehen. »Alle Kühe der fünf Familienverbände drängten sich nochmals in einem großen Haufen zusammen, um sich zu vergewissern, wie es dem jungen Bullen ging. Viele von ihnen berührten ihn dabei mit dem Rüssel.«

In Botswana beobachteten zwei Filmemacher, Derek und Beverly Joubert, die Rettung eines Kalbes, das in einem Schlammloch stecken geblieben war. Das Kalb war von seiner eigenen Familie aus Angst und Verwirrung im Stich gelassen worden. Kurz darauf traf eine andere Elefantengruppe ein und versuchte, das Kalb aus dem Schlamm zu befreien. Nachdem dies nicht auf Anhieb gelang, ging sie abrupt ihrer Wege und ließ das Kalb Mitleid erregend schreiend zurück. Dann kehrten sie jedoch wieder um und gruben und zerrten das Kalb aus dem Schlamm. Auf sichtlich wackeligen Beinen wurde es weggeführt, unter dem Bauch einer Matriarchin, die es adoptierte.

Die Kälber erfreuen sich einer langen Kindheit. Ebenso wie bei den Menschen dauert es recht lange, sie großzuziehen, bis sie die Welt um sich herum verstehen gelernt und das Wissen der älteren Familienmitglieder absorbiert haben. Bei der Geburt wiegt ihr Gehirn nur 35 Prozent dessen, was das Gehirn eines erwachsenen Tieres wiegt – ähnlich wie das menschliche Gehirn, das bei der Geburt nur 26 Prozent des Gewichtes eines erwachsenen menschlichen Gehirns hat. Bei den meisten anderen Säugetieren hat das Gehirn bei der Geburt demgegenüber 90 Prozent des Gewichtes eines ausgewachsenen Gehirns.

Elefantenbabys wissen zuerst nicht, was sie mit ihrem Rüssel anfangen sollen. Sie spielen mit ihm, schwingen ihn nach hinten und nach vorn und wirbeln ihn im Kreis herum. Manchmal nehmen sie ihn auch ins Maul und saugen daran, wie menschliche Babys am Daumen lutschen. Mit dem Maul beißen sie auch Gras ab und reißen ganze Grasbüschel aus, bis sie entdecken, dass der Rüssel dazu genutzt werden kann, Nah-

Familien bilden die Grundlage der Elefantengesellschaft.

rung vom Boden hochzuheben und Wasser aufzusaugen. Sie brauchen ein Jahr, bis sie gelernt haben, mit einigem Geschick ihren Rüssel zum Wassertrinken zu gebrauchen.

Der Prozess der Entwöhnung vollzieht sich allmählich. Zwei Jahre lang sind die Kälber auf die Milch der Mutter absolut angewiesen. Danach saugen sie noch etwa weitere zwei Jahre, bis ein neues Kalb geboren wird, in manchen Fällen aber auch länger. Beim Übergang zu fester Nahrung experimentieren sie manchmal, indem sie ihrer Mutter Futter aus dem Maul nehmen und auf diese Weise erlernen, welche Pflanzen genießbar sind.

Sie gewöhnen sich an die endlosen Wanderungen der Herde auf der ständigen Suche nach Nahrung und schaffen es, sich auf den Pfaden in unwegsamem und schwierigem Gelände, an steilen Berghängen und in Sümpfen zurechtzufinden. Sie lernen früh schwimmen, sie überqueren Flüsse an der flussaufwärts gerichteten Seite ihrer Mutter. Zwischendurch gehen sie manchmal unter, um dann schnell wieder aufzutauchen.

Ebenso wie Kiplings Elefantenkind sind sie oft unendlich neugierig und begierig darauf, neue Dinge zu erkunden. In Tanganjika beobachtete der Wildhüter George Rushby einmal eine Herde, die gegen den Wind langsam in seine Richtung zog, während er sich auf einem kleinen Erdwall hinter einem niedrigen Busch versteckt hielt.

Mir am nächsten war eine Kuh, die etwa in einem Abstand von zweieinhalb bis drei Meter an mir vorbeiging und ein sehr junges Kalb bei sich hatte. Die Kuh blieb einige Schritte hinter mir stehen, und das Kalb, das sich zwischen der Kuh und mir befand, kam den Erdwall hinauf auf mich zu und betastete einige Sekunden lang mit seinem sehr kleinen Rüssel meine Brust und mein Gesicht. Dann wandte es sich ab, schlenderte zu seiner Mutter zurück und blies ihr mit seinem Rüssel ins Maul, als versuchte es, ihr den Geruch von diesem fremden Ding zu vermitteln, das es gefunden hatte. Die Kuh gab dem Kalb einen leichten Klaps mit ihrem Rüssel und trollte sich dann weiter.

Elefantenjunge gehen enge Beziehungen mit älteren Brüdern und Schwestern ein. Sie können stundenlang miteinander spielen. Sie rennen um die Wette, mit aufgestellten Ohren, den Schwanz auf dem Rücken zusammengerollt, und starten Scheinangriffe auf alles und jeden, selbst auf Vögel und Schmetterlinge. Sie vergnügen sich damit, aufeinander herumzuklettern, insbesondere in Schlammsuhlen, wo das Ganze oft damit endet, dass man nur noch einen einzigen wirren Haufen sich windender Körper sieht. Andere Lieblingsbeschäftigungen sind Spiele, bei denen sie ihre Kräfte im Stoßen messen können, etwa beim Rüsselringen oder einem Kopf-zu-Kopf-Kampf.

Das Familienleben ist klar organisiert. Jede Familie wird von ihrer ältesten Kuh angeführt, der Matriarchin, die die Entscheidungen trifft, wohin es geht, wann weitergezogen wird und wann geschlafen wird. Die Matriarchin ist diejenige, die das Wissen und die Weisheit der Familie in sich bewahrt, sie weiß aus langer Erfahrung, wo Wasser zum Trinken zu finden ist, wann Bäume Früchte tragen, wo das Gras saftig ist, was in Dürreperioden zu tun ist und welche Gebiete wegen des Eindringens des Menschen gefährlich sind. Die anderen Familienmitglieder – verwandte erwachsene Kühe und deren Abkömmlinge, von den neugeborenen Kälbern bis zu heranwachsenden Bullen und weiblichen Elefanten bis zum Alter von etwa zehn Jahren – folgen ihrer Leitung.

Die täglichen Aktivitäten werden koordiniert. In Gruppen von 10 oder 15 Tieren fressen, wandern und schlafen die Mitglieder der Familie zusammen. Wenn sie ruhen, drängeln sie sich in einer Gruppe zusammen, wobei sie sich berühren und aneinander anlehnen. Was ihnen vor allem Spaß macht, ist, zusammen im Schlamm zu suhlen, sich erst auf die eine, dann auf die andere Seite zu legen und sich über und über, samt Augen und Ohren, mit Schlamm zu bedecken.

Erwachsene wie Kälber sind sehr verspielt, sie lieben es, mit ihren Rüsseln Wasser herumzuspritzen und Astteile oder Gräser in der Luft herumzuschwenken. In ausgelassenen Augenblicken laufen sie tänzelnd und schlaksig, mit gesenktem Kopf, flatternden Ohren und locker herumwedelndem Rüssel herum. Cynthia Moss beobachtete einmal eine Ansammlung von 200 Elefanten, die sich mit »schlaksigem Laufen« vergnügten und laut trompeteten, während sie durch die Mulde rannten.

In schwierigen Situationen halten Elefanten zusammen und helfen sich aus Loyalität und Mitgefühl heraus gegenseitig. Wenn Elefanten Gefahr wittern, scharen sie sich eng zusammen. Dabei nimmt die Matriarchin eine führende Position ein, während die Kälber innerhalb der Phalanx geschützt werden. Im Falle einer Bedrohung greifen die Kühe auch schon mal an. Wenn die Gefahr es jedoch erlaubt, sucht die ganze Familie unter lautem Brüllen das Weite. Es sind zahlreiche Fälle geschildert worden, in denen Kühe verwundeten Gefährten auf die Beine geholfen und sie gestützt und versucht haben, sie von der Gefahr wegzubringen. In solchen Situationen hat sich deutlich gezeigt, wie sehr sie sich dagegen sträuben, ihre Gefährten zurückzulassen.

Während junge Bullen die Familie in der Pubertät im Alter von etwa 12 Jahren verlassen, bleiben weibliche Elefanten ihr ganzes Leben in der Familie und reihen sich in eine fein gestrickte, hauptsächlich auf dem Alter basierende Hierarchie ein. Sie sind ungefähr mit elf Jahren geschlechtsreif und bringen mit etwa 13 Jahren ihr erstes Kalb zur Welt. Sie gehen lebenslange Freundschaften ein und verbringen viel Zeit damit, sich auch gegenseitig mit den Rüsseln zu streicheln. Manchmal stehen sich auch direkt Kopf an Kopf mit verschlungenen Rüsseln gegenüber.

Familiengruppen halten auch über den unmittelbaren Kreis ihrer Gruppe hinaus starke Bindungen zu anderen Elefantenfamilien aufrecht. Familien, die in solchen Bond-Groups oder Verwandtschaftsgruppen miteinander verbunden sind, fressen und wandern manchmal zusammen in diesen Gruppen und ihre Kälber spielen miteinander. Solche Gruppen können auch größer sein. Die Matriarchin macht im Laufe ihres Lebens viele Bekanntschaften mit einzelnen Elefanten.

Wenn Familien zusammentreffen, werden solche Begegnungen stets von liebevollen Zuneigungsbekundungen begleitet. Selbst nach kurzen Trennungsphasen, in denen unterschiedliche Futterplätze aufgesucht wurden, begrüßen die Familienangehörigen sich mit lautem Kollern, besonderen Kopfhaltungen und ausgebreiteten Ohren. Familientreffen nach einer tagelangen Trennung werden wie ein besonderer Anlass begangen.

In ihrem Buch *Die Elefanten vom Kilimandscharo* beschreibt Cynthia Moss, wie zwei Matriarchinnen aus derselben Bond-Group, nachdem sie fünf Tage voneinander getrennt gewesen waren, kollernd und schrill trompetend aufeinander zu liefen. »Beide Elefantenkühe hoben die Köpfe hoch in die Luft, legten krachend die Stoßzähne aufeinander und schlangen die Rüssel umeinander. Dabei kollerten sie laut und wackelten als Begrüßungsgebärde mit den Ohren. Sie wirbelten herum, lehnten sich gegeneinander und scheuerten sich aneinander. In der Zwischenzeit begrüßten sich auch alle anderen Familienmitglieder. Sie drehten und wendeten sich, urinierten, schlugen mit den Ohren, schlangen die Rüssel umeinander und schlugen, genau wie ihre Leitkühe, krachend die Stoßzähne gegeneinander.«

Selbst nach vielen Jahren der Elefantenbeobachtung empfand Moss noch immer eine enorme Spannung und Faszination, wenn sie Zeugin einer solchen Begrüßungszeremonie wurde. »Irgendwie verkörperte sie all das, was Elefanten zu so besonderen und faszinierenden Tieren macht. Auch in meinen streng wissenschaftlichen Momenten habe ich keinen Zweifel daran, dass die Elefanten Freude empfinden, wenn sie sich wieder treffen. Diese Freude mag menschlicher Freude nicht ähnlich oder gar vergleichbar sein, aber sie spielt eine sehr wichtige Rolle im gesamten sozialen System der Elefanten.«

Paarungszeremonie

Wenn junge Elefantenbullen im Alter von etwa zwölf Jahren die Geborgenheit der Familienherde verlassen, begeben sie sich in eine andere Welt, in der sie allein leben. Einige bleiben in der Nähe ihrer alten Familien und trotten ihnen in einiger Distanz hinterher; andere ziehen weiter fort und halten sich im weiteren Umkreis von anderen Familien auf. Wenn sie älter werden, fühlen sie sich zu rein männlichen Gruppen hingezogen, bei denen sie jedoch nie lange bleiben. Sie lieben es, häufig ihre Kräfte miteinander zu messen und Scheinkämpfe auszutragen, die dem Zweck dienen, eine Rangordnung aufzustellen, die im Erwachsenenalter noch lange Bestand hat. Auch wenn Jungbullen mit ungefähr zwölf Jahren geschlechtsreif sind, wird ihnen noch keine Chance gegeben, sich zu paaren. Erst wenn sie Ende 20 sind, beginnen sie mit älteren Bullen um Kühe zu konkurrieren und selbst dann können sie bestenfalls darauf hoffen, »heimlich« eine Kuh zu begatten.

Der Wendepunkt für Elefantenbullen kommt etwa im Alter von 30 Jahren, wenn bei ihnen Phasen erhöhter sexueller Aggression sichtbar werden. Dieser Zustand wird als »Musth« bezeichnet, ein Begriff, der von dem Urdu-Wort übernommen wurde und »berauscht« bedeutet. Vor Jahrhunderten wurde die Musth als ein allgemeines Merkmal im sexuellen Zyklus asiatischer Elefanten identifiziert, man glaubte jedoch, dass sie bei afrikanischen Elefanten nicht vorkäme. Selbst noch in den 60er Jahren des 20. Jahrhunderts hielten Pioniere auf dem

Gebiet der Fortpflanzungsbiologie afrikanischer Elefanten, wie Irven Buss und Richard Laws, daran fest, dass dieses Merkmal nicht existierte.

1976 fiel Joyce Poole, damals eine 19-jährige Studentin, die in Amboseli mit Cynthia Moss an einer Studie über Elefantenbullen arbeitete, bei verschiedenen Gelegenheiten eine Reihe einzelner Bullen auf, deren Penisvorhaut eine grünliche Farbe angenommen hatte und bei denen ständig Urin herabtröpfelte. Ihre Gesichter waren von den dunklen Strömen einer dicklichen, zähen Flüssigkeit gezeichnet, die von den Schläfendrüsen abgesondert wurde und unaufhörlich an ihren Gesichtern herunterrann. Poole und Moss glaubten zunächst, dass es sich bei dem ersten Phänomen um ein Krankheitssymptom handele, und so nannten sie es »Grüner-Penis-Krankheit«. In der Folge stellten sie bei Beobachtungen fest, dass Elefanten mit diesem Symptom besonders aggressiv waren. Aber erst im Januar 1978, als Poole ein Artikel über Musth bei asiatischen Elefanten in die Hände fiel, wurde ihr klar, um was es sich dabei handelte, sodass sie nun nicht mehr von einer Krankheit, sondern vom »Grüner-Penis-Syndrom« sprachen.

Mit großer Energie machte Poole sich daran, die erste umfassende Studie über Bullen in der Musth durchzuführen. Es war bekannt, dass die Arbeit gefährlich war. Charles Darwin hatte in seinem 1859 veröffentlichten Werk *Die Entstehung der Arten* bereits gewarnt, dass kein Tier auf der Welt so gefährlich sei wie ein Elefant in der Musth. In den ersten Phasen ihrer Untersuchungen kehrte Poole oft völlig bleich im Gesicht und erschüttert von ihren Begegnungen mit aggressiven Bullen ins Lager zurück. »Ich war noch eine relative Anfängerin, wenn es darum ging, die Stimmungen von Elefanten zu erkennen, und meine Fehleinschätzungen brachten mich bei vielen Gelegenheiten dem Tod gefährlich nahe«, schrieb sie in ihrem Buch *Coming of Age with Elephants*.

Um die Testosteron-Spiegel messen zu können, musste sie mit ihrem Wagen schnell genug an Musth-Bullen heranfah-

Elefantenbullen führen die meiste Zeit des Jahres ein einzelgängerisches Leben.

ren, um herabtröpfelnde Urin-Proben aufzusammeln, bevor sie im Boden versickerten. Das Problem dabei war, dass Urin bei Bullen in der Musth nur dann in nennenswerten Mengen herabtröpfelte, wenn sie aufgebracht waren. Ein notorisch aggressiver Bulle hatte es besonders auf Poole abgesehen. Wenn er sie sah, kam er manchmal aus einer Entfernung von 400 Metern auf ihren Wagen zu und verfolgte sie angriffslustig, selbst wenn sie sich weit zurückzog. Am Ende wurde sie jedoch mit beeindruckenden Ergebnissen für ihre riskanten Unternehmungen belohnt.

Der sexuelle Zyklus männlicher Elefanten unterliegt einem jährlichen Rhythmus. Bullen über 30 sind im Allgemeinen etwa drei Monate in der Musth und leben die übrigen neun Monate ruhig und friedlich allein in »Bullengebieten«, abseits von Kühen und Kälbern. Ihre Musth-Perioden sind über das ganze Jahr verteilt, sodass es immer einige Bullen in der Musth gibt, die entsprechend aktiv sind. In der Musth sind sie ständig auf der Suche nach Elefantenkühen, die im Östrus sind, und ziehen von einer Familienherde zur anderen. Um sich paaren zu können, wehren sie Rivalen ab – wenn es sein muss, in einem Kampf auf Leben und Tod. Ihr Ziel ist, so viele Elefantenkühe wie möglich zu begatten.

Sie nehmen in dieser Zeit eine besondere Körperhaltung ein, sie schreiten zielgerichtet, hoch erhobenen Hauptes, mit wedelnden Ohren umher. Während der ganzen Zeit tröpfelt Urin herab und aus ihren Schläfendrüsen wird eine dunkle, dickliche Flüssigkeit abgesondert. Sie verbreiten einen stechenden, scharfen Geruch, der bereits aus der Ferne wahrgenommen werden kann, und sie geben ein Musth-Kollern von sich, das auf einer niedrigen Frequenz gesendet wird, aber laut ist und über weite Entfernungen aufgenommen werden kann. Während dieser Zeit ist ihr Testosteron-Spiegel mindestens viermal höher als in der übrigen Zeit, in der sie nicht in der Musth sind.

Wenn Musth-Bullen auftauchen, ziehen sich jüngere männliche Elefanten zurück. Bullen, die nicht in der Musth sind, können zwar kopulieren und Kühe schwängern, aber sofern ein Musth-Bulle in Erscheinung tritt, geben sie im Falle eines Streits immer nach, selbst wenn sie größer und älter sind. Rangniedrigere Bullen in der Musth ziehen sich in solchen Situationen vielfach entweder in die entgegengesetzte Richtung zurück oder geben ihre typische Musth-Körperhaltung auf und senken den Kopf. Die Tiere sind sehr bemüht, einen Kampf um Kühe zu vermeiden. Nur in etwa gleichrangige Musth-Bullen lassen sich auf einen Kampf ein.

Elefantenkühe jeden Alters zeigen große Erregung, wenn ein Musth-Bulle auftaucht. Wenn sie auf die Duftspur stoßen, die ein Musth-Bulle hinterlassen hat, halten sie an, um sie zu beschnüffeln, und geben manchmal ein Kollern von sich und fangen an zu urinieren. Hören sie das Kollern eines Musth-Bullen, antworten sie im Chor mit einem Kollern. Elefantenkühe können zu jeder Zeit des Jahres in den Östrus kommen, der im Durchschnitt ungefähr vier Tage andauert. Während dieser vier Tage ist es ihr Ziel, sich mit dem besten verfügbaren Bullen zu paaren, und dabei bevorzugen sie eindeutig Musth-Bullen. Sie sind jedoch von vielen anderen Kandidaten umgeben und verbringen viel Zeit damit, vor feurigen jungen Bullen die Flucht zu ergreifen, was ihnen in der Regel gelingt. Sobald sie trächtig geworden sind, kommen sie drei oder vier Jahre nicht mehr in den Östrus. Und entsprechend schränken sich die Paarungsmöglichkeiten für die Bullen ein.

Wenn ein Musth-Bulle sich einer Familie von Elefantenkühen nähert, breitet sich unter den Kühen eine beträchtliche Unruhe aus und er versucht nun, sie damit zu beruhigen, dass er den Kopf etwas senkt und seinen Rüssel oft lässig über einen Stoßzahn legt. Dann geht er von einer Kuh zur anderen und beschnüffelt sie auf der Suche nach Östrus-Anzeichen zwischen den Hinterbeinen. Dabei nimmt er mit der Spitze seines Rüssels Urinproben auf und steckt sie sich in den Mund. Findet er nichts, was für ihn interessant ist, zieht er bald wieder weg, um sich auf die Suche nach einer anderen Familie zu machen.

Der Paarungsakt selbst ist relativ schnell vorbei. Eine Kuh, die im Östrus ist und merkt, dass sie die Aufmerksamkeit des Musth-Bullen erregt hat, entfernt sich in schnellem Gang, wobei sie den Kopf leicht nach hinten gewendet hat und über die Schulter zurückblickt. Sofort setzt der Bulle ihr nach, dabei tritt sein Penis aus der Vorhaut heraus. Sie beginnt zu laufen, allerdings nicht so schnell und entschlossen, wie sie es täte, wenn sie ihm wirklich entkommen wollte. Im Nu hat er sie eingeholt und streckt den Rüssel nach ihr aus. Sobald er ihn ihr über den Rücken legt, bleibt sie stehen.

Mit Hilfe des Kopfes, den er ihr auf den Rücken legt und als Hebel benutzt, erhebt er sich auf die Hinterbeine, legt seine Vorderbeine auf ihren Rücken und setzt sie unmittelbar hinter ihren Schultern ab. Dabei lässt er sich so weit nach hinten sinken, dass sein Gewicht – das dreimal so hoch wie das einer Kuh ist – fast ganz auf seinen Hinterbeinen lastet. Sein Penis, der in voll erigiertem Zustand eine Länge von 90 Zentimetern bis zu 1,20 Meter erreicht und rund 25 Kilogramm wiegt, biegt sich S-förmig, wobei der untere Teil von etwa 30 Zentimetern sich fast eigenständig auf und ab und von einer Seite zur anderen bewegt. Mit diesem beweglichen Penis sucht er den Scheideneingang der Kuh, der sich zwischen den Beinen mit der Öffnung nach unten gerichtet befindet. Sobald er ihn gefunden hat, legt er die Spitze seines Penis auf die Scheidenöffnung, stößt ihn nach oben und schiebt ihn in voller Länge in die Vagina. Diese Position behält er weniger als eine Minute bei, bis er wieder absteigt.

Daraufhin macht sich eine allgemeine Aufregung breit. Die Kuh hebt den Kopf und gibt ein tief pulsierendes Kollern von sich. Sofort laufen ihre Angehörigen kollernd und laut brüllend herbei und berühren das Paar mit den Rüsseln. Die Begattung wird zu einem Familienereignis, das Cynthia Moss als »Gruppenzeremonie« bezeichnete.

Ein oder zwei Tage hält der Bulle die Paarungsgemeinschaft aufrecht, indem er bei der Kuh bleibt und sie vor anderen Bullen schützt, die sich ihr zu nähern versuchen. Fängt er an, das Interesse zu verlieren, nutzen andere Bullen ihre Chance, sich mit ihr zu paaren. Sobald die Östrus-Periode vorbei ist, verlieren alle das Interesse an ihr. Musth-Bullen ziehen bald darauf auf der Suche nach weiteren potenziellen Kandidatinnen weiter.

Wenn es zu Kämpfen kommt, dauern sie manchmal Stunden. Bevor Musth-Bullen aufeinander losgehen, gehen sie auf und ab, manövrieren hin und her und halten dabei die ganze Zeit den Kopf einander zugewandt. Um ihre Aggression zu demonstrieren, stoßen sie mit ihren Stoßzähnen in den Boden, reißen Büsche aus und werfen Baumstümpfe oder Äste in die Luft. Dann stürzen sie aufeinander los und prallen mit einer ungeheuren Wucht und unter dem fürchterlichen Krachen von Elfenbein aufeinander und jeder von ihnen versucht, den Gegner umzuwerfen. Ein Bulle, der stürzt, ist sehr verwundbar. Wenn ein Zusammenstoß vorbei ist, fangen sie wieder mit dem gleichen Verhalten an, ehe sie erneut aufeinander losgehen. Dieser Wettstreit wird so lange fortgeführt, bis einer von ihnen wegläuft.

Cynthia Moss erlebte in Amboseli einmal einen Kampf, der über zehn Stunden dauerte.

Die Ergebnisse solcher Kämpfe sind manchmal fatal. In Tsavo beobachteten Parkaufseher einen Kampf zwischen zwei Bullen, bei dem es offensichtlich um die Vorherrschaft und den »Besitz« einer Kuh ging, die im Östrus war. Sie fingen an, zu ringen, was aber bald in einen Kampf ausartete. Ein Bulle stürzte unter Aufbietung all seiner Kraft auf seinen Gegner los, rammte ihm einen seiner Stoßzähne durch das Gaumendach und den anderen in die Brust. Der Angriff erfolgte mit einer solchen Wucht, dass die Vorderbeine des Kontrahenten vom Boden hochgehoben wurden. Der getroffene Bulle versuchte verzweifelt, sich zu befreien, bot dabei dem anderen jedoch ungeschützt seine Flanke dar. Dieser nutzte die Situation und bohrte dem Gegner beide Stoßzähne unmittelbar hinter den Schultern in die Flanke. Innerhalb von Sekunden war der Kontrahent tot. Der Sieger, der aus klaffenden Wunden an seinem Rüssel und an den Vorderbeinen stark blutete, entfernte sich kurz vom Kampfplatz, um zu einem nahe gelegenen Tümpel zum Trinken zu gehen. Bald kam er jedoch wieder laut trompetend und wutenbrannt zurück und griff den toten Elefanten erneut an. In voller Länge rammte er ihm seine Stoßzähne in den Kopf. Dann stand er sechs Stunden lang wachend neben dem Kadaver.

Mike Carroll, ein Freund von Irven Buss, erlebte bei einer Jagdexpedition im Süden Tansanias einen ähnlich heftigen Kampf zwischen zwei Bullen. Angefangen hatte es mit einem Raufen, das sich zu einem Zweikampf auf Leben und Tod entwickelte. Immer wieder gingen die beiden Bullen aufeinander los und brachten sich tiefe Wunden bei. Mit ineinander verhakten Stoßzähnen drehte einer der Bullen seinen Kopf mit einem gewaltigen Ruck zur Seite und schaffte es damit, seinem Gegner einen Stoßzahn abzubrechen. Der »Einzahn« kämpfte weiter, während er aus den Wunden an seiner Brust stark blutete. Jetzt war es ein ungleicher Kampf.

Plötzlich senkte er den Kopf und drehte ihn dabei gleichzeitig seitlich hoch, um mit seinem Stoßzahn auf die Kehle des Gegners zu zielen. Aber dadurch, dass er den Kopf senkte, bot er seinem Gegner seinen Kopf ungeschützt hin, so dass dieser ihn mit seinen Stoßzähnen mit voller Breitseite erreichen konnte und ihm eine entsetzlich klaffende Wunde über dem Auge und ein großes Loch in sein Ohr riss. Aber der eine Stoß-zahn verfehlte sein Ziel nicht und drang dem Kontra-henten tief in die Kehle. Mit einem mächtigen Ruck hob der Bulle mit dem einen Zahn seinen Kopf in die Höhe, so dass der aufgespießte Kontrahent mit den Vorderfüßen vom Boden hochgehoben wurde, und riss ihm ein großes Loch in den Hals. Während er darum rang, sein Gleich-gewicht wieder zu finden, war er nicht ganz auf der Hut, und wieder verfehlte der eine Stoßzahn nicht sein Ziel, diesmal drang er durch den Rüssel und tief in den Kopf ein. Dabei gingen beide Elefanten in die Knie.

Der mit dem einen Stoßzahn stand sofort wieder auf, warf seinen Kopf in die Höhe und stieß seinen Stoßzahn erneut tief in den Kopf seines Kontrahenten hinein. Bei diesem Stoß fiel der getroffene Bulle auf die Seite, während seine Beine hilflos in der Luft hingen. Der Bul-le mit dem einen Stoßzahn lief rasch um ihn herum und trieb dem am Boden liegenden Bullen wiederholt, unter ständigem Trompeten und Schreien, seinen Stoßzahn in den Rücken.

Der siegreiche Bulle, der selbst stark aus Brustwunden blutete, traktierte den toten Bullen noch fast eine Stunde lang, ehe er schließlich von ihm abließ und sich zu einem Fluss begab, um zu trinken. Als er am Flussufer einen Steilhang hinaufklettern wollte, fiel er tot um.

Körper und Geist

Auch wenn afrikanische Elefanten schwerfällig aussehen und mit Abstand die größten Landlebewesen der Erde sind, sind sie nichtsdestotrotz erstaunlich beweglich. Sie können schneller als jeder Mensch laufen. Sie können steile Berghänge hinaufklettern und sich ihren Weg an schmalen Felskanten entlang und über felsige Auskragungen bahnen. Sie sind Meister in der Kunst des Versteckens und können sich lautlos fortbewegen. Problemlos können sie durch Flüsse und Seen schwimmen, wenn sie es auch oft vorziehen, sofern die Tiefe es zulässt, über den Grund von Flüssen oder Seen zu gehen und dabei den Rüssel wie ein Periskop über die Wasseroberfläche hinauszuhalten.

Ihre Lebensräume sind gleichermaßen vielfältig. Sie können ein gedeihliches Leben in Ebenen, die auf gleichem Niveau wie der Meeresspiegel liegen, ebenso führen wie an nebelverhangenen Berghängen wie am Mount Kenia in 3500 Metern Höhe. Sie haben sich einem Leben in den Wüsten von Namibia und Mali ebenso gut angepasst wie einem Leben in den dichten Regenwäldern Zentralafrikas oder einem Leben unter winterlichen Bedingungen im Highveld Südafrikas. Sie haben sich sogar bis tief unter die Erde in den Mount Elgon hineingewagt, einen schlafenden Vulkan an der Grenze zwischen Kenia und Uganda, und sich mit ihren Rüsseln in stockfinsterer Dunkelheit an den Höhlenwänden entlanggetastet, um nach mineralischen Salzen zu graben.

Sie zeichnen sich durch zahlreiche einzigartige Merkmale aus. Ihre Ohren sind die größten auf der ganzen Welt. Von

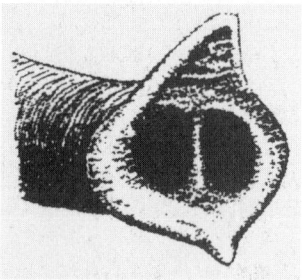

Die »Finger« an der Spitze eines Elefantenrüssels werden mit einer solchen Präzision benutzt, dass sie ein einzelnes Blatt von einem Baum pflücken oder winzige Grasbüschel ausreißen können.

allen Landsäugetieren haben sie das größte Gehirn. Ihre Backenzähne oder Mahlzähne haben die Größe von Backsteinen. Erstaunlicher noch ist, dass ihre Füße so gebaut sind, dass sie auf den Zehenspitzen gehen. Aber was absolut einmalig an ihnen ist, ist ihr Rüssel. Kein anderes Tier hat einen solchen Rüssel.

Der Rüssel ist eine zu einem Körperglied ausgewachsene Nase und verfügt über immense Kraft und Beweglichkeit. Der Rüssel besteht aus einer Masse miteinander verwobener Muskeln, er kann in jede Richtung gebogen, zusammengezogen oder gekrümmt werden. Er hat sich im Laufe der Evolution als eine Verschmelzung zwischen Nase und Oberlippe herausgebildet, um es Elefanten mit einem derart großen Körper, langen Beinen und kurzen Hälsen zu ermöglichen, Nahrung und Wasser aufzunehmen. Frühe Naturalisten sprachen von »der Hand des Elefanten«. Er wird als Schlauch genutzt, um Wasser zu spritzen, als Resonanzkörper, um Trompeten, Schreien und Brüllen zu erzeugen, und als Waffe, die in der Lage ist, einen Menschen fast 30 Meter weit zu schleudern.

Der Rüssel ist zudem ein bemerkenswert feinfühliges und empfindliches Instrument. Die Bewegungen der beiden »Finger« an der Spitze des Rüssels sind so präzise, dass Elefanten damit ein einzelnes Blatt oder eine kleine Frucht aus dichtem Blätterwerk pflücken, ein einzelnes Samenkorn vom Boden aufheben, ein Sandkorn aus einem Auge entfernen oder sich an einem Ohr kratzen können.

Mit ähnlicher Feinfühlig-
keit benutzen Elefanten
ihre Rüssel, um Artgenos-
sen zu trösten, zu beruhigen
und ihre Zuneigung zu zeigen. Sie verbringen viel
Zeit damit, ihre Kälber zu
streicheln und andere Fami-
lienangehörige liebevoll zu
berühren, dabei stehen sie
sich manchmal mit ver-
schlungenen Rüsseln vis-à-
vis gegenüber. Sie begrüßen

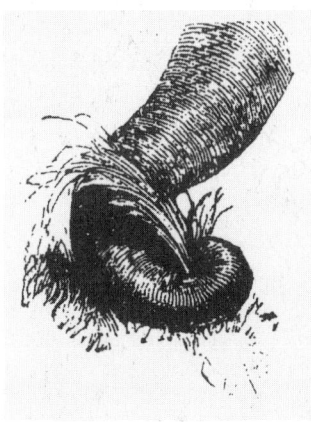

sich, indem sie sich gegenseitig die Spitze ihrer Rüssel ins Maul
stecken. Und sie benutzen ihren Rüssel auch, um zu kommunizieren und damit Absichten zu bekunden, indem sie ihn in
unterschiedlichen Positionen halten.

Außerdem wird der Rüssel auch als Frühwarnsystem
benutzt. Beim kleinsten Anzeichen von Gefahr heben Elefanten ihren Rüssel in die Luft und versuchen Witterung aufzunehmen. Sie verfügen über einen scharfen Geruchssinn. Sie
haben relativ schlechte Augen und dieses Manko wird durch
den Rüssel ausgeglichen, der ihnen so viele Informationen
über ihre Umgebung liefert, wie sie benötigen. Aus beträchtli-
cher Entfernung können sie Wasserquellen ausmachen, den
Musth- oder Östruszustand anderer Elefanten feststellen oder
bei günstigem Wind die Anwesenheit eines Menschen erkennen.

Der Rüssel ist sehr kräftig. Es ist ganz normal, dass Elefanten
mit ihrem Rüssel dicke Äste von Bäumen und ganze Büsche
aus dem Boden reißen. Sie können sehr schwere Gegenstände
damit hochheben und Dinge mit einer solchen Wucht schleudern, dass sie zu Geschossen werden. Mike Carroll, ein Elefantenjäger und Künstler, beobachtete am Rungwa-Fluss in Tansania, wie sich ein Elefant eines etwa 4,50 Meter langen und
mindestens 680 Kilogramm schweren Krokodils bemächtigte.

Er schlang seinen Rüssel um dessen Schwanz, schwang es hoch über seinen Kopf, schmetterte es wiederholt auf den Boden und drosch dann ungefähr fünf Minuten lang damit auf einen Baumstamm ein.

Genau wie der Rüssel dienen die Stoßzähne hauptsächlich als Werkzeuge. Zusammen mit dem Rüssel werden sie dazu benutzt, um nach Wasser zu graben, nach mineralischen Salzen und nach Wurzeln, um Rinde von Bäumen zu entfernen und um schwere Gegenstände zu heben. Sie werden als Ruheplätze für den Rüssel verwendet. Und genauso wie Menschen Rechtshänder oder Linkshänder sind, so sind Elefanten mit ihren Stoßzähnen Rechtshänder oder Linkshänder, indem sie den einen bevorzugt gegenüber dem anderen gebrauchen. Der Stoßzahn, der am häufigsten verwendet wird – der Hauptstoßzahn –, ist kürzer, abgenutzter und an der Spitze abgerundeter als der andere.

Bei den Stoßzähnen handelt es sich um hoch spezialisierte Schneidezähne im Oberkiefer, die bei Kälbern etwa im Alter von zwei Jahren zum Vorschein kommen. Sie wachsen während des ganzen Lebens des Elefanten weiter, das heißt, je älter der Elefant, desto schwerer sein Elfenbein. Dr. Richard Laws rechnete bei Forschungsarbeiten, die er in Uganda durchführte, einmal aus, dass Stoßzähne, wenn sie innerhalb einer Lebensspanne von 60 Jahren nicht abbrechen, bei Elefantenkühen eine Länge von rund 4,90 Metern und bei Bullen von rund 6 Metern erreichen würden. Wenn man die Gesamtlänge eines Stoßzahnes nimmt, liegt er zu einem Viertel seiner Länge im Schädel verankert, wo er von einer Masse von hartem, faserigem Gewebe festgehalten wird.

Die längsten Stoßzähne, die bei einem Elefanten in neuerer Zeit vermessen wurden, stammten aus einem Abschuss im östlichen Kongo und gelangten 1907 in den Besitz der New Yorker Zoologischen Gesellschaft. Der rechte Stoßzahn kam über die Krümmung an der Außenseite auf eine Länge von 3,47 Metern und der linke Stoßzahn auf 3,35 Meter. Zusammen wogen sie 133 Kilogramm. Das schwerste bekannte Paar Stoßzähne stammte von einem Abschuss am Fuße des Kilimandscharo im Jahre 1897. Sie befinden sich heute im Museum für Naturgeschichte in London. Sie wogen zusammen 211 Kilogramm, hatten jedoch nur eine Länge von 3,10 Metern und 3,20 Metern.

Ebenso wie andere Zähne besteht der Stoßzahn hauptsächlich aus Zahnbein. Was den Stoßzahn im Querschnitt jedoch von anderem Elfenbein unterscheidet, ist ein Muster von einander überschneidenden Linien, das eine diamantenförmige Maserung entstehen lässt. Dies ist bei dem Elfenbein anderer Säugetiere nicht zu finden, beispielsweise beim Nilpferd, Warzenschwein, Walross, Narwal oder Pottwal. Es verleiht dem Elefantenelfenbein seinen besonderen Glanz und begründet seine vielseitige Verwendbarkeit, die es auf so verhängnisvolle Weise begehrenswert für den Menschen gemacht hat.

Die übrigen Zähne – die zum Zerkauen der Nahrung benutzten Backenzähne – sind ebenso einzigartig. Im Unterschied zu anderen Tieren haben Elefanten in jedem Kiefer sechs »Sätze« von Backenzähnen, die satzweise von hinten her nachwachsen, sich langsam nach vorne schieben und die alten vorne hinausdrücken, wenn diese abgenutzt sind und dann ausfallen – ein Mechanismus, der an eine sehr langsame Fertigungsstraße erinnert. Die Zähne wachsen nicht einzeln nach, sondern werden immer nur in vollständigen Sätzen ausgetauscht. Den ersten Satz verlieren Elefanten, wenn sie etwa zwei Jahre alt sind; den zweiten etwa mit sechs Jahren, den dritten mit etwa 15 Jahren, den vierten mit etwa 28 Jahren, den fünften mit etwa 43 Jahren. Der sechste Satz Backenzähne entsteht, wenn die Tiere etwa 30 Jahre alt sind, und er kommt in Gebrauch, wenn der Elefant Anfang 40 ist. Der letzte Satz hält weitere 20 Jahre. Wenn er abgenutzt ist, können Elefanten ihre Nahrung nicht mehr richtig aufnehmen und sterben.

Ungewöhnlich sind auch die Ohren. Sie sind besonders beeindruckend, wenn sie in Drohhaltung abgespreizt sind. Längs, von oben nach unten, können sie Maße bis zu 1,80 Meter erreichen und quer von mehr als 1,50 Meter. Das Wedeln und Klappen mit den Ohren wird auch benutzt, um anderen Elefanten, die sich in Sichtweite befinden, eine Vielzahl von Signalen zuzusenden. Darüber hinaus sind die Ohren auch ein hoch wirksames Kühlinstrument. Auf der Rückseite des Ohres befindet sich ein Netzwerk von Blutgefäßen, das es ermöglicht, warmes arterielles Blut, das vom Herzen kommt, bis auf 10° C abzukühlen, ehe es wieder in den Blutkreislauf des Körpers geschickt wird. Um dieses Kühlsystem zu aktivieren, breiten Elefanten ihre Ohren entweder gegen den Wind nach vorne aus, sodass kühlende Luft auf die Rückseite der Ohren strömen kann, oder sie wedeln mit den Ohren wie mit einem Fächer, um einen Luftstrom zu erzeugen.

Der Schädel ist mächtig und im Laufe der Evolution so gewachsen, dass er das Gewicht der Stoßzähne tragen und die Muskeln des Rüssels verankern kann, aber er ist dennoch leichter, als er aussieht. Die Schädeldecke ist nicht von festem Knochen, sondern von einer schwammähnlichen, porösen Knochensubstanz umgeben, durch die ein inhaltsmäßig großes und entsprechend stabiles, aber gemessen an der Größe relativ leichtes Schädeldach entsteht. Das Gehirn selbst befindet sich an der Rückseite des Schädels, weit weg von der Stirn. Das Gehirn eines erwachsenen Elefanten wiegt ungefähr fünf Kilogramm; auch wenn es viermal so groß wie das menschliche Gehirn ist, hat es nur ein Zehntel der Größe in Relation zum Körpergewicht.

Im Unterschied zu den meisten anderen Säugetieren wachsen Elefanten noch lange weiter in die Höhe, nachdem sie geschlechtsreif geworden sind. Weibliche Elefanten erreichen ihre maximale Höhe etwa im Alter von 25 Jahren, also 10 bis 15 Jahre nach der Pubertät. Männliche Elefanten wachsen etwa bis zum Alter von 45 Jahren weiter in die Höhe. Der größte bekannte Elefant, 1955 in Angola geschossen und jetzt im Smithsonian Museum ausgestellt, erreichte eine Höhe von vier Metern und wog rund zehn Tonnen.

Um ihren riesigen Körper zu tragen, haben Elefanten sehr kräftige, säulenförmige Beine entwickelt. Normalerweise bewegen sie sich langsam, mit kurzen, gemächlichen Schritten.

Strecken schneller zurücklegen können sie mit weit ausholenden Schritten, einem schlurfenden Lauf oder einem kurzen Sprint. Da sie jedoch immer einen Fuß auf dem Boden halten müssen, können sie nicht richtig laufen oder sprinten. Und sie können auch nicht springen, traben, kantern oder galoppieren. Wenn ein Bein außer Gefecht gesetzt ist, ist ein Elefant praktisch bewegungsunfähig.

Im Laufe eines normalen Tages legen Elefanten in der Regel bis zu zehn Kilometern zurück, sie können jedoch auch Strecken von bis zu 30 Kilometern an einem Stück marschieren. Untersuchungen über die Wanderungen von Elefanten in Samburu im Norden Kenias haben gezeigt, dass sie zwischen sicheren Häfen wie Wildreservaten und Nationalparks hin- und herstreifen und dazwischen liegende Gebiete bei Nacht durchqueren, um die Gefahr, von Jägern verfolgt zu werden, auf ein Minimum zu reduzieren.

Von ihrer äußeren Erscheinung her sehen ihre Füße breit, flach und massiv aus. Die Knochenstruktur ist in einem bestimmten Winkel angelegt, sodass Elefanten in Wirklichkeit auf ihren Zehenspitzen gehen. Der Großteil des Fußes besteht aus einem fetthaltigen, faserigen Bindegewebe, das wie ein Polster oder Stoßdämpfer wirkt und es ihnen ermöglicht, weich aufzutreten.

Ihre durch tiefe Falten und Runzeln gezeichnete Haut ist hart, dick und fühlt sich für die menschliche Hand rau an. Sie ist jedoch erstaunlich empfindlich, sowohl für Berührungen als auch für Temperaturunterschiede. Elefanten verwenden viel Zeit auf die Hautpflege, sie baden regelmäßig und duschen sich selbst mit Schlamm und Staub, um Parasitenbefall und Krankheiten vorzubeugen. Die Falten und Runzeln in der Haut halten auch Feuchtigkeit zurück, die zur Kühlung beiträgt.

Wenn Elefanten gejagt und gehetzt wurden und aufgrund dessen erhitzt und müde sind, versuchen sie, sich abzukühlen, indem sie sich ihren Rüssel ins Maul stecken, Wasser aus dem Schlund oder Magen hochwürgen und ansaugen und sich damit abduschen.

Wie ein Elefant einen steilen Abhang hinuntersteigt, einer Skizze aus dem Jahr 1867 entnommen.

Elefanten haben einen unersättlichen Appetit. Drei Viertel des Tages und der Nacht sind sie mit Fressen, Trinken oder der Suche nach Nahrung und Wasser beschäftigt. Um ihren Nahrungsbedarf zu decken, müssen erwachsene Elefanten pro Tag etwa 150 Kilogramm Futter und bis zu 100 Liter Wasser zu sich nehmen. Sie kauen fast alles: Gras, Blätter, Kräuter, Kletterpflanzen, Zweige, Rinde, Wurzeln, Riedgras und Wasserpflanzen. Eine besondere Vorliebe haben sie jedoch für reife Früchte und Beeren sowie für Kulturpflanzen wie Mais und Zuckerrohr. Wenn sie sich auf die Hinterbeine stellen, können sie selbst in großer Höhe Blätter von den Bäumen pflücken. Sie schütteln auch Bäume, um reife Früchte herunterzuholen, und benutzen ihren Rüssel, um nach Wurzeln und Knollen zu graben.

Mitunter entwickeln sie eine Leidenschaft für die Früchte bestimmter Bäume – wie für die des Marula-Baums oder der Dum-Palme –, die in ihrem Magen fermentieren und zu einem Rauschzustand führen. Es gibt zahlreiche Berichte von Jägern, die berauschten oder »betrunkenen« Elefanten begegnet sind. In seinem 1875 veröffentlichten Buch über das Großwild Südafrikas beschrieb W. H. Drummond, wie Elefanten in einer Gegend nördlich des Pongolo-Flusses just zu der Zeit eintrafen, als die Früchte des Marula-Baumes oder Umganu-Baumes, wie er in der Bantu-Sprache der Ndebele heißt, reiften: »Aus diesen Früchten kann ein stark berauschendes Getränk hergestellt werden, und die Elefanten sind nach dem Verzehr dieser Früchte ziemlich beschwipst, torkeln herum, veranstalten ein ungeheueres Gekasper, schreien so laut in der Gegend herum, dass sie meilenweit zu hören sind und nicht selten lassen sie sich zu fürchterlichen Kämpfen hinreißen.«

Von seinen Jagdexpeditionen in den Kongo berichtete Jean Pierre Haller: »Ich habe mehr als einmal Waldelefanten gesehen, die extrem betrunken waren, nachdem sie gewaltige Mengen gärender Früchte vertilgt hatten, und fröhlich kicherten, während sie sich in hohem Bogen gegenseitig zermatschte Früchte auf den Kopf und das Hinterteil warfen.«

Ihre Ernährungsgewohnheiten sind jedoch ebenso extravagant wie verschwenderisch. Sie schälen die gesamte Rinde eines Baumes ab, nur um ein paar Mal einen Mund voll davon zu fressen. Das Schicksal des Baumes ist damit besiegelt. Er stirbt. Sie reißen ganze Bäume um, nur um an die Blätter oder Früchte in der Spitze zu kommen. Sie zerstören sogar riesige Affenbrotbäume, die Hunderte von Jahren alt sind. Nur etwa die Hälfte der Nahrung, die sie aufnehmen, wird verdaut; der Rest wird unverdaut wieder ausgeschieden. Auch wenn sie auf diese Weise über ihren Kot Samen für die Regeneration der Vegetation in den Gebieten verteilen, die sie durchstreifen, können sie ganze Wälder verwüsten.

Einige haben sich daran gewöhnt, im Umkreis menschlicher Siedlungen herumzuwandern. Rennie Bere, ein Wildhüter in Uganda, schilderte, wie ein mittelgroßer Bulle, der Lord Mayor, Oberbürgermeister, getauft wurde, sich in den 50er Jahren des 20. Jahrhunderts fünf Jahre lang in Paraa, der Hauptverwaltung des Murchison-Falls-Parks, heimisch fühlte.

Er entfernte die Hälfte des Daches von der Küche des Aufsehers, um an ein Büschel Bananen heranzukommen, und riss ein Lagerhaus nieder, um ein Fass gärendes Hirsebier zu untersuchen; regelmäßig suchte er das Dorf, in dem das Personal untergebracht war, nach Abfällen ab und kippte Abfalleimer aus, um zu sehen, ob er etwas Brauchbares finden konnte. Er verschlang einen ganzen Sack Kartoffeln in einem Rutsch; und eines Nachts warf er ein Auto um, dessen überraschte Insassen darin geschlafen hatten. Er lernte, wie man einen Wasserhahn aufdrehte, wenn er Wasser wollte (aber nicht, wie man ihn wieder zudrehte), und demolierte für gewöhnlich vor Ärger die ganze Installation, wenn das Wasser an der Hauptleitung abgestellt worden war und nichts kam. Er entwickelte eine Sucht nach Lebensmitteln.

In Amboseli haben Forscher im Kot von Elefanten eine Unmenge von Dingen gefunden, die diese in den Abfallhaufen von Touristenunterkünften aufgesammelt hatten: Gummihandschuhe, Kondome, Damenunterwäsche, kleine Flaschen und Batterien. Aber die Vorliebe für Lebensmittel kann fatale Folgen haben. In ihrem Buch über die Familie der Elefantenkuh Echo in Amboseli berichtet Cynthia Moss über den Tod einer 40 Jahre alten Kuh namens Emily, deren Kadaver in der Nähe einer nicht eingezäunten Abfallgrube gefunden wurde. Ihr Magen enthielt Flaschenhälse, Glas, Plastik, Batterien und andere Gegenstände, die alle gefährlich genug waren, um ihre Eingeweide zu durchbohren.

Wie die meisten ihrer Aktivitäten synchronisieren Elefanten auch ihre Schlafzeiten. Jede Nacht fallen sie für ein bis vier Stunden in einen tiefen Schlaf; dabei liegen sie auf einer Seite und schnarchen oft zufrieden. Während der heißesten Stunden des Tages dösen sie in der Regel im Stehen vor sich hin.

Die Paarung ist nicht an bestimmte Zeiten gebunden, sie paaren sich während jeder Zeit des Tages oder der Nacht und zu jeder Zeit während des Jahres, außer bei widrigen Umweltbedingungen wie einer Dürre, die sie veranlasst, die Fortpflanzung zurückzustellen. Die Geschlechtsorgane sowohl der männlichen als auch der weiblichen Elefanten zeichnen sich durch außergewöhnliche Besonderheiten aus. Der Penis kann vollständig eingezogen werden; in erigiertem Zustand berührt er fast den Boden, aber ansonsten verschwindet er in einer speziellen Tasche in der Körperwand. Die Hoden treten nicht, wie bei vielen Säugetieren, in einen Hodensack aus, sie kommen nie aus der Bauchhöhle heraus, sondern bleiben immer im Körper, in der Nähe der Nieren. Im Unterschied zu den meisten Huftieren befindet sich bei weiblichen Elefanten die Scheidenöffnung nicht unter dem Schwanz, sondern zwischen den Hinterbeinen und daran schließt sich ein vaginaler Kanal an, der von seinem Verlauf her bei anderen Landsäugetieren unbekannt ist.

Die Tragezeit bei Elefantenkühen ist länger als bei jedem anderen Säugetier: 22 Monate. Der Fötus entwickelt sich langsam, mit vier Monaten ist er nicht einmal vier Zentimeter groß und mit einem Jahr auch erst 30 Zentimeter. Selbst wenn das im Mutterleib heranwachsende Junge bereits 100 Kilogramm wiegt, ist bei den Kühen fast kein Anzeichen eines gewölbten Bauches zu sehen. Sie bringen in ihrem Leben sieben oder mehr Kälber zur Welt und sind selbst noch mit über 50 Jahren fortpflanzungsfähig. Auch die Elefantenbullen bleiben bis ins hohe Alter sexuell aktiv.

Elefanten sind für ihr gutes Gedächtnis und ihre hohe Intelligenz bekannt. Im 4. Jahrhundert v. Chr. verwies Aristoteles bereits darauf, dass dieses Tier alle anderen an Verstand und Geist übertreffe, und andere Autoren waren über die Jahrhunderte hinweg ähnlich beeindruckt. Kindern wird beigebracht, dass Elefanten nie vergessen. Sie haben gewiss eine bemerkenswerte Fähigkeit, aus Erfahrungen zu lernen, und erkennen schnell, wenn etwas, das ihnen vertraut ist, verändert ist. Sie lernen auch rasch. In Kenia und andernorts in Afrika haben sie schnell festgestellt, als sie mit elektrischen Zäunen konfrontiert wurden, dass ihr Körper durch die elektrischen Schläge zwar angreifbar ist, ihre Stoßzähne jedoch nicht, und dass sie diese benutzen können, um die Drähte von elektrischen Zäunen zu zerreißen; und sie haben auch gelernt, sich bei elektrischen Zäunen damit zu helfen, dass sie einfach Baumstämme darauf werfen. Als die Elefanten in Südafrika im Addo-Nationalpark 1953 mit dem ersten elefantensicheren Zaun der Welt eingezäunt wurden – der aus einbetonierten Eisenbahnschienen und dazwischen gespannten Liftkabeln errichtet wurde –, setzten sie ihn einer Belastungsprobe aus, die bis zum Äußersten ging, sie stießen mit den Köpfen dagegen, setzten sich auf die Kabel und hoben dabei zwei Beine hoch, um ihn herunterzudrücken.

Ihre Intelligenz zeigt sich auch, wenn sie Äste benutzen, um sich auf dem Rücken und an den Beinen an Stellen zu kratzen, die sie mit ihrem Rüssel und ihrem Schwanz nicht erreichen können, ein Verhalten, das Biologen als ein Benutzen von Werkzeugen interpretieren.

Ihr Gehirn zeichnet sich durch sehr viele Windungen aus, ein Merkmal, das sie mit dem Menschen, Menschenaffen und Delfinen teilen. Wissenschaftler, die versucht haben, einen Intelligenzindex für Tiere zu berechnen, haben Wildschweinen 14 Punkte gegeben, Pavianen 48, Elefanten 104, Delfinen 121 – und dem Menschen 170.

Wenn sie Glück haben, können Elefanten gut und gerne weit über 60 Jahre alt werden. Sie werden von nur wenigen Krankheiten heimgesucht, allerdings sind sie, genau wie der Mensch in hohem Alter, anfällig für Herz-Kreislauf-Krankheiten und Arthritis. Nachdem sie ihren letzten Satz Backenzähne verloren haben, versuchen sie, möglichst weiche Nahrung zu kauen, sterben am Ende aber an Unterernährung. Alte Bullen sterben allein, Matriarchinnen bleiben jedoch bis zuletzt bei ihrer Familie.

Kollern

Afrikanische Elefanten verfügen über ein reiches und viel-
fältiges stimmliches Repertoire, das für den Menschen
hörbar ist. Auch wenn sie für ihr Trompeten und ihr Brüllen
berühmt sind, verwenden sie noch ein breites Spektrum anderer Laute, mit denen sie sich ausdrücken: Ein vibrierendes
Summen scheint Freude anzuzeigen, ein sanfter Klageschrei
Gefühle der Einsamkeit. Wenn sie in Sichtweite voneinander
sind, kommunizieren sie auch über die Körpersprache, indem
sie die Haltung ihres Kopfes, der Ohren, des Rüssels und des
Schwanzes subtil verändern. Der faszinierendste Aspekt an der
Kommunikation der Elefanten ist aber der Teil, der sich dem
menschlichen Gehör entzieht.

Die komplexe Welt der Kommunikation unter Elefanten
war den Wissenschaftlern viele Jahre ein Rätsel. Feldbiologen
war das, was Rennie Bere, einer der erfahrensten Wildhüter
Ugandas, einmal als »das endlose donnernde Rumoren ihrer
Bäuche« beschrieb, vertraut. Jahrhundertelang hatten Jäger
das Geräusch des »Rumorens im Bauch« dem lauten Verdau-
ungssystem des Elefanten zugeschrieben. Als Sylvia Sikes, eine
Wissenschaftlerin mit jahrelanger Felderfahrung, in ihrem
1971 veröffentlichten Buch *Natural History of the African Elephant* über das »Bauchrumoren« schrieb, erklärte sie: »Dieses
Geräusch ist zu hören, wenn ein Elefant oder eine Herde von
Elefanten friedlich und völlig ungestört am Grasen ist. Das
überdeutliche Pop-pop-pop-pop-Geräusch von Flüssigkeit
kommt vom Mageninhalt nach langem Trinken und signali-

siert, dass die Peristaltik arbeitet, und hat ursächlich nichts mit dem Atmen zu tun.«

Andere Wissenschaftler rätselten weiter um das Geheimnis der Elefantensprache. In Manyara fiel Iain Douglas-Hamilton die Fähigkeit von Elefanten auf, sich stillschweigend, ohne ein sichtbares oder hörbares Zeichen, zu organisieren. In Amboseli fragten Cynthia Moss und Joyce Poole sich, wie männliche und weibliche Elefanten, die getrennt und weit entfernt voneinander lebten, es schafften, sich gegenseitig während der kurzen und vorhersehbaren Phasen zu finden, in denen sie beide paarungsbereit waren. In Simbabwe beobachtete Rowan Martin mit Hilfe seiner Radiosender-Experimente, mit denen er den Spuren von Elefanten folgte, dass Elefantenherden manchmal, wenn sie durch einen kilometerweiten Busch voneinander getrennt waren, ihre Wanderbewegungen koordinierten.

Die Erklärung wurde 1984 gefunden, als Katy Payne, eine Biologin der Cornell University, die sich auf das Gebiet der Tier-Kommunikation spezialisiert und 15 Jahre lang die Walgesänge von Buckelwalen studiert hatte, sich entschloss, das Elefantenhaus des Washington Park Zoo in Portland, Oregon, aufzusuchen. Am Gehege stand sie vor einem asiatischen Elefanten: »Und wieder spürte ich dieses Pochen in der Luft«, sagte sie. »Es war ein Gefühl wie Donnergrollen«, aber in Wirklichkeit hatte es überhaupt kein Geräusch gegeben.

Aus ihren Untersuchungen über Wale war Payne mit der Tatsache vertraut, dass diese großen Meeressäugetiere sich mit Infraschall verständigten, Geräuschen, die unterhalb des menschlichen Hörbereichs liegen. Bis dahin war jedoch kein Landsäugetier bekannt, das Infraschall benutzte. Als sie wieder zu Hause war, fragte sie sich, ob es sich bei dem, was sie im Zoo erlebt hatte, tatsächlich um Infraschall gehandelt haben konnte: dass Elefanten über Laute miteinander kommunizierten, die für das menschliche Ohr zu niedrig waren, um sie zu hören, aber dennoch stark genug, dass ein Pochen in der Luft lag.

Mit zwei Kollegen führte sie im Zoo eine Reihe von Experimenten mit einer Ausrüstung durch, mit der sie Infraschall-

Neben Trompeten nutzen Elefanten auch den Infraschall, um sich über große Entfernungen hinweg miteinander zu verständigen.

geräusche aufnehmen und messen konnten. Als sie die Bänder im Vergleich zur Aufnahmegeschwindigkeit mit einer zehnfachen Beschleunigung abspielten, konnten sie eine Fülle von Elefantenrufen hören, die keiner von ihnen während der Aufzeichnung gehört hatte. Sie waren fast drei Oktaven zu hoch und klangen ein bisschen wie das Muhen von Kühen. Die lautesten Rufe fielen mit einem Zeitpunkt zusammen, zu dem sie während der Aufnahmen das Pochen in der Luft gespürt hatten. »Zwei Tiere hatten offenbar eine ausgedehnte und lebhafte Unterhaltung geführt«, schlussfolgerte Payne, »allerdings in Frequenzen unterhalb des menschlichen Hörvermögens.«

Im Januar 1985 kam Payne in Amboseli an, um zusammen mit Joyce Poole eine Studie über die Kommunikation von Elefanten zu beginnen, mit der sich eine völlig neue Perspektive über das Leben von Elefanten auftun sollte. Während Paynes weitere Studien sie schließlich nach Namibia und Simbabwe führten, blieb Poole in Amboseli, wo sie sechs Jahre damit verbrachte, die vielfältigen Aspekte der Elefantensprache zu entschlüsseln.

Elefantenrufe reichen vom Trompeten, Schreien, Brüllen und Donnern im höheren Frequenzbereich bis zu dem Brummen und Kollern, das einst als »Magenrumoren« bekannt war, im niedrigeren Frequenzbereich. Menschen mit einem empfindlichen Gehör können zwar Töne bis hinunter zu 20 Hertz wahrnehmen, viele der Kollergeräusche, die Elefanten machen, sind jedoch in einem Frequenzbereich von 14 bis 35 Hertz angesiedelt und dies bedeutet, dass ein erheblicher Teil außerhalb des normalen menschlichen Hörvermögens liegt. Waldelefanten geben sogar Rufe in einem so niedrigen Bereich wie 5 Hertz ab, zwei Oktaven tiefer als die niedrigsten Geräusche, die Menschen normalerweise hören. Wenn Elefanten den Infraschall nutzen, kombinieren sie Rufe von niedriger Frequenz oft mit einer sehr hohen Lautstärke von bis zu 115 Dezibel, was der Lautstärke von elektronisch verstärkter Rockmusik nahe kommt. Da Niedrigfrequenzgeräusche über weitaus größere Entfernungen als Hochfrequenzgeräusche mit der gleichen Lautstärke ausgesendet und weniger durch Wälder und andere Hindernisse beeinträchtigt werden, ist dies ein effektives Mittel, mit dem Elefanten über weite Entfernungen von bis zu zehn Kilometern und darüber hinaus miteinander kommunizieren können.

In Amboseli fand Joyce Poole mit ihren Kolleginnen heraus, dass weibliche Elefanten gesprächiger sind als männliche. Von den 26 in einer Studie erfassten Rufarten, die von erwachsenen Elefanten gemacht wurden, waren 19 nur von Elefantenkühen abgegeben, drei waren von Elefanten beiderlei Geschlechts geäußert und nur vier waren ausschließlich von männlichen Elefanten ausgestoßen worden. Weibliche Elefanten nutzen ein ganzes Spektrum von Rufen, um sowohl mit ihren Familienmitgliedern als auch mit anderen Familien für

alltägliche Zwecke in Kontakt zu bleiben, während Elefantenbullen weitaus weniger häufig kommunizieren und ihre Rufe
hauptsächlich auf Situationen beschränken, in denen es entweder um Fragen der Fortpflanzung oder um männliche Domi-
nanz geht. Bei Forschungen, die Karen McComb, eine Biologin der University of Sussex, in den 90er Jahren des 20. Jahrhunderts in Amboseli durchführte, stellte sie fest, dass
erwachsene weibliche Elefanten mit den Rufen von etwa 14
verschiedenen Familien vertraut waren, zu denen insgesamt
100 andere erwachsene Elefantenkühe gehörten.

In Amboseli haben Forscher über 50 Elefantenrufe identifiziert, darunter 35 verschiedene Varianten des Kollerns, der
abwechslungsreichsten und komplexesten Komponente des
Verständigungsrepertoires von Elefanten. Mit am häufigsten zu
hören ist das »Auf geht's«-Kollern, das eine Matriarchin als
Signal zum Aufbruch abgibt, wenn sie der Meinung ist, es sei
an der Zeit, weiterzuziehen. Mit anderen Rufen wird um Paa-
rungspartner geworben: Musth-Bullen stoßen ein Musth-Kollern aus; Kühe im Östrus geben ein Östrus-Kollern ab, um Elefantenbullen anzuziehen. Weibliche Elefanten, denen sich ein
Musth-Bulle genähert hat, antworten ihm oft im Chor mit
einem Kollern. Nach der Kopulation stoßen die Elefantenkühe eine Reihe von Kollerlauten aus, während die übrigen
Familienmitglieder sie laut trompetend und kollernd wie bei
einer Gruppenzeremonie umringen.

Poole identifizierte überdies ein »Diskussionskollern«. »Elefanten benutzen diese Laute, wenn sie eine Diskussion zu
haben scheinen, in der Regel eine Meinungsverschiedenheit
über den Plan der für den jeweiligen Tag anstehenden Aktivitäten«, schreibt sie in Coming of Age with Elephants. »Dieses
offenkundige Debattierkollern geht zwischen den Einzelnen
hin und her, manchmal 20 Minuten lang oder mehr, dem
Rhythmus eines menschlichen Gesprächs sehr ähnlich, aber
sehr langsam.«

Eine Vorstellung von der möglichen Bandbreite und Reichweite der Kommunikation der Elefanten vermittelt eine Bege-

benheit, die sich im Hwange-Gebiet in Simbabwe zutrug. In einem privaten Wildtierschutzgebiet, das an den Hwange-Nationalpark angrenzt, lebte eine Gruppe von rund 80 Elefanten, die für die Touristen dort ein vertrauter Anblick waren. An dem Tag, an dem in dem 145 Kilometer entfernten Nationalpark eine Abschussoperation begann, verschwanden die Elefanten. Erst Tage später wurden sie in der entgegengesetzten Ecke des Schutzgebietes gefunden, so weit weg wie nur irgend möglich von der Grenze des Parks.

Tod

Elefanten messen dem Tod eine besondere Bedeutung bei. Der Verlust eines Familienmitgliedes, insbesondere einer Matriarchin, wird durch äußere Zeichen der Trauer und Rituale markiert, die manche Feldbiologen mit einem Begräbnis vergleichen. Wenn sie bei ihren toten Gefährten Wache halten, gehen sie rückwärts auf sie zu, berühren vorsichtig mit ihren Hinterbeinen den Körper, gehen um diesen herum, treten ratlos von einem Bein aufs andere und berühren den Körper dann wieder. Sie beerdigen sie praktisch auch, indem sie die Kadaver mit Ästen, Grasklumpen und Erde bedecken. Dies machen sie nicht nur mit den Kadavern von Elefanten, sondern auch mit denen anderer Tiere und sogar mit den Leichen von Menschen, die sie getötet haben. Lange nach dem Tod ihrer Artgenossen zeigen sie noch ein starkes Interesse an den Elefantenknochen, insbesondere an Schädeln und Stoßzähnen, sie riechen daran, drehen sie um, heben sie auf und nehmen sie mit, ehe sie sie dann irgendwann wieder fallen lassen.

Ein amerikanischer Biologe, Harvey Croze, der sich mit wild lebenden Tieren beschäftigte, erlebte eines Nachmittags in der Serengeti als Zeuge den Augenblick des Todes einer alten Matriarchin mit, die von den Mitgliedern ihrer Familie umgeben war. Die dem Familienverband etwas hinterherhinkende Matriarchin hielt plötzlich an, schwankte einmal vor und zurück und fiel zu Boden. Sofort rannten die anderen herbei, trompetend und kollernd, und drängten sich um sie herum. Sie steckten ihr ihre Rüssel ins Maul, stießen sie an und versuchten sie wieder hochzuheben. Ein junger Bulle bemühte sich wiederholt verzweifelt, sie mit seinen Stoßzähnen anzuheben, stopfte ihr dann Gras ins Maul und versuchte schließlich, sie damit aufzurütteln, dass er sie bestieg. Ein Kalb kniete bei ihr nieder und versuchte an ihr zu saugen. Die Gruppe wendete sich nach einer Weile ab und entfernte sich langsam, nur eine Kuh und ihr Kalb blieben. Die Kuh schaute den Leichnam nicht an, sondern stand mit dem Rücken zu ihm da und streckte von Zeit zu Zeit nur ein Bein aus, um ihn sanft mit einem Hinterfuß zu berühren. Als die anderen Elefanten riefen, ließ sie schließlich langsam und scheinbar widerwillig von der toten Matriarchin ab und ging den anderen nach.

Anthony Hall-Martin, ein südafrikanischer Biologe, der acht Jahre lang in Addo Elefantenforschung betrieb, beobachtete dort, was er als ein typisches Elefantenbegräbnis beschrieb. Nach dem Tod einer Matriarchin, die von einem Bullen in der Musth getötet worden war, versammelte sich ihre ganze Familie, einschließlich ihres jungen Kalbes, um sie herum. Sie berührten ihren Rüssel, ihr Maul und ihren Körper mit ihren Rüsseln und versuchten sie aufzurichten. Die Tiere kollerten laut. Das Kalb schrie seine ganze Trauer laut heraus. Die anderen Tiere verstummten dann jedoch nach einer Weile. Einige Zeit später begannen sie, Erde auf den Körper der toten Kuh zu werfen und ihn mit Blättern zu bedecken, sie rissen Büsche aus und Zweige ab, um diese ebenfalls daraufzulegen. Zwei Tage hielten sie still bei ihr Wache. Nur ab und zu entfernten sie sich, um zu fressen oder eine Wasserstelle aufzusuchen. Andere Elefanten, die vorbeikamen, beschnüffelten und berührten den Kadaver oder standen oft auch nur still da, als wollten sie, meinte Hall-Martin, ihre Gefühle für die tote Kuh und für ihre trauernde Herde ausdrücken.

In ihrem Buch *Die Elefanten vom Kilimandscharo* schildert Cynthia Moss die Umstände um den Tod einer jungen Kuh, Tina, die versucht hatte, mit Mitgliedern ihrer Familie vor bewaffneten Wilderern zu fliehen, die außerhalb der Grenzen des Amboseli-Parks auf sie geschossen hatten. Schwer verwundet und vor Schmerzen stöhnend, fiel Tina hinter ihre fliehende Familie zurück. Ihre Mutter blieb immer wieder mit zurück, um neben ihr zu laufen, sie streckte ihren Rüssel zu ihr hinüber und berührte sie. Blut lief aus Tinas Mund und so brach sie schließlich zusammen. Ihre Mutter und eine ältere Schwester versuchten alles, um sie zu stützen und aufrechtzuhalten, indem sich die Mutter auf die eine Seite und die Schwester auf die andere stellten, aber sie konnten sie nicht halten, sie rutschte zwischen ihnen nach unten, sank auf die Seite und starb mit einem letzten Zittern, das durch ihren Körper lief. Andere Familienmitglieder kamen herbei und versuchten sie wiederzubeleben. Unter Aufbietung all ihrer Kraft schob ihre Mutter ihre Stoßzähne unter ihre Schulter, um sie aufzurichten. Aber unter dem ganzen Gewicht brach ein Stoßzahn mit einem lauten Krachen ab. Ihre Familie gab am Ende auf, ging aber nicht fort. Sie blieben um die Leiche herum stehen und berührten sie sanft mit den Rüsseln und den Füßen. Dann begannen sie, sie mit Büschen, Ästen und Erde zu begraben. Nachdem sie die ganze Nacht Wache gestanden hatten, brachen sie, als der Morgen dämmerte, langsam auf, um in die Sicherheit des Parks zurückzuwandern. Tinas Mutter war die letzte, die ging, sie stand mit dem Rücken zu ihrer Tochter und berührte den Leichnam noch mehrere Male sanft mit dem Hinterfuß.

Joyce Poole erzählt die Geschichte von einer Kuh in Amboseli, die plötzlich infolge eines Schlangenbisses zusammenbrach und allein starb, während ihre Familienmitglieder weiterzogen und davon nichts mitbekamen. Der Herde hinterher trotteten vier junge Bullen, die auf den am Boden liegenden Körper stießen. Der älteste Bulle, Kasaine, schlang seinen Rüssel um ihren Rüssel und ihre Stoßzähne und bemühte sich mehrfach mit aller Kraft, sie hochzuheben, und er bestieg sie eine Stunde lang immer wieder in dem Bemühen, irgendeine Reaktion zu erhalten, bis er schließlich fortging. Am nächsten Tag kamen Aufseher des Parks vorbei, um die Stoßzähne herauszuschneiden. Den Kopf ließen sie verstümmelt liegen.

Auch Kasaine kehrte nach einiger Zeit zurück, stand still bei dem Leichnam und, befühlte sanft mit seinem Rüssel die Wunden.

Es gibt auch verschiedene Berichte über Beobachtungen, wonach Elefanten menschliche Opfer begraben haben. Der deutsche Zoologe und Naturschützer Bernhard Grzimek sammelte vier solcher Berichte, darunter einen über eine derartige Begebenheit in einem Nationalpark im Kongo. Alle Warnungen ignorierend, sich keinem Elefanten zu nähern, weil dies gefährlich sei, war ein Tourist dennoch nahe herangegangen, um zu fotografieren. Der Elefant griff an, packte den Touristen mit seinem Rüssel, schmetterte ihn zu Boden, kniete sich auf ihn und rammte ihm dann unterhalb des Schulterblattes einen Stoßzahn durch den Körper. Als andere Touristen der Gruppe später an den Schauplatz zurückkamen, fanden sie seine Leiche mit Pflanzen bedeckt vor.

George Adamson, ein Wildhüter in Kenia, erzählt die Geschichte von einer alten Turkana-Frau, die sich eines Abends auf dem Heimweg aus einem Nachbardorf verirrt hatte und sich, als die Nacht hereinbrach, unter einem Baum schlafen legte. Nach einigen Stunden wachte sie auf und merkte, dass über ihr ein Elefant stand und ihren Körper mit dem Rüssel betastete. Gelähmt vor Angst blieb sie ganz still liegen. Bald kamen weitere Elefanten an und brachen laut trompetend Zweige von den Bäumen, unter denen sie die Frau begruben. Am nächsten Morgen hörte ein Mann, der in der Nähe Ziegen hütete, ihre schwachen Hilferufe und befreite sie.

Bei einem Vorfall auf einer kenianischen Ranch, die der Naturschützerin Kuki Gallmann gehörte, wurde ein Mann, der sich um die Kamele kümmerte, von einer Matriarchin angegriffen und zu Boden geschmettert. Dabei brach er sich ein Bein. Als er nicht zurückkehrte, wurde am nächsten Tag ein Suchtrupp losgeschickt, um nach ihm zu suchen. Sie fanden ihn an einen Baum gestützt und von einer einzelnen Elefantenkuh bewacht. Als sie versuchten, sie zu verjagen, griff sie an und jagte hinter ihnen her. Als der Leiter der Ranch, Colin Francombe,

auf der Szene erschien, probierte er, sie mit seinem Wagen abzu-
lenken und wegzulocken, aber wiederum griff sie mehrmals an.
Da er sie als gefährlich einschätzte, hob er sein Gewehr, um sie
zu erschießen. Aber der Verletzte schrie ihm zu, es nicht zu tun.
Nachdem man sie schließlich mit Schüssen vertrieben hatte,
erzählte er, wie der Elefant ihn mit Hilfe seines Rüssels und seiner Vorderfüße sanft mehrere Meter bis in den Schatten eines
Baumes gebracht hatte. Selbst nachdem ihre Familie weitergezogen war, war die Kuh wachend die ganze Nacht und bis in den
nächsten Tag hinein bei ihm stehen geblieben und hatte eine
vorbeikommende Herde Büffel vertrieben.

Ebenso bemerkenswert wie ihre Reaktion auf den Tod ist
ihre Faszination, die sie für die Knochen der Toten zeigen.
Wann immer sie auf Elefantenknochen stoßen, halten sie an,
um sie zu untersuchen, strecken zunächst vorsichtig den Rüssel
aus, um daran zu riechen, dann heben sie sie auf. Stoßzähne
wecken ihr besonderes Interesse und werden manchmal von
Elefant zu Elefant weitergereicht.

In Amboseli erlebte Cynthia Moss, wie Mitglieder der
Familie der Elefantenkuh Echo auf die inzwischen nackten,
gebleichten Knochen einer Kuh namens Emily trafen, die einmal ein wichtiges Mitglied der Familie gewesen war.

Eleanor, ein weibliches Kalb, war die erste, die die Knochen erreichte, und gleich hinter ihr kamen Erin und
Edgar. Die drei Tiere blieben sofort stehen und streckten
vorsichtig ihre Rüssel aus. Sie traten näher heran und
berührten die Überreste mit der Rüsselspitze, befühlten
und beschnüffelten sie, und dann strichen sie langsam
über die größeren Knochen. Eudora und Elspeth, Emilys
Tochter und Enkelin, drängten sich vor und fingen an,
die Knochen zu untersuchen. Bald danach kamen Echo
und ihre beiden Töchter. Alle Elefanten waren jetzt
still, es herrschte eine geradezu greifbare Spannung
unter ihnen. Eudora konzentrierte sich auf Emilys Schädel, sie streichelte die glatte Schädelkappe und schlüpfte

mit der Rüsselspitze in alle Höhlungen hinein. Echo befühlte den Unterkiefer und ließ ihren Rüssel an der Zahnreihe entlanggleiten – die Stelle, die Elefanten bei der Begrüßungszeremonie berühren, wenn sie einander den Rüssel ins Maul stecken. Die jüngeren Tiere hoben kleinere Knochen auf und nahmen sie in den Mund, bevor sie sie wieder fallen ließen. Der Bann war erst gebrochen, als der einjährige Edgar anfing, die Knochen respektlos in die Luft zu schleudern. Nach ein paar weiteren Minuten trotteten alle davon, einige mit Knochen im Rüssel oder zwischen Rüssel und Stoßzähne geklemmt.

Einmal sammelte Moss den Unterkiefer einer alten Kuh, die eines natürlichen Todes gestorben war, auf und brachte ihn mit ins Lager, um anhand des Knochens das Alter zu bestimmen. Drei Tage später zog die Familie der Verstorbenen zufällig durch das Lager, sie witterten den Knochen und wichen von ihrem ursprünglichen Weg ab, um ihn zu inspizieren, ehe sie weiterzogen. Nur ein junger Elefant verweilte noch lange, nachdem die anderen längst weg waren, berührte und streichelte den Kiefer wiederholt und drehte ihn mit dem Rüssel und mit dem Fuß um. Es war das jüngste Kalb der Elefantenkuh, ihr siebenjähriger Sohn.

George Adamson zeichnete auf, wie er einmal einen Elefantenbullen einer Gruppe erschoss, die in den Gärten von Regierungsbeamten in Kenia großen Schaden angerichtet hatte. Nachdem er den einheimischen Turkana erlaubt hatte, sich an dem Elefantenfleisch zu bedienen, wurde, was von dem Kadaver übrig blieb, fast einen Kilometer weit in den Busch geschleppt. In der folgenden Nacht fanden die Elefanten den Kadaver und trugen ein Schulterstück und einen Beinknochen ihres toten Gefährten genau an die Stelle zurück, an der der Elefant erschossen worden war.

Ein noch seltsamerer Vorfall wurde aus dem Murchison-Falls-Park in Uganda berichtet, wo eine Gruppe von Wissenschaftlern und Parkhütern ein Abschussprogramm durchführte. Von den erlegten Elefanten wurde das Fleisch verwertet und darüber hinaus wurden die Ohren und Füße in einem Schuppen gelagert, um sie später zur Herstellung von Handtaschen und Schirmständern zu verkaufen. Eines Nachts brach eine Gruppe von Elefanten in den Schuppen ein und begrub die Ohren und Füße.

Feldbiologen diskutieren oft darüber, inwieweit Elefanten trauerähnliche Emotionen erfahren. Genau wie andere Tiere zeigen sie Kummer und Leid durch ihre Bewegungen, Gesten und Handlungen. Wenn man jedoch beobachtet, wie sie tieftraurig neben dem Körper eines toten Kalbes oder eines anderen Familienmitgliedes stehen, mit schlaff bis auf den Boden herunterhängenden Rüsseln und stets offenkundigem Widerstreben, den Ort zu verlassen, gewinnt man den Eindruck, als seien tiefere Gefühle im Spiel. Fest steht natürlich, dass der Tod eines wichtigen Familienmitgliedes wie der einer Matriarchin tief greifende Folgen für den Rest der Familie haben kann und zum Zusammenbruch ihrer Routine führt.

Auch wenn noch nie jemand einen Elefantenfriedhof entdeckt hat, hat der Mythos, dass es sie gibt, bis heute überlebt. Gelegentlich sind tatsächlich große, auf einer Fläche konzentrierte Ansammlungen von Elefantenknochen gefunden worden. In den Tagen, als afrikanische Jäger Feuerringe nutzten, um Elefanten zu jagen, sind diese massenweise im Feuersturm umgekommen. Was blieb, waren Haufen von Knochen, die Reisende irrtümlicherweise für Friedhöfe gehalten haben. Im Jahr 1927 fand eine der letzten Jagden, bei der Feuerringe eingesetzt wurden, im Süden des Sudans statt. Dabei starben 277 Elefanten in den Flammen, sicherlich eine ausreichende Menge, um einen Friedhof zu füllen. Elefanten, die in großer Zahl an Krankheiten oder infolge einer Dürre sterben, hinterlassen möglicherweise den gleichen Eindruck. Alte Elefanten, die auf ihre letzten Backenzähne angewiesen sind, ziehen sich manchmal in Gegenden zurück, wo sie weichere Pflanzen finden; auch dies kann zu einer Anhäufung von Knochen führen.

In Tausendundeine Nacht, *einer Sammlung persischer Geschichten aus dem 9. Jahrhundert, wird Sindbad der Seefahrer zu einem Elefantenfriedhof geführt.*

Aber all dies erklärt nicht, warum der Glaube an die Existenz von Elefantenfriedhöfen so verbreitet ist.

Der Mythos ist wahrscheinlich auf die anhaltende Popularität von *Tausendundeine Nacht* und die darin enthaltene Geschichte von Sindbad dem Seefahrer zurückzuführen. Nachdem er für seinen Herrn Elefanten gejagt hatte, wurde Sindbad von einer Herde Elefanten zu einem Hügel geführt, der ganz mit Elefantenknochen und Elefantenzähnen bedeckt war. »Ich zweifelte nicht«, sagt Sindbad, »dass dies ihre Begräbnisstätte wäre und dass sie mich nur dorthin gebracht hätten, um sie mir zu zeigen, damit ich aufhören möchte, sie zu verfolgen, was doch nur ihrer Zähne wegen geschähe.«

Obwohl diese Geschichte über 1000 Jahre alt ist, enthält sie eine Botschaft, die für die heutige Zeit von besonderer Relevanz ist.

Die Abschussoption

Als die Elefantenpopulationen in den Nationalparks und Wildreservaten in den 60er Jahren des 20. Jahrhunderts zunahmen, wurde in manchen Gegenden das Problem der Bestandsregulierung von Elefanten akut. Das Problem wurde am deutlichsten in Uganda veranschaulicht. In einem 1962 veröffentlichten Papier zeigten Irven Buss und Allan Brooks auf, dass zwischen 1929 und 1959 die von Elefanten eingenommene Fläche von ursprünglich 70 Prozent des gesamten Landes auf nur 17 Prozent zurückgegangen, während die Bevölkerung von 3,5 Millionen auf 5,5 Millionen Menschen gestiegen war. Jahr für Jahr wurden mehr und mehr Elefanten durch Zuwanderung in ihren sicheren Häfen, den Schutzgebieten, »zusammengedrängt«. Das Ergebnis an Orten wie dem Murchison-Falls-Nationalpark war, dass ganze Gegenden mit einst dichten Wäldern in offene Graslandschaften verwandelt worden waren. Dies bedeutete nicht nur eine Gefährdung für die Elefantenpopulation, sondern auch für eine Vielzahl anderer wild lebender Tiere. Ein Großteil der Vogelbestände war bereits verschwunden, ebenso der Schimpanse und das Waldschwein. Unter optimalen Bedingungen konnte die Elefantenpopulation sich schnell vermehren, ein Wachstum von sechs Prozent pro Jahr verzeichnen und ihre Zahl innerhalb von 15 bis 20 Jahren verdoppeln. Aber jetzt hatten sie nicht mehr die Freiheit, außerhalb der Parks herumzustreifen, und damit war die Krise vorprogrammiert.

Das so genannte »Elefantenproblem« und die unterschiedlichen Standpunkte, wie damit umzugehen sei, führten zu einer heftigen Kontroverse. Eine Interessengruppe, von dem Wissenschaftler Richard Laws angeführt, sah die einzige Lösung darin, Elefanten in ausreichenden Zahlen abzuschießen, um so das Gleichgewicht zwischen Elefanten und ihrem Lebensraum wieder herzustellen. Da Nationalparks und Reservate in erster Linie künstlich eingerichtete Gebiete mit künstlichen Grenzen seien, so wurde argumentiert, sei eine wirksame Regulierung erforderlich, um ein Gleichgewicht aufrechtzuerhalten. Sofern die Elefantenbestände in Nationalparks und Reservaten nicht reduziert würden, um übermäßig hohen Zuwanderungsraten zu begegnen, sei es denkbar, dass das gesamte Ökosystem zusammenbräche, was nicht nur zur Ausrottung der Elefanten, sondern auch von anderen Tierarten führen würde.

Die andere Interessengruppe beharrte demgegenüber darauf, dass der Abschuss dem eigentlichen Zweck von Nationalparks und dem Tierschutz zuwiderliefe. Für die Verfechter dieser Position war die beste Lösung, auf jeden Eingriff zu verzichten. Wenn man die Elefanten sich selbst überließe, würden sie am Ende schon selbst ein Gleichgewicht mit ihrer Umwelt finden. Der Rückgang der Waldbestände war aus ihrer Sicht nicht unbedingt irreversibel, sondern Teil eines langfristigen Kreislaufs, den Elefanten seit jeher beeinflusst hätten.

In Uganda entschied man sich für den Abschuss. Zwischen 1965 und 1967 wurden im Murchison-Falls-Park rund 2000 Elefanten von einer Herde mit insgesamt 14 000 Mitgliedern erschossen. Ganze Familien wurden ausgelöscht, um zu verhindern, dass sich Angst und Panik im Park ausbreiteten. Wenn sie sich in dicht gedrängten Gruppen kreisförmig in Verteidigungsstellung formierten, mit den Müttern außen in vorderster Linie und den Kälbern dahinter versteckt, dann eröffneten Berufsjäger, mit halbautomatischen Waffen ausgerüstet, zuerst das Feuer auf die älteren Kühe und töteten dann den Rest, der herumirrte. In den meisten Fällen war eine zwölfköpfige Familiengruppe innerhalb von einer Minute tot.

Der Abschuss wurde von den Wissenschaftlern genutzt, um ihre Forschungsdaten zu komplettieren. Jeder Kadaver wurde gewissenhaft seziert, gewogen und vermessen. Die Ergebnisse, von Laws in wissenschaftlichen Zeitschriften veröffentlicht, wurden zu einem Standardnachschlagewerk für die Fortpflanzung und Populationsdynamiken von Elefanten. Dennoch geriet die Gemeinde derer, die sich für wild lebende Tiere interessierten oder engagierten, über die Frage der Abschusspraktiken in einen erbitterten Streit, der Jahrzehnte dauerte. Ein ähnliches Problem trat im Tsavo-Nationalpark in Kenia auf. Einst war die *Nyika*-Hochebene mit dornartigem Gebüsch bedeckt, aber innerhalb eines Zeitraums von 20 Jahren war sie in eine offene Savanne und eine verdorrte Landschaft mit umgestürzten Bäumen verwandelt worden, die in Teilen an die Schlachtfelder an der Somme im Ersten Weltkrieg erinnerte. Riesige, jahrhundertealte Affenbrotbäume waren massenweise gefällt worden.

David Sheldrick, der Aufseher des Tsavo-Parks, hatte 20 Jahre lang für die Entwicklung und den Schutz des Parks gearbeitet und ihn zum berühmtesten Park in Kenia gemacht. In den 50er Jahren des 20. Jahrhunderts hatte er mit Hilfe von nur 50 Männern, die ein Gebiet von rund 14 000 Quadratkilometern überwachen mussten, in einer langen Kampagne gegen Elefantenjäger der Waliangulu gekämpft, die mit Langbogen und Pfeilen bewaffnet auf die Jagd gingen. Die Pfeile waren mit dem tödlichen Gift der *Acokanthera*-Pflanze getränkt und brachten die Elefanten innerhalb von Minuten zur Strecke. Es war weitestgehend Sheldricks Erfolg gegen die Waliangulu zu verdanken, dass die Tsavo-Elefanten sich in solchen Zahlen vermehrten.

Um eine Vorstellung von dem Ausmaß des Problems zu gewinnen, veranlasste Sheldrick, dass Richard Laws unmittelbar nach Erledigung seiner Aufgabe in Uganda für wissenschaftliche Untersuchungen 300 Elefanten abschießen sollte, um ein Profil vom Altersaufbau der Population und den Fortpflanzungstendenzen zu erhalten, wie er es zuvor schon im

Murchison-Falls-Nationalpark getan hatte. Die Ergebnisse, die Laws 1969 veröffentlichte, sorgten für Aufruhr. Wenn nichts unternommen werde, warnte er, werde Tsavo zur Wüste werden. Er empfahl den Abschuss von 3000 Elefanten für weitere Forschungszwecke. Sheldrick weigerte sich jedoch, sich auf den Vorschlag einzulassen. Auch wenn er den Abschuss aus Regulierungsgründen einmal für unvermeidlich gehalten hatte, vertrat er jetzt den Standpunkt, dass man so wenig wie möglich eingreifen sollte, selbst wenn dies bedeutete, dass viele Elefanten verhungern würden. Die Parkbehörde unterstützte Sheldrick und Laws zog sich verärgert zurück.

In der Folge wurde Tsavo dann jedoch 1970/71 von einer schweren Dürreperiode heimgesucht, bei der rund 10 000 Elefanten, ein Viertel der Population, starben. Jede der beiden am Streit um die Regulierung der Elefantenbestände beteiligten Seiten sah in dieser Entwicklung eine Bestätigung ihres jeweiligen Standpunkts. Das Lager der Abschussbefürworter argumentierte, die hohe Sterblichkeitsrate sei auf die Folgen der Überpopulation zurückzuführen, die mit einem Abschuss hätte abgewendet werden können. Die Abschussgegner behaupteten, die Dürre habe gezeigt, wie die Natur von sich aus dafür sorgte, dass das Gleichgewicht zwischen der Population und der Umwelt gewahrt wurde, und das war für sie eine Bestätigung ihrer Politik, auf Eingriffe zu verzichten.

Andernorts in Afrika ließ man sich bereitwillig auf Abschussprogramme als Antwort auf die Überpopulation ein. Im Luangwa-Tal in Sambia wurden zwischen 1965 und 1969 rund 1500 Elefanten getötet. Am Ufer des Luangwa-Flusses wurde eigens ein Schlachthaus gebaut, um die Kadaver zu verarbeiten. Anfänglich wurden Elefanten mit einem Wurfspeer, mit einer Überdosis eines Betäubungsmittels präpariert, erlegt; so vermied man die durch einen Gewehrschuss ausgelöste Unruhe. Es bedeutete jedoch auch, dass ganze Familien nicht auf einmal ausgeschaltet werden konnten, sodass sich Furcht und Verwirrung im Park breit machten. Darüber hinaus lähm-

Abschussprogramme zur Bestandsregulierung werden als Antwort auf Über-population genutzt, bei den Elefantenherden richten sie jedoch großes Leid an.

te das Mittel die Atemmuskulatur, was dazu führte, dass der Elefant qualvoll erstickte. 1968 griffen die Abschussteams dann wieder auf Gewehre zurück.

In Rhodesien (Simbabwe), wo die Elefantenpopulation von schätzungsweise 4000 im Jahr 1900 auf über 60 000 hochge-schnellt war, wurde der Abschuss zur Regulierung der Bestände eine reguläre Praxis, selbst in Gegenden, wo keine gravieren-den Schäden durch Elefanten angerichtet worden waren, um die Elefantenpopulationen auf einem festgelegten Niveau zu halten. Im Wankie- (Hwange-)Nationalpark waren anfäng-lich, zwischen 1971 und 1974, rund 3000 Elefanten getötet worden; danach gab die Parkbehörde ein erklärtes Abschuss-ziel von drei bis vier Prozent der Population vor, um sie auf einem Niveau von etwa 13 000 Tieren zu halten. Weitere Abschussprogramme wurden regelmäßig in Sengwa, Matusa-dona und Gonarezhou durchgeführt. Hubschrauber und klei-nere Flugzeuge wurden eingesetzt, um die Familien auf die in

Stellung gegangenen Schützen zuzutreiben. Nur junge Kälber im Alter von ein bis drei Jahren blieben verschont, um an Zoos und Safari-Parks im Ausland verkauft zu werden. In Simbabwe war das Abschussgeschäft eine nützliche Einkommensquelle. Elefantenfleisch und –fett wurden vor Ort verkauft; Stoßzähne wurden zu Elfenbeinauktionen gebracht; die Häute wurden für die Herstellung von Aktentaschen, Schuhen, Handtaschen und sonstigen Lederprodukten verwendet; und die Füße wurden in Schemel und Schirmständer umgearbeitet; selbst die Füße von Elefantenbabys fanden Verwendung, um in Stiftehalter und Zigarrendosen verwandelt zu werden.

Der Einkommensfaktor wurde am Ende in der Tat so wichtig, dass die ökologischen Gründe für den Abschuss in den Hintergrund traten. Beamte der Wildschutzbehörde wie Rowan Martin argumentierten, dass die Elefantenabschüsse angesichts einer Fläche von über 44 000 Quadratkilometern, die es an Nationalparks zu schützen gab und deren Erhaltung 500 US-Dollar pro Quadratmeile kosteten, eine wesentliche Einnahmequelle darstellten. Die nachhaltige Nutzung wurde ein zentrales Thema der Regierungspolitik. Die Elefanten sollten sich selbst finanzieren. Fast 25 000 Elefanten wurden zwischen 1981 und 1988 in Simbabwe abgeschossen, was einen Erlös von mehr als 13 Millionen US-Dollar aus Elefantenprodukten brachte.

Die Abschussstatistiken wurden peinlich genau geführt. Jeder tote Elefant wurde vermessen, sein Körper, seine Stoßzähne, jeder ungeborene Fötus und ebenso jedes lebend gefangene Kalb. Einen flüchtigen Blick in das Leben der im Rahmen der Regulierungsmaßnahmen abgeschossenen Elefanten gewährte eine Abschussaktion, die 1991 in Sengwa in der Wildlife Research Area durchgeführt wurde und bei der 249 Elefanten – ein Drittel der Population – getötet wurden. Unter den Opfern waren fünf Elefanten, die Katy Payne aus ihren dortigen Studien über Elefantenkommunikation bestens kannte. Um ihrer Betroffenheit über ihren Tod Ausdruck zu verleihen, listete sie sie einzeln in ihrem Buch *Stiller Donner* auf –

Jabula, Friday The Thirteenth, Munyama, Miss Piggy und Runyanga –, zusammen mit der Angabe aller biografischen Einzelheiten, die sie über sie wusste. Jabula war diejenige, die ihr am vertrautesten gewesen war. Eine alte Matriarchin, Mutter von sieben Kälbern, die man 1980, 1982, 1984 und 1986 mit einem Halsband, an dem ein Sender befestigt war, gekennzeichnet hatte, sodass Forscher ihre Wanderbewegungen regelmäßig verfolgen konnten. Payne hatte sie Hunderte Male lokalisiert. Die meiste Zeit hatte Jabula in Gesellschaft ihrer etwa zwölfköpfigen Familie in der Nähe eines schlammigen Wasserlochs verbracht, das die Elefanten selbst in den Lehm der Lutope-Schwemmebene gegraben hatten. Sie war nicht weit von ihrem heimatlichen Tümpel entfernt, als sie im September 1991 zusammen mit zwölf weiteren Elefanten getötet wurde. Zwei andere Elefantengruppen, bestehend aus insgesamt 14 Tieren, wurden ebenfalls an dem Tümpel getötet; eine der Gruppen bestand nur aus jungen Bullen, sieben an der Zahl.

Bei einem anschließenden Besuch in Sengwa beschaffte Payne sich den detaillierten Parkbericht über den Abschuss. Die Elefanten waren alle ordnungsgemäß aufgelistet, ihre Maße entsprechend einer allgemein festgelegten Maßeinheit, dem so genannten »Erwachsenenäquivalent«, vermerkt, die für die Taxierung ihres Wertes benutzt wurde. Die Aufstellung für Jabulas weit verzweigte Familie las sich wie folgt:

Erwachsenenäquivalent:

erschossen	20.911 à $ 1,33 =	$ 27.812
gefangen	587 à $ 1,33 =	$ 781
gesamt	21.498 à $ 1,33 =	$ 28.592

Elfenbein:

gesamt	146.088 à $ 200 =	$ 29.218

Südafrika verfolgte eine ähnliche Abschussstrategie. Von den etwa 20 Tieren, die im 19. Jahrhundert das Massenabschlachten im Lowveld überlebt hatten, hatte die Elefantenpopulation in den 60er Jahren des 20. Jahrhunderts im Krüger-Nationalpark einen Bestand von fast 9000 Tieren erreicht. Die Parkbehörde war der Meinung, dass das optimale Niveau bei etwa 7500 lag und begann 1968 mit regelmäßigen Abschussaktionen, bei denen in den nächsten drei Jahrzehnten bis zu 500 Tiere pro Jahr getötet wurden. Die Kadaver wurden zu einer weiterverarbeitenden Fabrik in Skukuza, in der Mitte des Parks, gebracht, gut eineinhalb Kilometer vom Haupttouristenzentrum entfernt. Dort wurde ihr Fleisch zu Konserven- und Trockenfleisch, ihre Haut zu Leder für Stiefel und Gürtel und die Knochen zu Viehfutter verarbeitet.

Junge verwaiste Elefanten wurden manchmal verschont, um sie umzusiedeln. Aber heranwachsende Elefanten, die ohne die Erziehung durch Erwachsene aufwuchsen, wurden bald für ihre Unberechenbarkeit und ihr aggressives Verhalten bekannt. In den 80er Jahren des 20. Jahrhunderts wurde eine Gruppe von Elefantenbullen im Alter von acht bis zehn Jahren, Überlebende einer Abschussaktion im Krüger-Nationalpark, in einen neuen Nationalpark in Pilanesberg im westlichen Transvaal verbracht, wo es keine erwachsenen männlichen Elefanten gab. Sie kamen in einem frühen Alter bereits Musth-Perioden, die länger als normal dauerten, kämpften untereinander und griffen andere wild lebende Tiere an. Zwischen 1992 und 1997 töteten sie über 40 weiße Nashörner. Zwei Touristen kamen ebenfalls ums Leben und eine Reihe von Autos wurde demoliert. Das Töten hörte 1998 auf, als sechs ältere männliche Elefanten vom Krüger-Nationalpark hierher gebracht wurden und eine neue Hierarchie unter den Bullen etablierten, mit der die Heranwachsenden unter Kontrolle gehalten wurden.

Im Rahmen einer Änderung der Politik hob die Parkbehörde des Krüger-Nationalparks die Abschussaktionen einstweilig auf und konzentrierte sich auf die Erforschung anderer Wege und Möglichkeiten zur Kontrolle des Populationsniveaus. Die innovativste Idee zielte auf den Einsatz empfängnisverhütender Mittel bei Elefanten ab. Wissenschaftler der University of Georgia entwickelten einen empfängnisverhütenden Impfstoff, der das Immunsystem zur Produktion von Antikörpern veranlasst, die eine Befruchtung verhindern. Als diese Impfstoffe bei Versuchsreihen im Krüger-Park Elefanten verabreicht wurden, reduzierte das neue empfängnisverhütende Mittel die Trächtigkeit bei Elefanten um bis zu 70 Prozent.

Nirgends war die Not der Elefanten angesichts des Vorrückens menschlicher Siedlungen augenscheinlicher als in Ruanda, einem kleinen, dicht bevölkerten Land in Zentralafrika. 1973 gab es nur zwei Elefantenherden mit insgesamt rund 140 Tieren, die inmitten eines Menschenmeeres überlebt hatten. So wie Farmer ihre Ländereien in immer neue Gebiete ausdehnten, schrumpften Woche für Woche die Lebensräume der Elefanten. Diese gingen nun umgekehrt dazu über, in Felder einzufallen, und vernichteten beispielsweise die Felder einer landwirtschaftlichen Versuchsstation, die seltene Bananenarten züchtete.

Nach einer zweijährigen Debatte gaben die ruandischen Behörden ihr Einverständnis zu einer drastischen Aktion, bei der alle Elefanten, außer den ganz Jungen zwischen ein und zehn Jahren, eliminiert werden sollten. Ebenso sollten Tiere, die jünger als ein Jahr waren, umgebracht werden, da es zu schwierig sein würde, sie großzuziehen. Die übrigen Jungen sollten in den 80 Kilometer entfernten Akagera-Nationalpark gebracht werden, wo es große Büffel- und Zebraherden, aber keine Elefanten gab.

Die Elefanten wurden per Hubschrauber den Berufsjägern vor die Gewehrläufe getrieben. Mehr als 100 Tiere kamen um. Aber 26 Junge – 12 männliche und 14 weibliche Elefanten – wurden gefangen genommen. Die Kleineren wurden mit dem Hubschrauber in den Park gebracht, die anderen folgten auf dem Landweg. In Akagera angekommen, fügten sie sich zu einer stabilen sozialen Gruppe zusammen. Und 1983 wurden drei Kälber geboren, die den Kern einer neuen Population bildeten.

Elfenbeinkriege

Gerade als die Wissenschaftler anfingen, die wirkliche Natur der Elefanten zu verstehen, begann ein neuer Angriff auf die Elefantenpopulationen in ganz Afrika. Er setzte Anfang der 70er Jahre des 20. Jahrhunderts ein, dauerte fast zwei Jahrzehnte, kostete Hunderttausende von Elefanten das Leben und brachte manche Populationen an den Rand der Ausrottung. Geschürt wurde er hauptsächlich durch eine unersättliche Nachfrage nach Elfenbein aus neureichen asiatischen Ländern wie Japan, die die Elfenbeinpreise in Schwindel erregende Höhen katapultierte. Nachdem die Preise während der ganzen 60er Jahre des 20. Jahrhunderts stabil geblieben waren, schnellte der Elfenbeinpreis von 5,50 US-Dollar pro Kilogramm im Jahr 1969 dann 1970 auf 7,50 US-Dollar hoch, 1978 auf 74 US-Dollar, 1987 auf 120 US-Dollar und 1989 auf 300 US-Dollar. Die Elefanten im Busch waren plötzlich ein kleines Vermögen wert, nicht nur für Wilderer, sondern auch für jede Menge Zwischenmänner – Schmuggler, Geschäftsleute, korrupte Beamte und gierige Politiker –, die sich wie Schmeißfliegen auf das Geschäft stürzten. Die so genannten »sicheren« Populationen in Nationalparks waren keineswegs mehr sicher. Selbst die Wildschutzbehörden machten bei dem Abschlachten mit. Verschärft wurde das Ganze durch die in Afrika zunehmend um sich greifenden Kriege und Konflikte, die dafür sorgten, dass die Beschaffung automatischer Waffen für Wildererbanden kein Problem mehr war. Internationale Bemühungen, den Handel zu kontrollieren, erwiesen sich als erfolglos. Unterdessen entzündete sich ein langwieriger Streit zwischen engagierten Wissenschaftlern und Vertretern der Wildschutzbehörden über die Schwere des Problems. In Tierschützerkreisen wurden diese Dispute als Elfenbeinkriege bezeichnet.

Die ersten Anzeichen der neuen Angriffswelle tauchten 1971 in Kenia auf, als Jägerbanden, mit automatischen Waffen ausgerüstet, in den Tsavo-Nationalpark eindrangen. Dem Aufseher, David Sheldrick, war es zunächst gelungen, sich erfolgreich gegen sie zu behaupten. Parallel dazu häuften sich jedoch die Beweise von Korruption auf höchsten Ebenen der kenianischen Wildschutzbehörde, die für die Kontrolle von Wildproblemen außerhalb der Nationalparks verantwortlich und für die Ausstellung von Jagdlizenzen zuständig war. Mit Unterstützung führender Politiker stellte die Wildschutzbehörde in Unmengen so genannte »Sammelgenehmigungen« aus, die es denjenigen, denen sie erteilt wurden, erlaubte, Stoßzähne von toten Elefanten, die eines natürlichen Todes gestorben waren, an sich zu nehmen, wenn sie sie »fanden«. Zu den in den Elfenbeinhandel verwickelten Politikern gehörten auch Mitglieder der Familie von Präsident Kenyatta. Riesige Elfenbeinladungen wurden außer Landes geflogen, oft mit falschen Begleitpapieren. Trotz klarer Beweise des einträglichen Wildereigeschäfts und illegalen Handels wurde kein Fall vor Gericht gebracht.

Als Reaktion auf die internationale Kritik erklärte sich die Wildschutzbehörde bereit, ein Seminar in Nairobi zu veranstalten, zu dem Biologen, Wildhüter, Tierschützer und Berufsjäger geladen wurden, um das Problem zu diskutieren. Auf Initiative von Peter Jarman, einem Biologen und wissenschaftlichen Beamten der Wildschutzbehörde, wurden die Teilnehmer gebeten, Daten für eine Schätzung des Elefantenbestandes in Kenia vorzulegen. Danach gab es rund 167 000 Tiere, von denen schätzungsweise 49 000 in Nationalparks und Wildreservaten lebten.

Bei dem Seminar wurde die Frage der Korruption auf Regierungsebene unverblümt angesprochen. Eine Schlüsselfigur in dieser Sache war Ian Parker, ein ehemaliger Wildhüter, der sich mit einem privaten Abschussgeschäft selbstständig gemacht und seinen ersten Auftrag zum Abschuss von 2000 Elefanten im Murchison-Falls-Nationalpark Mitte der 60er Jahre des 20. Jahrhunderts erhalten hatte. Darüber hinaus hatte er auch eine detaillierte Untersuchung über den ostafrikanischen Elfenbeinhandel durchgeführt. Parker ließ bei seiner Zuhörerschaft keinen Zweifel über die Verwicklung der Wildschutzbehörde und hoher Politiker in die systematisch betriebene Wilderei aufkommen. Die durch Wilderei zu beklagenden Bestandsverluste und der Rückgang der Bestandszahlen waren seiner Meinung nach jedoch allgemein das Ergebnis des Wachstums der Bevölkerung und des damit einhergehenden Schrumpfens der Lebensräume der Elefanten und nicht etwa das Ergebnis der Nachfrage nach Elfenbein oder der steigenden Elfenbeinpreise. Da er seine Ausführungen so detailliert belegte, sollten Parkers Ansichten noch viele Jahre das Meinungsbild beherrschen.

Peter Jarman sprach nicht weniger deutlich, als er seine Meinung über die Korruption äußerte, und er legte einen vertraulichen Bericht an den obersten Wildhüter vor. Innerhalb von zwei Wochen teilte man ihm mit, dass sein Vertrag nicht verlängert würde.

Das Abschlachten wurde mit neuem Schwung weiterbetrieben und setzte sich über alle Abwehrmaßnahmen Sheldricks in Tsavo hinweg. Seine kleine Truppe an Hilfskräften verhaftete eine Wilderergruppe nach der anderen, verlor aber zunehmend an Boden. 1976 schätzte er, dass in den vorhergehenden zwei Jahren in Tsavo rund 15 000 Elefanten, fast die Hälfte des Bestandes, getötet wurden.

Aber es sollte noch schlimmer kommen. Trotz aller Proteste beschloss die Regierung, die Leitung der Nationalparks und die Wildschutzbehörde zusammenzulegen. Vorgeblich wollte man damit erreichen, dass zwei Organisationen, die für den Wildschutzbereich zuständig waren, zweckmäßiger gestaltet und rationalisiert wurden. Für die Organisation der Nationalparks schien mit der Zusammenlegung die Katastrophe jedoch vorprogrammiert zu sein. Mit einem unabhängigen Verwaltungsgremium hatte sie sich entschlossen um den Schutz der Parks bemüht. Die Wildschutzbehörde hingegen war für ihre Ineffizienz und Korruption ebenso bekannt wie berüchtigt. Nachdem David Sheldrick einen vertraulichen Bericht über das Ausmaß der Wilderei vorgelegt hatte, wurde er 1976 aus Tsavo entfernt. Der Aufseher, der an seiner Stelle eingestellt wurde, war ineffektiv und kündigte nach sechs Monaten. Der nächste Aufseher wurde direkt von der Wildschutzbehörde ernannt. Dadurch wurde Tsavo nun ein offenes Abschussfeld. Selbst das Verbot der Regierung, Elefanten zu jagen und mit Elfenbein zu handeln, änderte nichts an dieser Situation. 1979 war der Elefantenbestand in Tsavo auf 11 000 Tiere zurückgegangen. In anderen Gegenden bot sich ein ähnliches Bild. Kenia hatte 1979 die Hälfte seines Bestandes verloren – rund 70 000 Elefanten.

In Uganda war die Dezimierung der Elefantenpopulation noch gravierender. Nachdem General Idi Amin 1971 an die Macht gekommen war, plünderten ugandische Truppen die Nationalparks nach Lust und Laune. Als Biologen 1976 in den Ruwenzori-Nationalpark (ehemals Queen-Elizabeth-Nationalpark) flogen, um an einem Symposium teilzunehmen, das in der Touristenlodge auf der Mweya-Halbinsel stattfinden sollte, zählten sie aus der Luft mehr Elefantenkadaver als lebende Elefanten. Zwei Wissenschaftler aus Cambridge, Keith Eltringham und Robert Malpas, hatten trotz der Chaosherrschaft Idi Amins in Uganda weitergearbeitet und berichteten anlässlich des Symposiums, dass der Bestand im Murchison-Falls-Nationalpark von 143 000 Tieren 1973 auf 2250 Tiere 1975 zurückgegangen war. Die Ebenen waren mit Knochen übersät. Nach ihren Schätzungen war der landesweite Bestand von ursprünglich 60 000 auf 6000 dezimiert worden.

Internationale Anstrengungen, den Elfenbeinhandel zu kontrollieren, brachten nichts. 1976, bei der ersten Konferenz der CITES-Parteien, der Convention on International Trade in Endangered Species of Flora and Fauna (Übereinkommen über den internationalen Handel mit gefährdeten Arten frei lebender Tiere und Pflanzen), auch als Washingtoner Artenschutzübereinkommen bekannt, wurde der Elefant in Anhang II der Konvention aufgenommen. Dies bedeutete, dass für Elfenbeinexporte eine Ausfuhrgenehmigung erforderlich war. Aber diese Schutzbestimmung konnte von jedem missbraucht werden. Obwohl man praktisch sofort erkannte, dass die CITES-Bestimmungen von Anhang II absolut unzureichend waren, um der Aufgabe, den Elfenbeinhandel zu regulieren, gerecht zu werden, wurden zehn Jahre lang keine weiteren Maßnahmen ergriffen.

Aber auch die Wissenschaftler waren sich über das Ausmaß des Problems nicht einig. Prominente Figuren wie Richard Laws behaupteten nach wie vor, wie er es schon seit 1960 getan hatte, die größte Bedrohung für die Elefanten in Ostafrika sei die Überpopulation in geschützten Gebieten, für die es nur eine Lösung gebe, den kontrollierten Abschuss. 1978 schrieb Laws:

Seit Jahrzehnten versuchen die politisch Verantwortlichen in Ostafrika ihr höchst kleinkariertes Versagen hinwegzudiskutieren, indem sie den Niedergang der Elefantenpopulationen der Wilderei zuschreiben, und zwar in der irrigen Annahme, das Problem würde sich in Luft auflösen, sobald man die Wilderei im Griff hätte. Doch das Problem wird sich nicht in Luft auflösen. Der Schleier, der es umhüllt, wird immer fadenscheiniger, und schon bald wird allen bewusst werden, dass die zunehmende Konzentration einer einzigen beliebigen Tierart innerhalb künstlich gezogener Grenzen Überbevölkerung, Biotopzerstörung und den regionalen – vielleicht sogar den vollständigen – Untergang ebendieser Art zur Folge haben wird. Die Frage ist: Soll man dieser Tierart gestatten, ihren Bestand in einem unerbittlichen Konkurrenzkampf mit anderen Arten um die begrenzten Lebensräume und Ressourcen der Erde selbst zu regulieren, oder sollte man zwischen dieser Art und der Umwelt sowie den anderen Arten, die sie bewohnen, ein Gleichgewicht herstellen?

Die Frage des kontrollierten Abschusses zur Regulierung von Überpopulationen in Nationalparks beschäftigte auch andere namhafte Tierschutzexperten, darunter Peter Scott, den Gründer des World Wildlife Fund (WWF). »Um das Ausmaß des Problems an einem Beispiel zu veranschaulichen«, schrieb Scott: »Man schätzt, dass etwa 100 000 Elefanten im Luangwa-Tal in Sambia leben und dass diese Zahl auf 25 000 verringert werden muss, wenn sich der Lebensraum wieder erholen soll. Die Vorstellung, dass 75 000 Elefanten abgeschossen werden müssen, wird den meisten Menschen sehr zuwider sein. Gleichwohl erscheint es dem WWF notwendig, seinen Mitgliedern diesen unerfreulichen Widerspruch zwischen weltweitem Bestandsrückgang und regionalem Überbesatz unverzüglich zu erläutern.«

Kaum jemand ging auf die Frage ein, ob sich die epidemieartige Wilderei, die Kenia und Uganda heimgesucht hatte, auch andernorts in Afrika ausbreitete. Es gab in Wirklichkeit niemanden, der wusste, was sich in weiten Teilen der Landstriche Afrikas ereignete und wie es um die Elefantenbestände oder den Elfenbeinhandel bestellt war.

1979 wurden zwei wichtige Berichte publiziert, die umgehend eine Kontroverse auslösten. Der erste stammte von dem Manyara-Biologen Iain Douglas-Hamilton, der drei Jahre lang an einer panafrikanischen Erhebung über die Elefantenpopulationen gearbeitet hatte, ein Projekt, das vom World Wildlife Fund, der New Yorker Zoologischen Gesellschaft und der International Union for the Conservation of Nature (IUCN), dem Internationalen Naturschutz-Verband, einem Konsortium aus staatlichen und nichtstaatlichen Naturschutzeinrichtungen, finanziert worden war. Aufgrund seiner Untersuchungen, die er in Zaire (Kongo) und in der Zentralafrikanischen Republik angestellt hatte, war Douglas-Hamilton der Überzeugung, dass die Regierungseliten, die mit europäischen Händlern unter einer Decke steckten, in großhandelsmäßigem Maßstab Elfenbeinexport betrieben. Darüber hinaus war der illegale Handel in ganz Westafrika weit verbreitet.

Aufgrund der Belege, die er durch Fragebogenerhebungen bei Wildhütern, Tierschützern und Wissenschaftlern in ganz Afrika auf der Grundlage von Zählungen und Schätzungen der Elefantenpopulationen zusammengetragen hatte, kam er auf eine Gesamtzahl von 1,3 Millionen noch lebender Elefanten, eine scheinbar hinreichend gesicherte Zahl. Aber gleichzeitig hatte auch ein Befragter nach dem anderen vor einem drastischen Rückgang der Elefantenzahlen gewarnt, der durch die hochschnellenden Elfenbeinpreise beschleunigt wurde. Nur wenige Länder im südlichen Afrika – Simbabwe, Sambia, Botswana und Südafrika – berichteten stabile oder steigende Bestandszahlen.

Weil er eine größere Krise befürchtete, erstellte Douglas-Hamilton einen »Aktionsplan« zum Schutz afrikanischer Elefanten. Darin forderte er, dass sowohl Maßnahmen zur Verstärkung der Sicherheit der geschützten Gebiete als auch zur Eindämmung des überhand nehmenden illegalen Elfenbeinhandels ergriffen wurden. »Der einzige Weg, mit dem umfangreichen Elfenbeinhandel fertig zu werden, ist eine gemeinsame internationale Aktion. Die CITES-Bestimmungen bilden die Grundlage, aber zusätzlich bedarf es sorgfältig koordinierter polizeilicher Maßnahmen gegen die illegalen Elfenbeinhändler. Damit ist die Offenlegung aller Abrechnungen, Dokumente und Geschäftsgeheimnisse der am Elfenbeinhandel beteiligten Firmen gemeint. Eine Überprüfung der Dokumente, die sich auf das Finanzgebaren des Handels beziehen, würde sich als höchst aufschlussreich erweisen.«

Bei dem zweiten Bericht handelte es sich um eine Untersuchung des internationalen Elfenbeinhandels, die Ian Parker durchgeführt hatte. Parker war von Douglas-Hamilton anlässlich von Gesprächen mit dem US Fish and Wildlife Service, der das Projekt finanzierte, für diese Aufgabe vorgeschlagen worden. Er hatte sowohl Mut als auch Geschick bei der Aufdeckung der Korruption in Kenia bewiesen und wurde weithin als Experte auf diesem Gebiet anerkannt. Doch auch er stieg in den Elfenbeinhandel ein und ließ sich von dem Handel korrumpieren.

Parker legte eine Fülle neuer Einzelheiten über die Funktions- und Arbeitsweise des Elfenbeinhandels vor. Er bestätigte, dass der Handel ein Niveau erreicht hatte, das es seit Anfang des 20. Jahrhunderts nicht mehr gegeben hatte. Seinen Berechnungen zufolge waren zwischen 1973 und 1978 pro Jahr etwa 1000 Tonnen Elfenbein aus Afrika herausgebracht worden. Elfenbein war offensichtlich, so sein Fazit, als Quelle des Reichtums entdeckt worden, die in Zeiten politischer Instabilität ausgeschöpft und wie Gold oder Diamanten exportiert werden konnte. Dennoch gelangte er zu dem Schluss, dass der Elfenbeinhandel nicht überhand genommen hatte, sondern in vertretbaren Grenzen geblieben war und das Überleben der Elefanten nicht gefährdete. Wenn überhaupt, meinte er, ginge die Gefahr vom Bevölkerungswachstum und dem damit verbundenen Verlust des Lebensraumes der Elefanten aus.

In seinem Bericht warf er den Umwelt- und Tierschützern außerdem vor, mithilfe falscher Statistiken eine Elefantenkrise heraufbeschworen zu haben, die es ihnen ermöglichte, Gelder für ihre eigenen Zwecke aufzutreiben. Er behauptete, dass selbst auf der Grundlage der in Douglas-Hamiltons Bericht enthaltenen Belege der Elefantenbestand auf 2,5 Millionen und nicht auf 1,3 Millionen hätte geschätzt werden müssen. Darüber hinaus wies er darauf hin, dass der Bericht über 90 Prozent der Population als sicher oder mit unbekanntem Status eingestuft habe, sodass von einer Krise wohl kaum die Rede sein könne.

Die Argumente wurden 1981 in Hwange in Simbabwe bei einem Treffen der African Elephant Specialist Group vorgetragen, der Fachgruppe des IUCN, eines Fachausschusses bestehend aus Vertretern aus ganz Afrika. Parkers Ansichten beherrschten das Meinungsklima. Allein seine Zahlen wurden als die maßgebenden angesehen. Douglas-Hamiltons Zahlen wurden als Spekulation abgetan. Nur in zwei Ländern – Kenia und Uganda – gestand man ein, dass es Belege für einen steilen Rückgang des Elefantenbestandes gab. Alle anderen Länder waren sich einig, dass es keinen Grund zur Besorgnis gab. Als Gastgeber der Konferenz beeindruckten die Vertreter Simbabwes die anderen Delegierten mit ihren Ausführungen über die nutzbringenden Effekte ihres Abschussprogramms, und sie betonten die Bedeutung der Elefantennutzung als wirtschaftliche Einnahmequelle.

Bei einem Treffen der Fachgruppe im darauf folgenden Jahr setzten sich Parker und die Elfenbeinlobby erneut durch. Der Mengenzuwachs im Elfenbeinhandel, behauptete er, werde nicht durch die steigenden Elfenbeinpreise, sondern durch anhaltende Ausdehnung der menschlichen Siedlungen in die Lebensräume der Elefanten angetrieben. Und wiederum wurden Douglas-Hamiltons Argumente kurzerhand vom Tisch gewischt.

Parkers Position wies jedoch einen grundlegenden Fehler auf. Er unterschätzte die tatsächlichen Auswirkungen des Elfenbeinhandels, da er es versäumt hatte, bei seiner Rechnung den ständig wachsenden Tribut zu berücksichtigen, den die Elefantenpopulationen zu zollen hatten, wenn das gleiche Handelsvolumen aufrechterhalten werden sollte. Seit 1979 hatte die Wildlife Trade Monitoring Unit (WTMU) im Rahmen ihrer Bemühungen, die Umsetzung von Anhang II des Washingtoner Artenschutzübereinkommens zu überwachen, damit begonnen, Daten über den Handel zusammenzutragen. Ihre Zahlen zeigten, dass das Durchschnittsgewicht eines Stoßzahnes bei dem von Japan importierten Elfenbein von 16,2 Kilogramm im Jahr 1979 auf 9,6 Kilogramm im Jahr 1982 gefallen war. Anfangs hatten die Wilderer gezielt Elefanten mit großen Stoßzähnen ausgesucht – vor allem ausgewachsene Bullen –, mit denen ein höherer Preis zu erzielen war. Als keine ausgewachsenen Bullen mehr zu finden waren, hatten sie die Elefantenkühe mit einem weitaus geringeren durchschnittlichen Stoßzahngewicht ins Visier genommen. 1987 wurde der Trend noch deutlicher. Das Durchschnittsgewicht eines exportierten Stoßzahns war inzwischen auf 4,7 Kilogramm gesunken. Während 1979 eine Tonne Elfenbein etwa 54 tote Elefanten bedeutet hatte, waren es 1987 mindestens 113. Und da es sich um so viele erwachsene weibliche Elefanten handelte, waren die Verluste sogar noch höher. In Amboseli durchgeführte Studien zeigten, dass auf jeden getöteten erwachsenen weiblichen Elefanten mindestens ein Elefantenjunges kam, das ebenfalls starb. Ein Kalb, das jünger als zwei Jahre war, hatte keine Chance zu überleben; ein verwaistes zwei bis fünf Jahre altes Kalb hatte eine Überlebenschance von 30 Prozent; und bei einem sechs bis zehn Jahre alten Kalb lag die Überlebenschance bei 48 Prozent. Zu der Zahl der von Wilderern getöteten Elefanten kamen somit schätzungsweise noch einmal 55 Kälber ohne Elfenbein hinzu, die einfach als Waisen starben, sodass sich die Zahl auf nahezu 170 Elefanten pro Tonne exportierten Elfenbeins erhöhte. Eine zusätzliche massive Folge war, dass die Fortpflanzungsmuster völlig gesprengt wurden. In Gebieten, in denen stark gewildert wurde, wie in Kenia und Uganda, führte der Verlust vieler geschlechtsreifer Bullen zu einer gravierenden Schieflage der Populationen.

Als Wissenschaftler anhand von Computermodellen die Auswirkungen der Wilderei auf die Elefantenpopulationen mit Hilfe aller aus Handels- und Elefantenstatistiken verfügbaren Informationen, einschließlich Altersstrukturen, Fortpflanzung, Sterblichkeitsraten und Wachstumsraten der Stoßzähne, durchspielten, gelangten sie unausweichlich immer wieder zu den gleichen Schlussfolgerungen. »Die Herden verkleinerten sich unaufhaltsam bis zur Ausrottung«, sagte Jonah Western, Vorsitzender jener Fachgruppe, die 1982 die ersten Studien in Auftrag gegeben hatte.

Ein entscheidender Faktor, der für die Beurteilung des Gesamtbildes fehlte, war die Größe der Population der Waldelefanten in Ländern wie dem Kongo, Gabun und der Zentral-afrikanischen Republik. Parker versicherte, dass die unver-wechselbaren Stoßzähne von Waldelefanten einen erhebli-chen Teil der Elfenbeinexporte ausmachten. Das hohe Export-volumen von Elfenbein, das von Waldelefanten stammte, war nach seinem Dafürhalten in Verbindung mit der großen durchschnittlichen Größe der exportierten Stoßzähne ein Beweis einer riesigen Population. Er stellte eine Zahl von zwei bis drei Millionen in den Raum.

Indes gab es niemanden, der ein klares Bild von der Popula-tion der Waldelefanten gehabt hätte. Da sie unter dem undurchdringlichen Schirm des unerforschten zentralafrikani-schen Regenwaldes lebten, in einem Gebiet, das sich über eine Fläche von rund 2,6 Millionen Quadratkilometern erstreckte, blieben sie für Erhebungen, die aus der Luft gemacht wurden, verborgen. Und von den wenigen Straßen, die in die Region führten, waren sie auch nicht so ohne Weiteres auszumachen. Um das Problem in Angriff zu nehmen, gab Jonah Western einem britischen Biologen, Richard Barnes, der für seine Hart-näckigkeit bekannt war, den Auftrag, ein System für die Ermittlung einer zuverlässigen Schätzung auszuarbeiten. Meh-rere Monate versuchte Barnes, in Gabun Elefanten vom Boden aus direkt zu zählen, er bekam jedoch nie mehr als eine Hand voll zu Gesicht. Somit entschloss er sich, stattdessen die Kothaufen der Elefanten zu zählen. Es war eine zeitaufwändige Unternehmung. Um die Erhebung wissenschaftlich haltbar und glaubwürdig zu machen, musste er den Wald mit geraden Linien durchschneiden, die Dutzende Kilometer lang waren, und auf diesem Weg, der quer durch Sumpfgebiete, Flüsse und andere Gebiete führte, die Elefantenkothaufen zählen.

Unterdessen breitete sich die Epidemie des Wilderns immer weiter aus. Die Elefantenherden in Nationalparks wie im Selous-Park in Tansania und im Luangwa-Park in Sambia wur-den dezimiert. Als Forscher nach Beendigung der Schreckens-herrschaft von General Idi Amin durch die tansanische Armee nach Uganda in den Murchison-Falls-Nationalpark zurückkehrten, fanden sie nur noch 400 Elefanten, die übrig geblieben waren, die meisten davon in einer Herde, die panikartig beim ersten Geräusch einer Maschine die Flucht über die offene Graslandschaft ergriffen hatte. Aus dem Sudan, aus Somalia, dem Kongo und der Zentralafrikanischen Republik flossen die Elfenbeinexporte in einem endlosen Strom, gedeckt durch falsche Papiere.

Hauptabnehmer des Elfenbeins war Asien. Allein Hongkong und Japan importierten etwa 75 Prozent des gesamten weltweiten Angebots. Anfang der 80er Jahre des 20. Jahrhunderts lagen die Importe Hongkongs jährlich bei mehr als 500 Tonnen, was über 50 Prozent der afrikanischen Exporte ausmachte. Etwa ein Drittel davon wurde als Rohelfenbein in andere asiatische Länder re-exportiert: Japan, China und Indien. Der Rest wurde von Hongkongs eigener Schnitzereiindustrie verarbeitet, die eine Vielzahl von Skulpturen, Schmuck und anderen Elfenbeinprodukten für Märkte auf der ganzen Welt herstellte, darunter die Vereinigten Staaten, Europa und Japan. In Hongkong selbst blieb nur wenig.

Familienunternehmen aus Hongkong kontrollierten einen Großteil des Handels in Afrika und bezahlten ein ganzes Netzwerk von Ministern, Diplomaten, Polizisten und Zollbeamten, Armeeoffizieren und Beamten der Wildschutzbehörde, um sicherzustellen, dass das Elfenbein ungehindert weiter floss. Prominente Händler wie die Poon-Brüder, die Lai-Familie und K. T. Wang machten ein riesiges Vermögen mit dem Elfenbeingeschäft.

Japan war mit Abstand der größte Elfenbeinkonsument. Mit der rasch aufstrebenden Wirtschaft stiegen die Importe an Rohelfenbein von weniger als 100 Tonnen Anfang der 50er Jahre des 20. Jahrhunderts auf 600 Tonnen Ende der 70er Jahre. Mitte der 80er Jahre gingen fast 40 Prozent aller weltweit hergestellten Elfenbeinprodukte auf das Konto Japans. Ein Großteil davon blieb auf dem Binnenmarkt. Allein ein Artikel – das *Hanko*, ein persönliches Siegel, das in Japan ebenso von Einzelpersonen wie von Firmen anstelle einer Unterschrift zum Gegenzeichnen von geschäftlichen und rechtsverbindlichen Verträgen, Schecks und anderen Dokumenten wie Geburtsurkunden, Heiratsurkunden und Totenscheine verwendet wird – brauchte 65 Prozent der japanischen Importe an Rohelfenbein auf. Ursprünglich wurde das Siegel hauptsächlich aus Holz und Horn hergestellt, aber in den 70er Jahren des 20. Jahrhunderts kam es dann sehr in Mode, ein ganz aus Elfenbein gefertigtes Hanko zu benutzen. Immer kunstvollere Versionen waren gefragt. In den 80er Jahren gingen etwa 25 Prozent des weltweiten Verbrauchs an Rohelfenbein in die Siegelherstellung für Japan.

Chinas Elfenbeinschnitzereiindustrie kam nach Japan und Hongkong an dritter Stelle; sie exportierte ihre Produkte hauptsächlich nach Hongkong für den Weiterverkauf. Andere sich wirtschaftlich schnell entwickelnde Länder wie Taiwan und Korea schlossen sich dem Handel an. Singapur wurde eine wichtige Zwischenstation mit großen Vorratslagern.

Darüber hinaus kam die Nachfrage aus Europa und den Vereinigten Staaten. Auch wenn es hier kein nennenswertes Elfenbeinschnitzereigewerbe mehr gab, importierten beide Elfenbeinprodukte in großen Mengen aus Ländern wie Hongkong und China und sorgten damit dafür, dass der Handel in Schwung blieb. Europa importierte rund 18 Prozent des weltweit bearbeiteten Elfenbeins, die Vereinigten Staaten etwa 16 Prozent.

Nachdem das Rennen um das Elfenbein immer rücksichtsloser ausgetragen wurde, sah sich die CITES bemüßigt, noch einmal aktiv zu werden. In Anerkennung der Tatsache, dass mehr zum Schutz des afrikanischen Elefanten getan werden musste, als ihn in Anhang II des Washingtoner Artenschutzübereinkommens aufzunehmen, verabschiedete eine CITES-Konferenz 1985 die Einführung eines Quotensystems, mit dem der Elfenbeinhandel besser unter Kontrolle gebracht werden sollte. Das Quotensystem verlangte von jedem Staat, in dem Elefanten lebten und der Elfenbein exportierte und Unterzeichner des Washingtoner Artenschutzübereinkommens war, die Festlegung einer Jahresquote für die Menge an Elfenbein, die auf der Grundlage einer vertretbaren nachhaltigen Nutzung seines Elefantenbestandes exportiert werden sollte. Des Weiteren mussten die exportierenden Länder das CITES-Sekretariat über jede Elfenbeinladung unterrichten, die unter der Quote exportiert wurde, und jeden Stoßzahn so markieren, dass seine Quotennummer unauslöschbar zu identifizieren war. Und die importierenden Staaten durften nur solche Elfenbeinlieferungen annehmen, die gültige Begleitpapiere hatten.

Das Quotensystem erwies sich als totaler Fehlschlag. Mit bürokratischen Regeln war den Legionen von bewaffneten Banden, korrupten Beamten, habgierigen Politikern und reichen Händlern, die in dem Geschäft am Werk waren, nicht beizukommen. Das CITES-Sekretariat hatte keine Handhabe, die Bestimmungen durchzusetzen. Seine eigene »Elfenbeinsektion« verfügte über so knappe Mittel, dass sie auf »Spenden« von wohlhabenden Elfenbeinhändlern angewiesen war, um überhaupt arbeiten zu können. Zwischen 1985 und 1989 wurden zwei Drittel ihres Budgets von Elfenbeinhändlern bereitgestellt. Unterdessen legten afrikanische Regierungen ihre Quoten fest, wie es ihnen gefiel. Wenn sie feststellten, dass mehr Elfenbein als erwartet anfiel, ignorierten sie einfach die selbst festgelegte Quote und exportierten nach Lust und Laune. Genehmigungen und Ausfuhrbescheinigungen wurden genauso regelmäßig wie vorher gefälscht oder missbräuchlich ausgestellt.

Das System hatte auch noch andere gewaltige Schlupflöcher. Man erachtete es als zu schwierig, den Handel mit bearbeitetem Elfenbein zu überwachen, sodass dieser Bereich ausgeklammert wurde. Dies bedeutete, dass die Elfenbeinhändler nichts weiter zu tun brauchten, um die Kontrollen bei Rohelfenbein zu umgehen, als es in »bearbeitetes« Elfenbein umzuwandeln. In einem Fall schickten Hongkonger Händler kurzerhand 67 Schnitzer und 150 Arbeiter in die Vereinigten Arabischen Emirate, um in Dubai zwei Elfenbeinschnitzereifabriken einzurichten. Sie kauften gewildertes Elfenbein zu einem reduzierten Preis, ließen es in Dubai so weit schnitzen, dass es als bearbeitetes Elfenbein durchging, importierten es legal nach Hongkong und verkauften es dort zu einem wesentlich höheren Preis auf dem Weltmarkt. Hongkonger Unternehmen erwarben auf diese Weise riesige Elfenbeinvorräte. Darüber hinaus umgingen die Händler die Kontrollen auch einfach, indem sie Zwischenlager in Ländern wie Taiwan einrichteten, die nicht zu den Unterzeichnern des CITES-Abkommens gehörten.

Das CITES-Sekretariat sorgte selbst dafür, dass große Teile des illegalen Elfenbeinhandels letztlich durch eine Erleichterung der Bestimmungen legal abgewickelt werden konnten. Um Nichtmitgliedsstaaten zur Unterzeichnung des Abkommens zu ermutigen, bot es ihnen die Möglichkeit, reinen Tisch zu machen und alle in ihrem Besitz befindlichen Stoßzähne als verkäufliche Ware registrieren zu lassen. Das Ergebnis war, dass große suspekte Elfenbeinvorräte mit Zustimmung der CITES legalisiert wurden, womit sich ihr Wert über Nacht verdoppelt hatte. 1986 nahm Somalia für sich eine Exportquote von 17 000 Stoßzähnen in Anspruch, mehr als von seiner ganzen nationalen Herde noch übrig geblieben war, wovon eine stattliche Prämie für herrschende Politiker abfiel, die direkt am Wilderergeschäft beteiligt waren. Singapur durfte, nachdem es 1986 seinen Beitritt zu dem Abkommen erklärt hatte, seinen Elfenbeinvorrat von 300 Tonnen registrieren lassen, sodass die Händler, die das Elfenbein erworben hatten, im Nu ein Vermögen machten. Allein die Poon-Brüder machten über Nacht einen Profit von fast 8 Millionen US-Dollar.

Das eklatanteste Beispiel war Burundi, ein kleiner zentralafrikanischer, mitten im Herzen Afrikas eingeschlossener Staat. Der einzige Elefant, den das Land besaß, führte ein einsames Dasein im nationalen Zoo. Burundi war jedoch die Drehscheibe eines Schmugglernetzes, das Elfenbein aus dem Kongo, aus Tansania, Sambia und Mosambik ins Land schaffte. Nach den Zollstatistiken Burundis wurden zwischen 1965 und 1986 insgesamt 1300 Tonnen Elfenbein exportiert. 1986

»legalisierte« die CITES 89 Tonnen Elfenbein, die sich im Land befanden, unter der Maßgabe, dass kein weiteres Elfenbein durch das Land geschmuggelt wird. Trotz dieses Abkommens exportierte Burundi zwischen November 1986 und Oktober 1987 weitere 112 Tonnen.

Das Quotensystem wurde im Endeffekt dazu benutzt, das illegale Töten von Zehntausenden von Elefanten zu legalisieren. Die Verantwortlichen des CITES-Sekretariats argumentierten jedoch, mit der Zeit werde es schon funktionieren. Es sei besser, den Handel zu einer legalen Entwicklung zu ermutigen, als ihn in den Untergrund zu treiben, was nur zu noch höheren Elfenbeinpreisen und einer größeren Gefährdung der Elefantenpopulationen führen würde.

Bei einem Treffen der Elephant Specialist Group, der Fachgruppe des IUCN, das 1987 in Nyeri in Kenia stattfand, prallten die unterschiedlichen Standpunkte bezüglich des Elfenbeinhandels erneut heftig aufeinander. Ein nachdrückliches Plädoyer für den Handel wurde von Rowan Martin vorgetragen, einem anerkannten Wissenschaftler aus Simbabwe, wo die Elefantenpopulationen steigende Tendenzen aufwiesen. Martin war einer der Hauptarchitekten des Quotensystems. Er vertrat den Standpunkt, hohe Elfenbeinpreise stellten nicht nur keine Bedrohung für die Elefantenbestände dar, sondern seien ein Mittel, sie zu schützen. Was man in Afrika bräuchte, meinte er, sei ein wirksames System, um die Tiere sowohl zu schützen als auch zu nutzen, wie man es in Simbabwe praktizierte.

Aber die Beweise über die Folgen des Elfenbeinhandels für die Elefantenpopulationen in weiten Teilen Afrikas waren inzwischen nicht mehr zu widerlegen. Eine Erhebung nach der anderen, die von Wissenschaftlern durchgeführt wurden, zeigte einen drastischen Rückgang der Bestandszahlen. Aus den Regenwäldern Zentralafrikas berichtete Richard Barnes über eine ähnlich rückläufige Entwicklung. Aus den Statistiken über den Elfenbeinhandel ging hervor, dass sich das Gewicht der Stoßzähne in einem Zeitraum von fünf Jahren halbiert hatte. Computermodelle prognostizierten den Zusammenbruch der Elefantenpopulationen. Am Ende des Treffens war man sich schließlich einig, dass der Elfenbeinhandel die Hauptbedrohung für das Überleben der Elefanten darstellte.

Die Ergebnisse der Gruppe wurden bei der nächsten CITES-Konferenz in Ottawa im August 1987 angenommen. CITES unternahm jedoch nichts, um den Handel einzudämmen. Der Grund dafür war, dass die vorherrschende Politik, die von den führenden Naturschutzorganisationen – einschließlich der IUCN, des World Wildlife Fund und der CITES – betrieben wurde, darin bestand, die nachhaltige Nutzung zu unterstützen. Darauf sprangen natürlich auch die afrikanischen Regierungen in der Hoffnung an, daraus erhebliche Geldmittel zu schöpfen. Im Falle der Elefanten galten die Länder des südlichen Afrika als beispielhafte Vertreter dieser Politik, wo die größten verbliebenen Herden von Savannenelefanten lebten und Wilderei kaum vorkam. Um möglichst dafür zu sorgen, dass zwischen ihren Elefantenherden und der Umwelt ein Gleichgewicht gewahrt wurde, hatten sowohl Südafrika als auch Simbabwe eine Infrastruktur entwickelt, um jedes Jahr Tausende von Elefanten zur Bestandsregulierung abzuschießen und zu verarbeiten; dabei wurden die Erlöse aus dem Verkauf der Elefantenprodukte für den Unterhalt der Nationalparks verwendet. Die anerkannte Führungsrolle in diesem Bereich hatte Südafrika, wo im Krüger-Nationalpark ein stabiler Bestand aufrechterhalten wurde, während man im Durchschnitt 1,4 Millionen US-Dollar pro Jahr durch diese Verfahrensweise einnahm. In Simbabwe wurden die Einnahmen, die durch den kontrollierten Abschuss und durch Sportjäger hereinkamen, nicht nur für den Unterhalt der Nationalparks, sondern auch für Entschädigungszahlungen an örtliche Bauern für Schäden genutzt, die außerhalb der Parks von Elefanten auf ihren Feldern angerichtet wurden; damit ermunterte man die Bauern, Elefanten als Einnahmequelle statt als Bedrohung zu sehen und der Verlockung des Wilderns zu widerstehen.

Sowohl Südafrika als auch Simbabwe vertraten die Ansicht, dass die Einnahmen aus der kommerziellen Nutzung wild lebender Tiere benutzt werden konnten, um den Lebensstandard der wachsenden einheimischen Bevölkerung zu verbessern, ohne dabei das Überleben wild lebender Tiere zu gefährden, wie ihre eigene Erfahrung gezeigt hatte. All das lieferte eine wesentliche Untermauerung für die von der IUCN, dem WWF und der CITES propagierten Politik der nachhaltigen Nutzung. Sie sprachen sich für eine Kooperation mit dem Elfenbeinhandel aus, als das beste Mittel, ihn zu kontrollieren. Angesichts ihrer Frustration, dass die großen Naturschutzvereinigungen nichts gegen den Handel unternahmen, entschloss sich eine Gruppe von Biologen, die in Kenia arbeiteten – Cynthia Moss, Joyce Poole, Iain Douglas-Hamilton und seine Frau Oria –, selbst eine Kampagne zur Durchsetzung eines Handelsverbots zu starten. Eine gewaltige Aufgabe. Um ein solches Verbot zu erreichen, mussten sie die CITES-Mitglieder davon überzeugen, dass der afrikanische Elefant vom Aussterben bedroht war, wenn er nicht unter den Schutz von Anhang I des Washingtoner Artenschutzübereinkommens gestellt wurde. Aber nicht einmal der WWF, der durch seine Kampagne zur Rettung der Pandas und der Wale sehr viel Aufmerksamkeit erregt hatte, sprach sich für Handelsrestriktionen aus, geschweige denn irgendeine Regierung.

Moss, Poole und die Douglas-Hamiltons entschieden sich dafür, die öffentliche Meinung gegen den Handel zu mobilisieren; und das Ziel, das sie dabei vor Augen hatten, war die für Oktober 1989 geplante CITES-Konferenz. Moss und Poole nutzten jede Gelegenheit, um in den Medien für ihre Sache zu werben, und zeigten Filmteams und Journalisten aus der ganzen Welt ihre Arbeit in Amboseli. Zeitungen und Zeitschriften begannen, das Thema mit zunehmendem Interesse aufzugreifen, sie recherchierten über die Wilderei und den organisierten Schmuggel und veröffentlichten Fotografien von den Konsequenzen: Kadaver mit abgehackten Gesichtern. In Washington gewannen Moss und Poole die Hilfe der African Wildlife Foundation, einer Stiftung, die zu den Hauptunterstützern der Forschungsarbeiten in Amboseli gehörte, die sich bereit erklärte, die Werbekampagne zu sponsern. Die Werbekampagne war emotional und aggressiv. »In Amerika wird heute jemand einen Elefanten für ein Armband abschlachten«, hieß es in einer Anzeige. Frauen, die Elfenbeinschmuck trugen, wurden als »Anstifterinnen zum Mord« tituliert. Andere Tierschutzorganisationen schlossen sich dem Kampf an. Es wurden Autoaufkleber hergestellt mit den Aufschriften: »Nur Elefanten sollten Elfenbein tragen« und »Rette einen Elefanten, Erschieße einen Wilderer«. Die African Wildlife Foundation rief 1989 zum »Jahr des Elefanten« aus und wählte das Buch von Cynthia Moss, *Die Elefanten vom Kilimandscharo*, aus, um es zu propagieren. Im US-Kongress setzten Unterstützer ein »Elefantenschutzgesetz« durch, wonach Elfenbeinimporte aus Staaten, die in den illegalen Elfenbeinhandel verwickelt waren, verboten werden sollten. Für Importe aus Somalia, Gabun, dem Tschad und Äthiopien wurde ein sofortiges Verbot verhängt.

Ähnliche Kampagnen startete man in Europa. In Frankreich wurde die Filmschauspielerin Brigitte Bardot zur Leitfigur einer Kampagne für die »Elefantenamnestie«, die der französische Wissenschaftler Pierre Pfeffer initiiert hatte. In Großbritannien startete die Londoner *Daily Mail* einen Feldzug »Rettet den Elefanten«. Neue Organisationen wie Elefriends und Tuskforce entstanden. Die Kampagnen waren massiv und erzielten mit plakativen Aussagen und grausamen Fotos eine durchschlagende Wirkung. In einer Zeit eines wachsenden Bewusstseins für Fragen wie die der globalen Erwärmung und schwindender Regenwälder wurde der afrikanische Elefant plötzlich zu einem schlagkräftigen Symbol für die weltweite Gefährdung der Umwelt.

Da Jonah Western es für notwendig hielt, die Konsequenzen des Elfenbeinhandels für die Elefanten von einem unabhängigen Expertengremium vor der geplanten CITES-Konferenz 1989 verifizieren und absichern zu lassen, organisierte er Gelder, um eine Ivory Trade Review Group, eine Gruppe zur Überwachung des Elfenbeinhandels, ins Leben zu rufen. Sie formierte sich 1988, setzte sich aus einem Team von 40 Biologen, Ökologen, Wirtschaftsfachleuten, Bevölkerungsstatistikern, Handelsspezialisten und Ermittlern zusammen und wurde von Steve Cobb, einem Zoologen aus Oxford, koordiniert. Ihre Aufgabe war, den CITES-Delegierten stichhaltiges Material vorzulegen, damit diese sich ein klares Bild von der Situation machen konnten.

Das CITES-Sekretariat entschloss sich, eine gegenläufige Untersuchung des Elfenbeinhandels zu unterstützen. Mit Geldern, die es von Knowloon und der Hong Kong Ivory Manufacturers Association, dem Hongkonger Verband der Elfenbeinhersteller, erhalten hatte, wurde Ian Parker mit der Aufgabe betraut. Dieser wandte sich seinerseits damit an Graeme Caughley, einen australischen Fachmann für Populationsökologie, der im Luangwa-Tal in Sambia gearbeitet hatte. Caughleys Zwischenergebnisse waren düster. Die Elfenbeinerträge sanken rapide, die Exportmenge schrumpfte, der Handel zeigte alle Anzeichen für eine klassische Überjagung, so die Kernpunkte seines Berichtes. Wenn der Trend anhielt, seien die Elefantenpopulationen in Ostafrika innerhalb von fünf Jahren und in ganz Afrika innerhalb von 20 Jahren »kommerziell ausgerottet«. Caughleys abschließender Bericht an die CITES wurde nie veröffentlicht.

Berichte aus den Elfenbeingebieten sorgten unterdessen für weiteren Alarm. Inzwischen häuften sich die Beweise, dass Südafrika als Zwischenlager für illegales Elfenbein genutzt wurde, das aus anderen südafrikanischen Ländern geschmuggelt wurde. Ein US-Kongressausschuss war 1988 davon unterrichtet worden, dass Rebellen in Angola, angeführt von Jonas Savimbi, Elfenbein benutzten, um damit Waffen zu bezahlen, die ihnen vom südafrikanischen Militär geliefert wurden. Das Militär Südafrikas bestritt jede Verantwortung. Savimbi selbst gab jedoch zu, die Südafrikaner hätten von ihm verlangt, die Lieferungen, die er von ihnen erhielt, in Naturalien zu bezahlen, einen Teil davon mit Elfenbein. Sodann meldete sich ein ehemaliger Kommandeur der südafrikanischen Sondereinsatzkräfte, Oberst Jan Breytenbach, zu Wort, der an den Vorgängen in Angola beteiligt gewesen war, und bestätigte gegenüber einer Zeitung in Johannesburg, dass die Rebellen die Elefanten wahllos niedergemäht hätten. »In einer gnadenlosen, vorher in Afrika noch nie da gewesenen Kampagne«, sagte er, »haben sie alles abgeschossen, Bullen, Kühe und Kälber. Aus den Hunderttausenden von Elefanten wurden Tausende, aus den Tausenden wurden Hunderte und aus den Hunderten wurden Dutzende.« Ähnliches wurde von den Rebellen in Mosambik berichtet, die ebenfalls vom südafrikanischen Militär unterstützt wurden. Die Handelsstatistiken verdeutlichten, dass Südafrika im großen Maßstab mit Elfenbein handelte, wovon vieles aus illegalen Quellen kam. Aus eigenen Elefantenabschüssen fielen in Südafrika im Jahr nicht mehr als sieben Tonnen Elfenbein ab, die jährlichen Elfenbeinexporte aus Südafrika lagen Mitte der 80er Jahre des 20. Jahrhunderts demgegenüber jedoch bei fast 50 Tonnen.

Die Nachrichten aus Kenia waren ebenso trostlos. Die erste umfassende Elefantenzählung, die 1988 in Tsavo nach acht Jahren durchgeführt worden war, ergab, dass sich der Elefantenbestand halbiert hatte. Nur noch 5300 Elefanten waren lebend vorgefunden worden. Gruppen verwaister Elefantenjungen waren ein verbreiteter Anblick; nur wenige Bullen über 35 Jahre waren noch zu sehen. Es war bekannt, dass Wildhüter mit Wildererbanden zusammenarbeiteten. Bei einer Reihe von Vorfällen hatten sie Elefanten aus parkeigenen Fahrzeugen heraus abgeschossen, die von Tierschutzorganisationen zum Schutz von Elefanten gestiftet worden waren. Die Wildschutzbehörde war von Korruption durchsetzt. Als den in der Regierung zuständigen Ministern Beweise über korrupte Beamte vorgelegt wurden, unternahmen diese nichts.

Die Wildererbanden wurden immer dreister. Unweit des Eingangs zum Tsavo-Park überfiel eine Bande eine deutsche Touristengruppe, zerschoss die Reifen ihres Fahrzeugs und verlangte die Herausgabe von Geld und anderen Wertsachen. Im Kora-Nationalpark wurden drei Wildhüter erschossen. Nicht nur die Elefanten waren gefährdet, sondern auch Kenias Ruf als eines der beliebtesten Touristenziele, mit potenziell schwerwiegenden Folgen. Denn der Tourismus war Kenias größte Devisenquelle und brachte jährlich etwa 500 Millionen US-Dollar ein. Als Kenias letzte überlebende weiße Nashörner in ihrem Gehege im Meru-Nationalpark von Wilderern getötet wurden, sah Präsident Moi sich schließlich veranlasst, Maßnahmen zu ergreifen. Er ernannte Richard Leakey, einen bedeutenden Paläontologen und Direktor des Nationalmuseums von Kenia, zum Leiter einer neuen kenianischen Wildschutzbehörde, mit dem Auftrag, die Korruption zu beenden.

Im Mai 1989, als die öffentliche Meinung im Westen gegen den Elfenbeinhandel zunehmend stärker wurde, trafen sich Mitglieder der Ivory Trade Review Group in London, um ihre Fortschritte zu begutachten. Dies war ein entscheidender Moment. Bereits bei einer früheren Sitzung hatten die von Biologen vorgelegten Populationsdaten selbst die verbissensten Befürworter eines nachhaltigen Elfenbeinhandels erschüttert. »Die Ergebnisse sind eine Frage der Biologie, nicht der Ökonomie«, bemerkte Professor David Pearce, ein Umweltökonom vom Londoner Environmental Economics Centre und Leiter des Teams, das für volkswirtschaftliche Fragen zuständig war. Es bestand Einigkeit darüber, dass der afrikanische Elefant bei dem gegenwärtig bestehenden Handelsniveau innerhalb von 25 bis 30 Jahren ausgestorben sein würde. Nur bei einem sofortigen Handelsstopp hatten die Elefanten eine Zukunft. Als die Mitglieder aufgefordert wurden, ihr Urteil abzugeben, sprachen sich alle dafür aus, den afrikanischen Elefanten in Anhang I des Washingtoner Artenschutzübereinkommens aufzunehmen, der den internationalen Handel mit Elfenbein verbot. Auch wenn die Ökonomen in der Gruppe die Wirksamkeit eines Verbotes bezweifelten, stimmten sie dennoch zu.

Um der Gefahr zu begegnen, dass ihre Entscheidung einem plötzlichen neuen Boom der Wilderei Vorschub leisten und den Elfenbeinhandel in den vier Monaten vor der CITES-

Konferenz, auf der ein offizielles Verbot beraten werden sollte, in den Untergrund treiben könnte, empfahl die Ivory Trade Review Group einen sofortigen Importstopp in allen Verbraucherländern. Angesichts der öffentlichen Meinung verhängte eine Regierung nach der anderen dazu ein Importverbot. Nach Großbritannien und den Vereinigten Staaten folgte die Schweiz, dann Hongkong, Kanada, die Europäische Gemeinschaft, Australien und schließlich Japan. Da es nur noch wenige Käufer auf dem Markt gab, stürzten die Elfenbeinpreise ab. Auch in Afrika kam es zu einem Meinungsumschwung. Tansania war das erste afrikanische Land, das die Aufnahme in Anhang I unterstützte, nachdem es in zehn Jahren 200 000 Elefanten, zwei Drittel seines gesamten Bestandes, verloren hatte. Kenia folgte, unter der Federführung von Richard Leakey. In einer äußerst öffentlichkeitswirksamen Aktion zündete Präsident Moi im Nairobi-Nationalpark einen neun Meter hohen Stapel Elfenbein mit einem Gesamtgewicht von zwölf Tonnen an, als Symbol seiner neuen Politik, den Handel entschlossen zu unterbinden.

Südafrikanische Länder rangen zäh darum, ein Verbot zu verhindern. Ihre Herden seien nicht gefährdet, argumentierten sie, im Gegenteil, sie vergößerten sich und stellten außerdem eine wertvolle wirtschaftliche Ressource für die ländlichen Gemeinden dar. Sie sahen nicht ein, warum das südliche Afrika für die Versäumnisse anderer Länder, ihre Herden zu schützen, bestraft werden sollte. Unter der Maßgabe, dass der Handel sorgfältig überwacht und gesteuert wurde, sollte er offen bleiben. Wenn die Ostafrikaner Nachhilfe im Tierschutz-Management bräuchten, wäre man gerne bereit, weiterzuhelfen.

In einem erbittert geführten Wortkrieg konterten die Ostafrikaner, jede Fortsetzung des Handels würde Schlupflöcher offen lassen, die zwangsläufig von den Händlern genutzt würden. Darüber hinaus sei die Bilanz im südlichen Afrika, was die Kontrolle des illegalen Handels anginge, nicht einmal ansatzweise so positiv, wie ihre Experten es zu behaupten versuchten.

Solange ein legaler Markt bestehen bliebe, sei die gesamte Elefantenpopulation Afrikas gefährdet.

Das Problem spitzte sich bei der CITES-Konferenz in Lausanne in der Schweiz im Oktober 1989 zu. Nach einer heftigen, zwei Wochen dauernden Debatte verständigte man sich auf einen Kompromiss. Der afrikanische Elefant wurde von Anhang II nunmehr in Anhang I übernommen, womit er offiziell zu einer bedrohten Tierart erklärt wurde; allerdings vereinbarte man Sonderregelungen, die es Ländern mit gesunden Elefantenpopulationen und effektiven Management-Programmen erlaubten, ihre Bestände zu regulieren.

Nachdem die Elfenbeinpreise weiter fielen, klang die Wildererepidemie allmählich ab. Der Preis, den man gezahlt hatte, war jedoch hoch. In den 80er Jahren des 20. Jahrhunderts waren die Bestände des afrikanischen Elefanten halbiert worden. Geblieben war eine Population von nicht mehr als 600 000 Tieren. Mindestens eine halbe Million Elefanten war umgekommen. Unter den Opfern waren auch Douglas-Hamiltons Manyara-Elefanten.

Ein Bild von Freiheit

In seinem Roman *Die Wurzeln des Himmels* erzählt Romain Gary die Geschichte eines französischen Kriegsgefangenen in einem deutschen Konzentrationslager, der überlebt, indem er von Elefanten träumt, die frei und ungehindert durch die offenen Ebenen Afrikas wandern. Nach seiner Freilassung nach dem Krieg setzt er sich für ihren Schutz ein.

Wenn man sein Leben in Afrika verbringt, dann gewinnt man eine große Zuneigung gerade für die Elefanten. Jene großen Herden sind schließlich das letzte Bild von Freiheit, das uns geblieben ist. Es ist etwas, das im Begriff ist, schnell zu verschwinden, und zwar in mehrerlei Hinsicht. Jedes Mal, wenn man ihnen im Steppengebiet begegnet und sieht, wie sie ihre Rüssel und ihre großen Ohren bewegen, muss man lächeln, ob man will oder nicht. Gerade ihre Ungeschicklichkeit, ihre gigantische Größe, verkörpert in so ungeheuren Ausmaßen die Freiheit selbst, dass man zu schwärmen beginnt.

Viele der großen Herden sind verschwunden. Im Laufe des 20. Jahrhunderts haben weite Teile Afrikas ihre Elefanten unwiderruflich verloren. Während es einst in 46 Ländern Elefantenherden gab, sind es heute nur noch 35. Und in 20 davon sind die Elefantenpopulationen so gering, dass sie nicht der Rede wert sind. In 14 Ländern in Westafrika beläuft sich ihre Zahl auf insgesamt nicht mehr als 18 000 Tiere. Nur in fünf

Ländern – Botswana, Simbabwe, Tansania, Kongo-Kinshasa und Gabun – gibt es Populationen, die über 50 000 Elefanten hinausgehen.

In Westafrika erzählen die Dorfbewohner noch immer Geschichten von Elefanten und führen Elefantenmaskeraden auf, aber nur wenige haben je einen Elefanten gesehen. Für die breite städtische Bevölkerung Afrikas sind sie sogar noch weiter weg.

Die Zukunft vieler Herden, die überlebt haben, ist ungewiss. Das Verbot, das für den internationalen Elfenbeinhandel verhängt wurde, hat eine gewisse Atempause gebracht. Auch wenn die Wildererbanden noch immer aktiv sind, operieren sie heute doch auf einem weitaus niedrigeren Niveau als vor dem Verbot. In Anbetracht der gesunkenen Elfenbeinpreise ist der Lohn, der bei dem Wilderergeschäft herausspringt, nicht mehr so attraktiv.

Andere Gefahren, denen der afrikanische Elefant im 20. Jahrhundert ausgesetzt war, sind noch genauso bedrohlich wie zuvor. Mit der Ausdehnung der menschlichen Siedlungen in die Elefantengebiete wird das Territorium, das ihnen zum Überleben geblieben ist, Jahr für Jahr weiter reduziert. Das Ergebnis, außerhalb der Grenzen der Nationalparks, scheint unvermeidlich zu sein. Die Zukunft der Elefanten dort ist alles andere als sicher.

Das Überleben der verbliebenen Herden hängt langfristig von der Effizienz des Nationalparkmanagements ab. Mit ihrer Fläche von rund 648 000 Quadratkilometern stellen sie für Elefanten die letzte Zuflucht dar. Es ist jedoch teuer, sie zu schützen, und sie sind verwundbar durch Angriffe von Wildererbanden. Die verarmten Regierungen in Afrika haben nur wenige Ressourcen und zudem andere Prioritäten. Auch wenn Elefanten eine Hauptattraktion für die Tourismusindustrie sind, lässt die Erfahrung in der Vergangenheit den Schluss zu, dass es keine Garantie für ihre Sicherheit gibt. Angesichts um sich greifender ziviler Unruhen, Gesetzlosigkeit und Korruption, wovon viele Teile Afrikas betroffen sind, ist ihre Zukunft weiter unbestimmt. Nach den jahrelangen Konflikten in Ländern wie Angola, Kongo-Kinshasa, dem Sudan und Somalia weiß niemand genau, wie es um das Schicksal der Elefantenpopulationen dort bestellt ist.

Die Rolle des Elfenbeinhandels ist weiterhin nicht gelöst. Jedes Jahr starten die Länder des südlichen Afrika angesichts wachsender Elfenbeinvorräte eine Kampagne zur Beendigung des internationalen Handelsverbots, mit dem Argument, es entziehe ihnen Einnahmemöglichkeiten, die zum Schutz ihrer Nationalparks und Wildreservate gebraucht würden. Angeführt wird das Feld von Simbabwe mit einem Elefantenbestand von über 80 000 Tieren. Andere afrikanische Länder sperren sich gegen diese Bestrebungen, da jede Lockerung des Verbotes in ihren Augen den Elfenbeinpreis in die Höhe treiben und der Wilderei wiederum Vorschub leisten würde.

1997 erlaubte die CITES Botswana, Namibia und Simbabwe einen einmaligen Verkauf von 60 Tonnen Elfenbein aus Vorratsbeständen an Japan. Im Jahr 2000 ersuchte Südafrika die CITES um die Genehmigung, »versuchsweise« 30 000 Tonnen zu verkaufen, während Botswana, Namibia und Simbabwe nunmehr Jahresquoten beantragten. Angesichts einer geschlossenen Opposition stellten sie ihre Gesuche jedoch zurück. Im November 2002 fand sich bei der UN-Artenschutzkonferenz dann allerdings ein knappe Mehrheit, die Botswana, Namibia und Südafrika für das Jahr 2004 einen weiteren einmaligen Verkauf von 60 Tonnen Elfenbein aus ihren Vorratsbeständen unter dem Vorbehalt genehmigte, dass bis dahin ein neues Überwachungssystem zur Kontrolle der Elefantenwilderei, das so genannte Monitoring of the Illegal Killing of Elephants, kurz MIKE, ordnungsgemäß etabliert sei. Gegner der Verkäufe bezweifeln indes, dass das neue System wirksam genug sein könnte, um eine neue Welle der Wilderei zu verhindern.

Die lautstarken Forderungen, den Verkauf von Elfenbeinvorräten zu genehmigen, kommen nicht nur aus dem südlichen Afrika. In den meisten Ländern im östlichen und südlichen Afrika wachsen die Vorräte jährlich um mindestens eine

»Ein Bild von Freiheit, dass man zu schwärmen beginnt.«

Tonne, in einigen Fällen um fünf Tonnen. In Simbabwe kommen alljährlich etwa zehn Tonnen dazu. Da der Druck hinsichtlich einer Veränderung der Regularien wächst, ist es unwahrscheinlich, dass das Verbot in seiner derzeitigen Form aufrechterhalten wird.

Es gibt allerdings einen Faktor, bei dem sich in den letzten Jahren entschieden etwas zu Gunsten der Elefanten bewegt hat: die Arbeit der Feldbiologen. Ihre Entdeckungen zeigen uns ein bemerkenswertes und komplexes Tier. Während Elefanten seit den Anfängen der Zivilisation stets eine hohe Wertschätzung genossen, haben die neuen, von den Biologen aufgedeckten Dimensionen ihres Lebens – die familiäre Loyalität, ihr feinschichtiges soziales System, ihre Kommunikationsfähigkeit und das Mitgefühl, das sie zeigen – sowohl die öffentliche Zuneigung für sie als auch das Bewusstsein für ihre Bedeutung gefördert. Mit jedem Jahr ist ihr Ruf gewachsen, dass sie zu den intelligentesten und umgänglichsten Gefährten gehören, die wir auf dieser Erde haben, und mit ihm unser Verständnis, dass in dem Maße, wie ihre Welt schwindet, auch die unsere schwindet.

Danksagung

Die thematische Bandbreite dieses Buches bedingt, dass ich mich auf die Werke vieler anderer Autoren gestützt habe. Angefangen bei Aristoteles, dem Vater der Elefantenkunde, im 4. Jahrhundert v. Chr., führt die Fährte durch die Landschaft römischer Historiker, mittelalterlicher Naturalisten, viktorianischer Dichter, kolonialer Jäger und Wildhüter und erreicht ihren Höhepunkt schließlich in den neuen Ansätzen moderner Biologen. Die Entdeckungen von Wissenschaftlern, die Feldforschung betrieben haben, wie John Perry, Irven Buss, Richard Laws, Iain Douglas-Hamilton, Cynthia Moss, Joyce Poole und Katy Payne haben unser Verständnis von der Welt der Elefanten verändert. Besonderen Dank schulde ich Iain und Oria Douglas-Hamilton für ihre großzügige Gastfreundschaft und viele unvergessliche Tage, die ich bei ihnen in Kenia in ihrem Sirocco-Haus am Naivasha-See, in ihrem Elefanten-Archiv in Nairobi und beim Elefantenforschungsprojekt von Samburu verbracht habe. Dankbar bin ich auch Cynthia Moss, Joyce Poole und den Mitarbeitern des Elefantenforschungsprojektes von Amboseli. Meine eigenen Begegnungen mit Elefanten hatte ich im Laufe der Jahre in vielen verschiedenen Teilen Afrikas: im Sambesi-Tal, in Hwange, Chobe, an der Skelett-Küste, im Luangwa-Tal, in Manyara, im Tsavo-Nationalpark und in der Masai Mara. Nichts war jedoch schöner, als Elefanten in Samburu und in Amboseli aus der Nähe in Begleitung von Forschern zu beobachten, die über ihre Familiengeschichte und Gewohnheiten bestens informiert waren. Zu Dank verpflichtet bin ich auch Dave Cumming, Karen McComb, Steve Cobb, Juliet Brightmore, Felicity Bryan und Rachel Whitehead.

Bildnachweis

Thomas Bewick, *General History of Quadrupeds*, 1785, The British Libarary. G. Cuperus, *De Elephantis in nummis obviis exercitationes duae*, 1735, Mary Evans Picture Library, London. Conrad Gesner, *Historiae Animalium*, Zürich 1551–1581. Captain William Cornwallis Harris, *The Wild Sports of Southern Africa*, London 1844. Charles Frederick Holder, *The Ivory King*, London 1886, Hulton-Archiv, London. *The Illustrated London News*. A. Jeannin, *L'Éléphant d'Afrique*, Paris 1947. Rudyard Kipling, *Just So Stories for Little Children*, London 1902, Macmillan & Co. Ltd. Privatsammlungen. Frederick Courteney Selous, *A Hunter's Wanderings in Africa*, London 1895. Stapleton Collection/Bridgeman Art Library, London. P. L. Shinnie, *Meroe*, 1967. Sir J. Emerson Tennent, *The Wild Elephant*, London 1867. Edward Topsell, *The Historie of Foure-Footed Beasts*, London 1607.

Literatur

Adamson, George, *Safari meines Lebens*, Hamburg 1969.

Aelianus, Claudius, *Die tanzenden Pferde von Sybaris. Tiergeschichten*, Leipzig 1980.

Agatharchides von Knidos, *Über das Rote Meer*, Landsberg 1966.

Alexander, Shana, *Elefanten sind einfach riesig*, München 2001.

Al-Mas'ûdî, *Bis zu den Grenzen der Erde*, Tübingen / Basel 1978.

Alpers, Edward A., *Ivory and Slaves in East Central Africa: Changing Patterns of International Trade to the Late Nineteenth Century*, London 1975.

Aristoteles, *Biologische Schriften*, München 1943.

Ders.: *Tierkunde*, Paderborn 1949.

Arrianus, Flavius, *Alexanders des Großen Siegeszug durch Asien*, München / Zürich 1950.

Baker, Samuel W., *The Albert Nyanza, Great Basin of the Nile, and Exploration of the Nile Sources*, 2 Bde., London 1866.

Ders.: *The Nile Tributaries of Abyssinia*, London 1867.

Ders.: *Wild Beasts and their Ways: Reminiscences of Europe, Asia, Africa and America*, London 1890.

Baldwin, William C., *African Hunting and Adventure*, London 1864.

Balfour, Daryl und Shana, *Afrikanische Elefanten. Majestäten der Savanne*, München 1998.

Barbier, E. B. / Burgess, J. C. / Swanson, T. M. / Perce, D. W., *Elephants, Economics and Ivory*, London 1990.

Barker, W., »The Elephant in the Sudan«, in *The Elephant in East Central Africa*, hrsg. von W. C. O. Hill, London 1953.

Beachey, R. W., »The East African Ivory Trade in the Nineteenth Century«, *Journal of African History*, Nr. 8, 1967.

Beer, Gavin de, *Alps and Elephants: Hannibal's March*, London 1955.

Bell, Walter D. M., *The Wanderings of an Elephant Hunter*, London 1923, 1958.

Ders.: *Bell of Africa*, London 1960.

Bere, Rennie, *The African Elephant*, London 1966.

Die Bibel, Einheitsübersetzung, Freiburg 1980.

Blunt, David E., *Elephant*, London 1933.

Bonner, Raymond, *At the Hand of Man: Peril and Hope for Africa's Wildlife*, London 1993.

Bosman, Paul / Hall-Martin, Anthony, *Elephants of Africa*, Kapstadt 1986.

Bosman, Willem, *A New and Accurate Description of the Coast of Guinea, divided into the Gold, the Slave and the Ivory Coasts*, London 1705.

Breasted, James H., *Geschichte Ägyptens*, Köln, o.J.

Bruce, James, *Zu den Quellen des Blauen Nils. Die Erforschung Äthiopiens 1768–1773*, Stuttgart 1987.

Brunhoff, Jean de, *Die Geschichte von Babar, dem kleinen Elefanten*, Zürich 1976.

Bryden, H. A., »The Decline and Fall of the South African Elephant«, *Fortnightly Review*, Nr. 79, London 1903.

Bull, Bartle, *Safari: A Chronicle of Adventure*, London 1988.

Burstein, Stanley M., *Agatharchides of Cnidus, On the Erythraean Sea*, London 1989.

Burton, Richard F., *The Lake Regions of Central Africa*, London 1860.

Ders.: *Zanzibar: City, Island and Coast*, London 1872.

Buss, Irven, *Elephant Life: Fifteen Years of High Population Density*, Iowa State University Press, 1990.

Cameron, Verney L., *Across Africa*, London 1877.

Carrington, Richard, *Elefanten*, Zürich 1962.

Chadwick, Douglas, *The Fate of the Elephant*, London 1992.

Cicero, *Ad familiares*, o.O., o.J.

Conrad, Joseph, *Herz der Finsternis*, Frankfurt 1968.

Cumming, R. Gordon, *Five Years of a Hunter's Life in the Far Interior of South Africa*, London 1850.

Darwin, Charles, *Die Entstehung der Arten durch natürliche Zuchtwahl*, Stuttgart 1963.

Davidson, Basil, *The African Past*, London 1964.

Denis, Armand, *Auf Safari durch vier Kontinente*, München 1964.

Diodoros (von Sizilien), *Historische Bibliothek*, 3. Band, Stuttgart 1829.

DiSilvestro, Roger L., *The African Elephant*, New York 1991.

Douglas-Hamilton, Iain, »On the Ecology and Behaviour of the African Elephant«, Doktorarbeit, University of Oxford, 1972.

Ders.: »The African Elephant Action Plan«, IUCN/WWF/NYZS Elephant Survey and Conservation Programme, 1979.

Douglas-Hamilton, Iain und Oria, *Unter Elefanten. Abenteuerliche Forschungen in der Wildnis Zentralafrikas*, Bergisch Gladbach 1989.

Ders.: *Wir kämpfen für die Elefanten*, München 1992.

Drummond, William H., *The Large Game and Natural History of South and South-East Africa*, Edinburgh 1875.

Eltringham, S. K., *Elephants*, Poole 1982.

Ders.: (Hrsg.), *The Illustrated Encyclopaedia of Elephants*, London 1991.

Farrant, Leda, *Tippu Tip and the East African Slave Trade*, London 1975.

Finaughty, William, *The Recollections of an Elephant Hunter*, Bulawayo 1980.

Freeman-Grenville, G. S. P., *The East-African Coast. Selected Documents from the First to the Earlier Nineteenth Century*, Oxford 1962.

Gary, Romain, *Die Wurzeln des Himmels*, München 1985.

Gavron, Jeremy, *Dämmerung im Reich der Elefanten. Meine Reise zu den sanften Riesen Afrikas*, München 1994.

Gordon, Nicholas, *Ivory Knights: Man, Magic and Elephants*, London 1991.

Graham, Alistair, *The Gardeners of Eden*, London 1973.

Gray, Richard, *A History of the Southern Sudan, 1839–1889*, London 1961.

Gray, Richard / Birmingham, David (Hrsg.), *Pre-Colonial African Trade: Essays on Trade in Central and Eastern Africa before 1900*, London 1970.

Gröning, Karl / Saller, Martin, *Der Elefant in Natur- und Kulturgeschichte*, Köln 1998.

Hall, Martin, *The Changing Past: Farmers, Kings and Traders in Southern Africa 200–1860*, Kapstadt 1987.

Hall, Richard, *Empires of the Monsoon: A History of the Indian Ocean and its Invaders*, London 1996.

Hall-Martin, Anthony, *Ein Tag im Leben eines afrikanischen Elefanten*, Erlangen 1994.

Hanks, John, *A Struggle for Survival: The Elephant Problem*, Kapstadt 1979.

Harms, Robert W., *River of Wealth, River of Sorrow: The Central Zaire Basin in the Era of the Slave and Ivory Trade, 1500–1891*, Yale University Press, 1981.

Harris, William Cornwallis, *The Wild Sports of Southern Africa*, London 1852.

Hart, Jenry H., *Vasco da Gama und der Seeweg nach Indien*, Bremen 1950.

Herodot, *Historien*, 2. Buch, o.O., o.J.

Hill, W. C. O. (Hrsg.), *The Elephant in East Central Africa*, London 1953.

Hochschild, Adam, *Schatten über dem Kongo*, Reinbek 2002.

Holder, Charles F., *The Ivory King: A Popular History of the Elephant and Its Allies*, London 1886.

Ivory Trade Review Group, »Ivory Trade and the Future of the African Elephant«, Bericht, der anlässlich der 7. CITES-Konferenz für die beteiligten Parteien erstellt wurde, Oxford 1989.

Jackson, Peter, *Endangered Species – Elephants*, London 1990.

Jeannin, Albert, *L'Éléphant d'Afrique: zoologie, histoire, folklore, chasse, protection*, Paris 1947.

Jolly, W. P., *Jumbo*, London 1976.

Kipling, Rudyard, *Genau-so-Geschichten*, Zürich 1990.

Knight, Charles, *The Elephants Principally Viewed in Relation to Man*, London 1844.

Krapf, Johann L., *Reisen in Ostafrika*, Stuttgart 1964.

Künkel, Reinhard, *Elefanten. Afrikas freundliche Riesen*, Hamburg 1981.

Laws, R. M. / Parker, I. S. C. / Johnstone, R. C. B., *Elephants and their Habitat: The Ecology of Elephants in North Bunyoro, Uganda*, Oxford 1975.

Livingstone, David, *Missionsreisen und Forschungen in Südafrika*, Leipzig 1958; Auszüge in: *Zum Sambesi und quer durchs südliche Afrika. 1849–1856*, Tübingen 1980.

Ders.: *Narrative of an Expedition to the Zambezi and its Tributaries*, London 1865.

Ders.: *Last Journals*, London 1874.

Livius, Titus, *Der punische Krieg 218-201*, Stuttgart 1968.

Ludolf, Hiob, *Historia Aethiopica*, Osnabrück, o. J.

Masson, Jeffrey / McCarthy, Susan, *Wenn Tiere weinen*, Reinbek 1996.

Moore, E. D., *Ivory, Scourge of Africa*, New York 1931.

Moore, Randall J. / Munnion, Christopher, *Back to Africa*, Johannesburg 1989.

Moorehead, Alan, *Die Quellen des Nil*, Stuttgart 1965.

Ders.: *Zwischen Gott und Mohammed. 100 Jahre Weltgeschichte am Nil*, Stuttgart 1964.

Moss, Cynthia, *In freier Wildbahn. Tierbeobachtungen in Ostafrika*, Freiburg 1977.

Ders.: *Das Jahr der Elefanten. Tagebuch einer afrikanischen Elefantenfamilie*, München 1977.

Ders.: *Little Big Ears: The Story of Ely*, New York 1997.

Ders.: *Die Elefanten vom Kilimandscharo. 13 Jahre im Leben einer Elefantenfamilie*, Hamburg 1990.

Neumann, Arthur H., *Elephant-Hunting in East Equatorial Africa, being an account of three years ivory-hunting under Mount Kenia and among the Ndorobo savages of the Lorogi mountains, including a trip to the north end of Lake Rudolf*, London 1868.

Offermann, P. P. M., »The Elephant in the Belgian Congo«, in *The Elephant in East Central Africa*, hrsg. von W. C. O. Hill, London 1953.

Orenstein, Ronald, *Elefanten: die letzte Chance zu überleben*, Braunschweig 1992.

Osborn, Henry F., *Proboscidea: A Monograph on the Discovery, Evolution, Migration and Extinction of the Mastodonts and Elephants of the World*, 2 Bde., New York 1936, 1942.

Oswell, W. E., *William Cotton Oswell*, London 1900.

Park, Mungo, *Reisen ins innerste Afrika: 1795–1806*, Tübingen 1976.

Parker, I. S. C., »The Ivory Trade«, 3 Bde., Bericht, der für den U.S. Fish and Wildlife Service und IUCN erstellt wurde, Nairobi 1979.

Parker, Ian / Amin, Mohamed, *Ivory Crisis*, London 1983.

Payne, Katy, *Stiller Donner. Die geheime Sprache der Elefanten*, München 2001.

Perry, John, »The Growth and Reproduction of Elephants in Uganda«, *The Uganda Journal*, Nr. 16 (1), 1952.

Petherwick, Mr und Mrs John, *Travels in Central Africa*, 2 Bde., London 1869.

Pfeffer, Pierre, *Vie et Mort D'Un Géant: L'Éléphant D'Afrique*, Paris 1989.

Pinkerton, John, *A General Collection of the Best and Most Interesting Voyages and Travels in all Parts of the World: Many of Which are now Translated into English*, London 1814.

Pitman, Charles, »The Elephant in Uganda«, in *The Elephant in East Central Africa*, hrsg. von W. C. O. Hill, London 1953.

Plinius der Ältere, *Naturkunde*, Buch VIII, Kempten 1976.

Polybios, *Geschichte*, Gesamtausgabe in 2 Bdn., Zürich / Stuttgart 1961, 1963

Poole, Joyce, *Coming of Age with Elephants*, London 1996.

Ranking, J., *Historical Researches on the Wars and Sports of the Moguls and Romans; in which Elephants and Wild Beasts were employed or slain*, London 1826.

Rodney, Walter, *A History of the Upper Guinea Coast, 1545–1800*, Oxford 1970.

Roosevelt, Theodore, *Afrikanische Wanderungen eines Naturforschers und Jägers*, Berlin 1910.

Ross, Doran H., Hrsg., *Elephant; The Animal and Its Ivory in African Culture*, University of California, 1992.

Rushby, G. G., »The Elephant in Tanganyika«, in *The Elephant in East Central Africa*, hrsg. von W. C. O. Hill, London 1953.

Ders.: *No More The Tusker*, London 1965.

Russell, Peter, *Prince Henry, ›the Navigator‹*, Yale University Press, 2000.

St. Aubyn, Fiona, *Ivory: A History and Collector's Guide*, London 1987.

Sanderson, Ivan T., *Dynastie der Abu. Geschichte und Entwicklung der Elefanten und ihrer Verwandten*, Bern 1966.

Schweinfurth, Georg, *Im Herzen von Afrika. 1868–1871*, Stuttgart 1984.

Scullard, Howard, H., *The Elephant in the Greek and Roman World*, London 1974.

Selous, Frederick, *A Hunter's Wanderings in Africa*, London 1881.

Ders.: *Travel and Adventure in South-East Africa*, London 1893.

Sheriff, Abdul, *Slaves, Spices and Ivory in Zanzibar*, London 1987.

Shoshani, Jeheskel, Hrsg., *Elephants: Majestic Creatures of the Wild*, San Francisco 1992.

Sikes, Sylvia K., *The Natural History of the African Elephant*, London 1971.

Sillar, F. C. / Meyler, R. M., *Elephants Ancient and Modern*, London 1968.

Sindbad der Seefahrer, München 1985.

Sparrman, Anders, *A Voyage to the Cape of Good Hope towards the Antarctic Polar Circle, and Round the World: but Chiefly into the Country of the Hottentots and Caffres, from the Year 1772 to 1776*, 2 Bde., London 1786.

Spinage, Clive, *Elephants*, London 1994.

Stanley, Henry M., *Wie ich Livingstone fand*, Frankfurt u. Berlin 1988.

Ders.: *Through the Dark Continent*, 2 Bde., London 1878.

Ders.: *Die Entdeckung des Kongo*, Tübingen / Basel 1979.

Ders.: *Im dunkelsten Afrika*, 2 Bde., Leipzig 1908.

Stevenson-Hamilton, James, *Wild Life in South Africa*, London 1947.

Stigand, C. H., *Hunting the Elephant in Africa, and other Recollections of Thirteen Years' Wanderings*, London 1913.

Stockley, Charles, »The Elephant in Kenya«, in *The Elephant in East Central Africa*, hrsg. von W. C. O. Hill, London 1953.

Stratons, *Erdbeschreibung*, o. O., o. J.

Swann, Alfred J., *Fighting the Slave-Hunters in Central Africa*, London 1910.

Temporal, Jean-Luc, *La Chasse Oubliée*, Paris 1989.

Thomson, Joseph, *To the Central African Lakes and Back*, London 1881.

Thorbahn, Peter F., »The Pre-Colonial Ivory Trade of East Africa«, Doktorarbeit, University of Massachusetts, 1979.

Thornton, Allan / Currey, Dave, *Blutiges Elfenbein. Engagierte Tierschützer unterwandern eine skrupellose Elfenbein-Mafia. Ihr Ziel: die Rettung der letzten afrikanischen Elefanten*, Bergisch Gladbach 1992.

Tippu Tip, *Maisha ya Hamed bin Muhammed el Murjebi, Yaani Tippu Tib*, Nairobi 1966.

Topsell, Edward, *The Historie of the Foure-Footed Beasts: describing the true and lively figure of every Beast ... collected out of all the volumes of Conradius Gesner; and all other writers of this present day*, London 1607.

Toynbee, J. M. C., *Tierwelt der Antike*, Mainz 1983.

Turner, Myles, *My Serengeti Years: The Memoirs of an African Game Warden*, London 1987.

Velho, Alvarez, *Vasco da Gama: Die Entdeckung des Seewegs nach Indien*, Tübingen / Basel 1980.

Watteville, Vivienne de, *Speak to the Earth: Wanderings and Reflections among Elephants and Mountains*, London 1936.

Weber, Nicholas F., *L'Art de Babar: L'oeuvre de Jean et Laurent de Brunhoff*, Paris 1989.

Western, David, *In the Dust of Kilimanjaro*, Washington 1997.

Williams, Heathcote, *Elefanten*, Frankfurt 1985.

Wilson, Derek / Ayerst, Peter, *White Gold: The Story of African Ivory*, London 1976.

Register

Swantje Strieder / Jürgen Strauss
Karlheinz Böhm
Was Menschen für Menschen geschaffen haben
Mit einem Wort von Roman Herzog

176 Seiten, Festeinband mit Schutzumschlag
ISBN 3-7205-2261-X

Karlheinz Böhm und seine Organisation Menschen für Menschen
leisten in Afrika seit 20 Jahren konsequent Hilfe zur Selbsthilfe.
Die Tatsache, dass er angesichts der Hungerkatastrophe in
Äthiopien radikal sein Leben geändert hat, hat Millionen
von Menschen in Deutschland, Österreich und der Schweiz
bewegt. Sein Engagement ist vielen zum Vorbild geworden.

HEINRICH HUGENDUBEL VERLAG

Amenokal Alhavi
Die Weisheit der Tuareg

176 Seiten, Festeinband mit Schutzumschlag
ISBN 3-7205-2307-1

Nacht für Nacht erzählt ein Tuaregnomade unter dem
Sternenhimmel der Wüste vom Leben, der Einsamkeit, den Frauen,
der Liebe. Er öffnet uns die Augen für die Schönheit dieser
Welt und den wahren Sinn des Lebens.

Malidoma Patrice Somé
Vom Geist Afrikas
Das Leben eines afrikanischen Schamanen

Diederichs Gelbe Reihe Band 125, 416 Seiten, Paperback
ISBN 3-424-01310

Der Bericht einer Initiation, einer Reise
zwischen Leben und Tod.
Nach 15 Jahren in einem Jesuitenseminar flieht Malidoma
Somé im Alter von 20 Jahren zurück zu seinem Volk,
dem Stamm der Dagara in Burkina Faso.
Er muss deren lebensgefährliche Initiationsrituale
auf sich nehmen, um wieder als vollwertiges
Stammesmitglied aufgenommen zu werden.
Eindringlich schildert er seine Erlebnisse und inneren
Wandlungen im Spannungsfeld zweier Welten –
als »weißer Schwarzer«.

Die schönsten Märchen aus 1001 Nacht
Herausgegeben von Hans-Jörg-Uther

Pappband, 592 Seiten
ISBN 3-7205-2319-5

Seit Jahrhunderten verführen die Märchen aus »1001 Nacht«
ihre Leser in eine exotische und geheimnisvolle Welt.
In diesem Band sind die schönsten und berühmtesten
Erzählungen Scheherazades zusammengetragen:
von Aladin und seiner Wunderlape über den dienstbaren
Geist aus der Flasche, Sindbad den Seefahrer bis hin zu
Ali Baba und den vierzig Räubern.

Kathleen Göpel
Tiere des Himmels
Geschichten aus dem Orient

Leinen mit Schutzumschlag, 216 Seiten
ISBN 3-7205-2340-3

Ein Panoptikum der klassischen orientalischen Literatur:
Muhammad gleitet auf einem Pfad durch die Lüfte,
aber keiner will ihm sein Abenteuer glauben.
Eine bildschöne Kuh entwickelt erstaunlichen Eigensinn.
Und ein geschäftstüchtiger Papagei verhilft seinem Besitzer
zu viel Geld. Kathleen Göpel hat die schönsten Tiergeschichten
aus der islamischen Tradition vereint und mit herausragenden
Bildern der Kunstgeschichte illustriert.